明亡清興六十年

萬曆十一年────清順治元年

下

閻崇年◎著

目次

第二十五講　崇禎登極 ……………………………………………… 1

　一、天啓病故 …………………………………………………… 1

　二、崇禎繼位 …………………………………………………… 4

　三、中興之夢 …………………………………………………… 8

第二十六講　平台奏對 …………………………………………… 13

　一、督遼餞別 ………………………………………………… 13

　二、平台奏對 ………………………………………………… 17

　三、五年復遼 ………………………………………………… 20

第二十七講　天聰新政 …………………………………………… 25

　一、天聰其人 ………………………………………………… 25

　二、實施新政 ………………………………………………… 27

　三、兩帝比較 ………………………………………………… 32

第二十八講　寧遠兵變 …………………………………………… 35

　一、官逼兵反 ………………………………………………… 35

　二、歃盟譁變 ………………………………………………… 37

　三、迅速平息 ………………………………………………… 39

第二十九講　督師薊遼 …………………………………………… 45

　一、全面部署 ………………………………………………… 45

二、文龍其人 …………………………… 48

　　三、節制東江 …………………………… 52

第三十講　斬毛文龍 ……………………… 55

　　一、巡視東江 …………………………… 55

　　二、計斬文龍 …………………………… 58

　　三、評說不一 …………………………… 61

第三十一講　北京危機 …………………… 67

　　一、突襲北京 …………………………… 67

　　二、千里入援 …………………………… 70

　　三、倉促布防 …………………………… 73

第三十二講　保衛京師 …………………… 77

　　一、京門初戰 …………………………… 77

　　二、平台召對 …………………………… 82

　　三、京門再戰 …………………………… 83

第三十三講　平台落獄 …………………… 87

　　一、反間毒計 …………………………… 87

　　二、平台入獄 …………………………… 89

　　三、大壽出走 …………………………… 91

　　四、重大影響 …………………………… 93

第三十四講　閹孽翻案 …………………… 95

　　一、閹黨餘孽謀翻逆案 ………………… 95

　　二、奸佞小人落井下石 ………………… 99

　　三、正義之士奔走鳴冤 ……………… 101

第三十五講　崇煥死因 ………………… 107

　　一、欽定罪狀 ………………………… 107

二、多因一果 ·· 112

三、性格衝突 ·· 113

第三十六講　崇煥精神 ···································· 119

一、勇敢拚搏 ·· 120

二、進取求新 ·· 121

三、清正廉潔 ·· 122

第三十七講　大壽降清 ···································· 129

一、大壽其人 ·· 129

二、大凌被圍 ·· 132

三、大壽降清 ·· 135

第三十八講　林丹大汗 ···································· 141

一、黃金家族 ·· 141

二、走死青海 ·· 144

三、滿蒙聯盟 ·· 149

第三十九講　建立大清 ···································· 153

一、南面獨坐 ·· 153

二、建立大清 ·· 157

三、清承明制 ·· 162

第四十講　松錦大戰 ······································ 167

一、錦州被圍 ·· 167

二、兩雄爭鋒 ·· 169

三、松山決戰 ·· 171

第四十一講　總督降清 ···································· 179

一、歷史笑柄 ·· 179

二、「莊妃勸降」 ······································ 181

三、承疇降清 ⋯⋯⋯⋯⋯⋯⋯⋯⋯⋯⋯ 184

第四十二講　中原悲歌 ⋯⋯⋯⋯⋯⋯⋯⋯⋯ 189

　　一、耀兵京畿 ⋯⋯⋯⋯⋯⋯⋯⋯⋯⋯⋯ 190

　　二、高陽悲歌 ⋯⋯⋯⋯⋯⋯⋯⋯⋯⋯⋯ 193

　　三、高官被殺 ⋯⋯⋯⋯⋯⋯⋯⋯⋯⋯⋯ 197

第四十三講　睿王攝政 ⋯⋯⋯⋯⋯⋯⋯⋯⋯ 201

　　一、兩次爭位 ⋯⋯⋯⋯⋯⋯⋯⋯⋯⋯⋯ 201

　　二、攝政功過 ⋯⋯⋯⋯⋯⋯⋯⋯⋯⋯⋯ 205

　　三、太后「下嫁」⋯⋯⋯⋯⋯⋯⋯⋯⋯⋯ 210

第四十四講　闖王進京 ⋯⋯⋯⋯⋯⋯⋯⋯⋯ 215

　　一、星火燎原 ⋯⋯⋯⋯⋯⋯⋯⋯⋯⋯⋯ 215

　　二、崇禎五招 ⋯⋯⋯⋯⋯⋯⋯⋯⋯⋯⋯ 219

　　三、闖王進京 ⋯⋯⋯⋯⋯⋯⋯⋯⋯⋯⋯ 221

第四十五講　三桂降清 ⋯⋯⋯⋯⋯⋯⋯⋯⋯ 225

　　一、將門虎子 ⋯⋯⋯⋯⋯⋯⋯⋯⋯⋯⋯ 225

　　二、三面徘徊 ⋯⋯⋯⋯⋯⋯⋯⋯⋯⋯⋯ 229

　　三、衝冠一怒 ⋯⋯⋯⋯⋯⋯⋯⋯⋯⋯⋯ 232

第四十六講　山海關大戰 ⋯⋯⋯⋯⋯⋯⋯⋯ 239

　　一、三股勢力 ⋯⋯⋯⋯⋯⋯⋯⋯⋯⋯⋯ 239

　　二、關門大戰 ⋯⋯⋯⋯⋯⋯⋯⋯⋯⋯⋯ 241

　　三、清軍進京 ⋯⋯⋯⋯⋯⋯⋯⋯⋯⋯⋯ 246

第四十七講　順治遷都 ⋯⋯⋯⋯⋯⋯⋯⋯⋯ 249

　　一、定都之爭 ⋯⋯⋯⋯⋯⋯⋯⋯⋯⋯⋯ 249

　　二、清都三遷 ⋯⋯⋯⋯⋯⋯⋯⋯⋯⋯⋯ 253

　　三、文化融合 ⋯⋯⋯⋯⋯⋯⋯⋯⋯⋯⋯ 257

第四十八講　興亡之鑑 ………………………………………………… 263
　　　　一、民族分 …………………………………………………… 264
　　　　二、官民分 …………………………………………………… 267
　　　　三、君臣分 …………………………………………………… 269
跋 ……………………………………………………………………… 275

第二十五講
崇禎登極

正當魏忠賢權力達到頂峰、袁崇煥命運陷於低谷的時候，朝廷發生了重大的政治變局，這就是天啓病故，崇禎繼位。這個重大朝廷變局，不僅給魏忠賢的命運帶來滅頂之災，而且給袁崇煥的事業帶來新的轉機。

本講分做三個題目：一、天啓病故；二、崇禎繼位；三、中興之夢。

一、天啓病故

天啓皇帝朱由校16歲登極，做了七年皇帝，於天啓七年即天聰元年(1627年)八月二十二日，在紫禁城乾清宮死去，年僅23歲。他一生的所爲，很像木匠，不像皇帝。天啓皇帝之死，對明朝、對後金都是重大的政治事件。

那麼，天啓皇帝爲什麼會在23歲就死去呢？關於天啓帝的死因，有以下兩種說法：

一說是落水受驚嚇後得病而死。我在前面曾經講過，天啓五年即天命十年(1625年)端午節，天啓帝在西苑(今中南海、北海)乘龍舟划船，突然風起船翻，兩名太監溺水而死，天啓皇帝雖被太監們救起，逃過一場滅頂之災，卻嗆了水，受了驚，因此患病，使他原本病弱的身體更加衰弱。

一說是因生活荒淫無度而死。明朝皇帝有許多荒唐的故事。如正德九

明熹宗的德陵

年(1514年)正月，乾清宮柱壁懸掛奇巧宮燈，宮人太監縱情歡樂。宮中屋簷氈毯裡包裹火藥，突發大火，乾清宮一片火海。這時，正德帝正往豹房去玩的路上，回頭望見皇宮光焰燭天，戲謂左右曰：「是好一棚大煙火也！」(《日下舊聞考》，卷三十四)乾清宮殿，化爲灰燼。

天啓帝同樣是荒淫無度，他迷戀木工活兒到了廢寢忘食的地步，而對國家大政卻毫不關心，正因如此，以魏忠賢爲首的閹黨才得以把持權柄。這裡講一個眞實的故事：乾清宮月台前丹陛下開闢一個東西通道，俗稱「老虎洞」，至今保存完好。洞爲拱形，高1.8公尺，寬1.1公尺，用石頭砌成，兩側有門，可通往來。《天啓宮詞注》記載：「帝(天啓)嘗於月夕，率內侍賭迷藏，潛匿其內。」陳悰詩云：「石樑深處夜迷藏，霧露溟濛護月光。捉得御衣旋放手，名花飛出袖中香。」清朝大學士于敏中等評論道：「宮前丹陛下洞道，蓋侍從之人，藉以左右往來者。而明之末葉，乃用爲嬉娛之地。其興居無節，政令不修，甚矣！國祚豈能久乎！」就是說，那個老虎洞本來是爲了方便宮內侍從通過的，後來竟然也成爲天啓皇帝胡鬧的地方。作爲一國君主，如此嬉遊無度，不能自重，自然是自戕身體，自短國祚。

總之，天啓帝在位這七年，更像個木匠，像個頑童，而不像個皇帝。他死之後皇位怎麼辦？按照明帝的家法，應當是父死子繼。天啓皇帝有三

個兒子：

皇長子朱慈然，因早產而夭殤。關於這個皇子的生母有不同的說法，《明史·諸王傳》說「不詳其所生母」；《明史·后妃傳》卻說：「(天啓)三年，后有娠，客、魏盡逐宮人異己者，而以其私人承奉，竟損元子。」「元子」就是皇長子，這條材料說明這個孩子的生母是正宮張皇后。談遷的《國榷》也記載說：「皇長子慈然生，旋殤(中宮出)。」楊漣疏劾魏忠賢二十四大罪之一是：「中宮有慶，已經成男，……傳聞忠賢與奉聖夫人(客氏)實有謀焉……是皇上亦不能保其第一子矣！」就是說，皇后因受客、魏陷害早產，生一男孩，不久夭殤。以上三證可見，皇后是皇長子的生母。

白石「大明天子之寶」

皇次子朱慈焴，生母為慧妃范氏，比長子晚生十天，出生不到一年，又死去。

皇三子朱慈炅，生母為容妃任氏。任氏因誕育皇三子而被冊為皇貴妃。天啓帝連喪兩子之後，對皇三子寄予厚望；但皇三子僅出生八個月，也早殤。

所以，天啓帝雖有三個兒子，可到他死的時候，已然絕嗣。無法「父死子繼」，那就只有「兄終弟及」，也就是由天啓皇帝的弟弟來繼承皇位。下面我們看一下天啓帝的兄弟，也就是明光宗(泰昌帝)有幾個兒子。泰昌皇帝有七個兒子：

皇長子朱由校，就是天啓帝。

皇次子朱由㰒，4歲殤，生母王氏，與天啓帝同母，追封諡簡懷王。

皇三子朱由楫，8歲殤，生母王選侍，追封諡齊思王。

皇四子朱由模，5歲殤，生母李選侍，追封諡懷惠王。

皇五子朱由檢，生母劉氏，下面講。

皇六子朱由栩，早殤，生母定懿妃，追封諡湘懷王。

皇七子朱由橏，早殤，生母敬妃，追封諡惠昭王。

光宗七個兒子，其中五個兒子早殤，都是在8歲之前夭折的。長大成人的只有兩個：一個是朱由校，就是天啓帝；另一個是朱由檢，就是後來的崇禎帝。因此，天啓皇位繼承別無選擇，只有傳位給皇五弟朱由檢。

二、崇禎繼位

崇禎皇帝像(清人繪)

崇禎皇帝，名由檢，生於萬曆三十八年十二月二十四日(1611年2月7日)。他比長兄由校(天啓帝)小5歲。朱由檢的生母劉氏，初入太子宮時是淑女(低於才人、選侍)，生朱由檢後不久，失寵被譴，鬱悶而死，才23歲。太子朱常洛怕父皇(萬曆帝)知道，告誡身邊近侍不得洩漏此事，命將劉氏悄悄地葬於西山。這時朱由檢5歲。

萬曆四十四年即天命元年(1616年)，朱由檢7歲，清太祖努爾哈赤建立後金。他比努爾哈赤小51歲。

天啓二年即天命七年(1622年)八月二

十三日，朱由檢13歲，被冊封爲信王，仍住在大內勖勤宮，其生母劉氏被追封爲賢妃。這一年，明朝失去廣寧。

天啓六年即天命十一年(1626年)，朱由檢17歲，搬出皇宮，居信王藩邸。這一年，明軍在袁崇煥指揮下，取得寧遠大捷。這年袁崇煥43歲，朱由檢比袁崇煥小26歲，比皇太極小18歲。

天啓七年即天聰元年(1627年)二月，18歲的信王舉行婚禮，選城南兵馬司副指揮周奎之女爲信王妃。

六月，袁崇煥又指揮明軍獲得寧錦大捷。

八月十一日，天啓帝病危，單獨召見了朱由檢。朱由檢這次奉召進入乾清宮，向皇兄請安後，皇兄對他說：「來！吾弟當爲堯舜。」這句話暗示要他入繼大統。朱由檢一聽，頓感惶恐，回奏道：「臣死罪！陛下爲此言，臣應萬死！」天啓帝已深思熟慮，慰勉再三，叮囑他入繼大統後，應注意兩件事：一是「善待皇后」，二是「委用忠賢」。

十二日，天啓帝再次召見內閣首輔黃立極等大臣，說：「昨召見信王，朕心甚悅，體覺稍安。」暗示由信王入繼大統。

在天啓帝病危的時候，皇位的爭奪非常之激烈，特別是大宦官魏忠賢，還想繼續把持朝政，他顯然不願意由自己無法掌控的信王入承大統。關於魏忠賢覬覦朝政的野心，野記傳聞，多有載述。例如：

其一，魏忠賢企圖垂簾攝政。就是想立一個傀儡小皇帝，他自己來攝政。魏忠賢與大臣祕議由他垂簾攝政之事，內閣輔臣施鳳來明確表示反對，說「居攝遠不可考，且學他不得」。魏忠賢雖然很不高興，但是沒有辦法，只好打消了這個念頭。

其二，閹黨中有人向魏忠賢獻計，詭稱皇后懷孕，暗中以魏良卿之子抱入，企圖「狸貓換太子」，然後由魏忠賢輔佐，仿效王莽以輔佐孺子嬰的方式進而篡位。

其三，天啓帝對皇后說：魏忠賢告訴我，後宮有兩人懷孕，他日生下男孩就作爲你的兒子立爲皇帝。皇后以爲不可。

其四，《明史·魏忠賢傳》記載：「客氏之籍也，於其家得宮女八人，蓋將效呂不韋所爲，人尤疾之。」就是客氏和魏忠賢想讓宮女懷孕產子後，將孩子抱入宮中繼承皇位。

其五，魏忠賢策劃政變。天啓帝剛斷氣，停靈在乾清宮；群臣哭哀，氣氛悲涼。魏忠賢單獨在殿內接見閹黨骨幹、兵部尚書崔呈秀，說要發動政變；崔呈秀以天時不備諫止，此事遂作罷。

其時，皇后張氏堅定支持信王繼位，對加速魏忠賢陰謀的破滅起到了十分關鍵的作用。據說魏忠賢曾派人向皇后暗示，希望她能阻止信王繼位。皇后表示：從命是死，不從命也是死，一樣是死，不從命可以見二祖列宗在天之靈。皇后拒絕與魏忠賢之輩同流合污，密勸天啓帝盡快召立信王。天啓帝召見信王，要他接受遺命，信王欲推辭，忽見皇后淡妝從屏風後走出，對信王說：皇叔義不容辭，而且事情緊急，恐怕發生變故。信王這才拜受遺命。天啓帝指著皇后對皇弟相託說：中宮配朕七年，常正言匡諫，獲益頗多；今後年少寡居，良可憐憫，望吾弟善待。（《虞初廣志》，卷一）

二十二日，天啓帝死於乾清宮，年僅23歲。皇后立即傳遺詔，命英國公張惟賢等迎立信王。魏忠賢無可奈何，不得不在天啓帝駕崩次日，向外宣告皇后懿旨：「召信王入繼大統！」

所以《明史·后妃傳》說：「及熹宗大漸，折忠賢逆謀，傳位信王者，后力也！」

天啓遺詔說：「皇五弟信王由檢，聰明夙著，仁孝性成，爰奉祖訓，兄終弟及之，文丕紹倫，即皇帝位。」（《明熹宗實錄》，天啓七年八月乙卯）從此，朱由檢成爲明朝第十六任皇帝，年號崇禎。他也是明朝最末一位皇帝。

那麼，崇禎皇帝朱由檢是個什麼樣的人呢？

崇禎皇帝經歷過磨難，他的童年有三大不幸：

第一，生母早逝。朱由檢的生母賢妃劉氏，海州（今江蘇連雲港市）人，後為北京宛平籍。初入宮，為淑女。前面講過，劉氏在朱由檢5歲的時候就去世了，所以他對母親幾乎沒有什麼印象。朱由檢幼時常常思念生母，詢問近侍太監：西山有劉娘娘墳嗎？近侍答：有。他就悄悄地吩咐近侍前去祭祀。他即位後，追封生母為孝純皇太后；命畫師根據宮中人回憶生母賢妃劉氏的相貌，畫像供奉。畫像完成之後，從正陽門抬著進皇宮，備了法駕，儀仗非常隆重。崇禎皇帝跪在午門迎接，看到母親的畫像後，「帝雨泣，六宮皆泣」。就是說崇禎皇帝的眼淚像下雨一樣，其他的人也跟著哭泣，情景非常之動人。

第二，西李薄情相待。泰昌帝朱常洛登基之後，寵愛兩個姓李的選侍，為區分，人稱「東李」、「西李」。小由檢喪母之後，就由西李選侍撫育。當時，西李選侍已經撫養朱由校，又被指定撫養朱由檢。她自然明白由校是皇長子，將來可能繼承皇位，對待他們兄弟，自然親疏有別。所以，小由檢不僅遭受喪母之痛，而且遭遇養母薄情。後西李選侍生了一個女兒，於是小由檢改由東李選侍撫養。

第三，東李陰鬱病死。東李選侍對朱由檢很好，使他已經受到傷害的心靈得到某些平復。然而，東李選侍在殘酷的後宮爭鬥中，長期陰鬱，心情很壞，久鬱成疾，不治而死。這對朱由檢幼小心靈又是一個沉重的打擊。

這麼一個小孩子，親生母親死了，第一個養母對他不好，第二個養母雖對他慈愛但不久病死，打擊一個接著一個，可以說崇禎帝的幼年是很悲涼、很淒苦的。這樣的童年經歷對崇禎帝性格的形成有很大影響，他的工於心計、孤僻、剛愎、多疑等性格特點，都可以從這些經歷中找到原因。

崇禎皇帝手書「九思」

朱由檢頗有心計。《崇禎長編》卷一記載：「帝（指朱由檢）初慮不爲忠賢所容，深自韜晦，常稱病不朝。」就是說，在信王府邸時，爲了躲開魏忠賢的注意，他經常裝出身體有病、與世無爭的樣子，盡量不去上朝。他常「六不」——「衣冠不整，不見內侍，坐不倚側，目不旁視，不疾言，不苟笑」(鄭達，《野史無文》，卷三)。天啓皇帝病危，朱由檢擔驚受怕，憂心忡忡。他進宮時帶著乾糧、炒米，不吃宮中一粒米，不喝宮中一口水，對宮中的一切保持高度警惕。夜晚，他秉燭獨坐，警戒不測。

朱由檢長期韜光養晦，最終躲過了魏忠賢的明槍暗箭，在皇兄授命、皇嫂支援的情況下，終於繼承了皇位。

崇禎帝繼位，他不知道、也不可能知道自己已經身處末世，相反，他常常做著一個大明皇朝中興的美夢。他雖然年齡不大，卻經歷三次朝廷重大變故：親眼看到祖父萬曆皇帝死，看到父親泰昌皇帝死，也看到皇兄天啓皇帝死；又親眼看到祖父萬曆皇帝怠政，看到父親泰昌皇帝齎志以沒，也看到皇兄天啓皇帝時閹黨亂政——所以，他要振奮精神，整頓朝綱，實現大明皇朝中興之夢。

三、中興之夢

崇禎皇帝一上台，爲實現中興之夢，在內廷與外朝，做了三件大事。

第一，懲治閹黨。天啓七年即天聰元年(1627年)八月二十四日，朱由檢即皇帝位。接著辦喪事，辦了三九二十七天。

十一月初一日，崇禎帝剛辦完皇兄的喪事，就安置魏忠賢於安徽鳳陽。有人說了，清朝嘉慶皇帝是在他父親乾隆帝剛一死就懲治和珅，比崇禎帝快啊。大家注意，崇禎帝和嘉慶帝不一樣，因為嘉慶帝到他父親死的時候已經做了三年零三天的皇帝了，他可以居高臨下懲治和珅。崇禎帝不同，他在沒有準備的情況下得到了皇位，繼位之後馬上面臨一個大喪，要處理他哥哥天啓皇帝的喪事，喪事剛一辦完，立即就懲治魏忠賢，應當說是果斷、迅速。

怎麼懲治？嘉興貢生錢嘉徵劾魏忠賢十大罪：「一並帝，二蔑后，三弄兵，四無二祖列宗，五克削藩封，六無聖，七濫爵，八掩邊功，九朘民，十通關節。」並帝，就是魏忠賢和皇帝並稱。蔑后，就是輕蔑皇后。弄兵，就是操縱兵權，還練內操。這裡邊每一條都夠上殺頭大罪。崇禎皇帝得到這封奏疏之後，通知魏忠賢前來，讓內侍讀給他聽。魏忠賢嚇得魂不附體，不知所措。崇禎皇帝命魏忠賢到鳳陽祖陵去燒香，就把他打發走了。

初五日，崇禎帝命將魏忠賢派到各邊的鎮守太監全部撤回。

初六日，魏忠賢縊死。此前，魏忠賢曾以重金賄賂原來在信王府邸跟隨崇禎皇帝的太監徐應元，希望能疏通關節，結果不僅未能奏效，而且惹怒崇禎皇帝，下令逮捕魏忠賢，徐應

崇禎皇帝的御押

元也因此遭斥。魏忠賢得到這個消息時剛走到直隸阜城（今河北阜城），他知道死期將至，就上吊死了（也有人說他是被勒死的），年60歲。崇禎皇帝命磔其屍，懸首河間。接著，客氏也被處死。囂張一時的魏忠賢和客氏就這樣歸於覆滅。

同日，魏、客的親屬魏良卿、侯國興、客光先等並棄市，籍其家。

初十日，免天啓時魏忠賢逮死諸臣的「贓銀」，並釋放其家屬。

二十日，大學士黃立極（閹黨）致仕。

崇禎二年即天聰三年（1629年）三月，崇禎帝頒詔書，示天下：

首逆凌遲者2人：魏忠賢、客氏。

首逆同謀決不待時者6人：崔呈秀及魏良卿、客氏子都督侯國興、太監李永貞、李朝欽、劉若愚。

交結近侍秋後處決者19人：劉志選、梁夢環、倪文煥、田吉、劉詔、薛貞、吳淳夫、李夔龍、曹欽程，大理寺正許志吉、順天府通判孫如洌、國子監生陸萬齡、豐城侯李承祚，都督田爾耕、許顯純、崔應元、楊寰、孫雲鶴、張體乾。

結交近侍次等充軍者11人：魏廣微、周應秋、閻鳴泰、霍維華、徐大化、潘汝禎、李魯生、楊維垣、張訥，都督郭欽，孝陵衛指揮李之才。

交結近侍又次等論徒三年輸贖爲民者129人：大學士顧秉謙、馮銓、張瑞圖、來宗道，尚書王紹徽、郭允厚、張我續、曹爾禎、孟紹虞、馮嘉會、李春曄、邵輔忠、呂純如、徐兆魁、薛鳳翔、孫傑、楊夢袞、李養德、劉廷元、曹思誠，南京尚書范濟世、張樸，總督、尚書黃運泰、郭尚友、李從心，巡撫、尚書李精白等。

交結近侍減等革職閒住者，黃立極等44人。

忠賢親屬及內官黨附者又50餘人。

以上總計260餘人（《明史·閹黨傳》）。

　　魏忠賢得勢也皇權，失勢也皇權。皇權是皇朝社會一切權力的核心。像魏忠賢這樣不可一世的「九千歲」，一旦失去皇權支持，就變得一文不值，狗屎一堆。

　　第二，重新組閣。原來那個內閣，基本上是閹黨的，六部尚書、侍郎等等也大部分都是閹黨分子或附和者，這就需要朝廷對內閣進行一個大的改組，清除閹黨餘孽，換成一批新人。

　　天啓晚期，內閣大學士七人：顧秉謙、黃立極、丁紹軾、馮銓、施鳳來、張瑞圖、李國檔。崇禎帝繼位一年，全部換掉。同時，調任楊景辰、周道登、李標、錢龍錫、劉鴻訓、韓爌、來宗道等新賢七人，組成內閣，預機務。他們多是東林黨人，或是傾向東林黨的人。同時，對七卿——六部尚書加左都御史，也做了調整。曾經甚囂塵上的閹黨就這樣遭到致命打擊，明朝出現了一個短暫的東林黨執政時期，朝野為之一振。

　　那麼，崇禎執政初期這個新內閣是怎麼產生的呢？在這裡，我講一個「枚卜閣臣」的故事。「枚卜」就是「占卜」，語出《尚書・大禹謨》：「禹曰：『枚卜功臣，惟吉之從。』」「閣臣」就是內閣大臣。《崇禎長編》記載：天啓七年即天聰元年（1627年）十二月丙辰（二十三日），崇禎帝要朝廷大臣推舉內閣大臣，大家共推舉出十位候選人，然後從中確定七位。怎樣確定呢？崇禎帝採

崇禎皇帝手跡

取「枚卜閣臣」的辦法。具體做法是：崇禎帝在乾清宮召集大臣，先拜天，然後在小桌上擺設筆硯和十張紅紙，將廷推大臣的名字分別寫在紅紙上，每張紙寫一人姓名做鬮，團成紙丸，置於几案上小金瓶裡，用箸(筷子)夾取紙丸，每夾得一丸，展開遍示眾臣，舉筆點之就算選中。先夾得錢龍錫、李標、來宗道、楊景辰四人，又夾得周道登、劉鴻訓兩人，另一人的紙條夾得後被風吹走找不到了。這樣就確定了六人。後來加上韓爌，組成七人內閣。事後發現找不到的那張紙條落到施鳳來衣服的後面，上面寫的是王祚遠的名字。孫承澤《春明夢餘錄》記載此事。這些新內閣成員多在鄉里，既經認定，立即通知他們到京赴任。這件事，有人認為是兒戲，有人認為是謀術，有人認為是虛應故事，也有人認為是集思廣益。這裡面說明一個問題，就是崇禎皇帝沒有做過皇太子，他對朝政大臣內閣情況了解得不是非常清楚，所以他很難做一個決斷。總之，新內閣總算產生了，這個內閣可以說是「新東林內閣」。

第三，注重遼事。十一月十九日，崇禎皇帝起用袁崇煥為都察院右都御史、兵部添注右侍郎事。崇禎元年即天聰二年(1628年)四月初三日，命袁崇煥為兵部尚書兼右副都御史，總督薊、遼、登、萊、天津等處軍務，移駐山海關。罷薊遼督師王之臣職。七月十四日，平台召對袁督師。

這時，袁崇煥在廣東。他接到任命後，趕到北京，在紫禁城平台接受崇禎皇帝的召對。平台召對的情形，下一節我要講到。

第二十六講
平台奏對

　　崇禎帝登極後，懲治閹黨、重組內閣、起用袁崇煥，任命他爲兵部尚書兼薊遼督師。袁崇煥離開廣東回到北京，在紫禁城平台接受崇禎皇帝的召對。因此，本講分做三個題目：一、督遼餞別，二、平台奏對，三、五年復遼。

一、督遼餞別

　　前面講過，遼東巡撫袁崇煥取得寧錦大捷後，不僅沒有得到應有的獎賞，反遭閹黨訐告，他憤悶難紓，於是以身體不好爲由辭職。得到批准後，遂於天啓七年七月初二日，離開寧遠，經山海關，路過北京，回到老家廣東東莞，重溫鄉情和親情。

　　從萬曆四十六年(1618年)袁崇煥離家到北京參加科考算起，至今已經十年沒有回過老家了。這十年中，他的長兄崇燦、堂兄崇茂、親叔子騰、父親子鵬先後病故。按照明朝禮制，官員遭父母之喪，稱「丁憂」(「丁憂」一語出自《尚

袁崇煥像

書·說命上》），要回家「守制」，就是爲父母守孝。前面講過，袁崇煥得到父喪訃函時，離任奔喪，剛到豐潤，就接到聖旨：「東事殷殷，寧前重地上〈初乞終制疏〉，袁崇煥不准守制，著照舊供職。」袁崇煥先後、〈再乞守制疏〉、〈三乞給假疏〉，都沒有獲准。所以他父親子鵬病故，他也未能回家守喪。後來他派人把母、妻接到關外，居住寧遠，共同守城。

此番袁崇煥辭職回鄉，會親友、遊山水，難得清閒，可以享受久違的親情和友情。袁崇煥寫了〈約同人遊拾翠洲〉詩：

> 春風十里五羊城，
> 拾翠洲前綠草生。
> 君若來時須並馬，
> 一樽同去聽流鶯。

他的心情輕鬆而愉快。他還倡議募修廣東羅浮山名勝，重修三界廟。後來回憶說：「去冬，余告歸。方謂築室其中，爲終焉之計。」這說明袁崇煥當時對官場有些心灰意冷，打算退出是非圈，在家鄉悠然隱居。

然而，人算不如天算。袁崇煥離職後整整50天，就是八月二十二日，朝廷發生重大變故：天啓帝病死，崇禎帝繼位。我算了一下，寧遠到廣州約5000里，按照當時的行程每日以80里計，袁崇煥大概需要兩個月左右時間才能到達廣州，也就是說，袁崇煥還沒到家，天啓皇帝已經死了。崇禎帝辦理完皇兄天啓帝的喪事後，從十一月初一日起，著手懲治閹黨。十九日，起用袁崇煥爲都察院右都御史、兵部添注右侍郎事。十二月，崇禎帝命已被貶黜的東林黨人錢龍錫、李標、劉鴻訓等爲大學士、尚書要職；後又起復並任命東林黨人韓爌爲內閣首輔。袁崇煥在朝中的奧援者，逐漸恢復或晉升了官職。

　　崇禎元年四月初三日，崇禎帝任命袁崇煥爲兵部尚書兼右副都御史，督師薊、遼、登、萊、天津軍務。袁崇煥的官職，兵部尚書是正二品；右副都御史是虛銜；督師是實職，管轄薊(州)、遼(東)、登(州)、萊(州)、天津軍務。因薊州、天津、登萊等地另有巡撫專責，所以袁崇煥實際上主要管轄山海關外遼東地區的軍政事務。按照當時的軍制與官制，在外帶兵的文臣，最高官銜是督師，通常以大學士兼任；其次是總督或經略，由兵部尚書或侍郎兼任；再次是巡撫，由侍郎兼任；巡撫之下才是武官中最高的總兵官。袁崇煥原來不是大學士，也不是尚書，卻有了大學士方能得到的遼東最高官銜——督師。這時距他做七品知縣只有六年。

　　朝廷爲什麼會重新起用袁崇煥呢？根據《崇禎長編》元年四月丙午的記載，推薦袁崇煥的理由其實就是十個字：「不怕死」、「不愛錢」、「曾經打過」。前六個字好懂，「曾經打過」這四個字不好懂。《崇禎長編》是崇禎帝死了之後修的，這時候已經是清朝，清人把這句話做了刪改，說全了應該是「曾經與奴打過」六個字，就是說曾經與努爾哈赤和他兒子皇太極打過，並且取勝了。因爲這個原因，朝中一些大臣建議崇禎皇帝重用袁崇煥。

　　朝廷敦促袁崇煥盡快到北京就職，催促使者，絡繹道路。

　　得知袁崇煥升任薊遼督師、並馬上到京赴任的消息後，20位粵籍名士相聚在廣州名刹光孝寺，爲他賦詩繪圖，宴會送別。這成爲廣東文壇史上的一段佳話。席間，趙焞夫作山水畫一幅，諸友題詩，袁崇煥也題了詩，圖詩名〈膚公雅奏〉。〈膚公雅奏〉這個典故出自《詩經・小雅・六月》：「薄伐獫狁，以奏膚公。」毛傳：「膚，大；公，功也。」就是向朝廷奏報大功。這幅〈膚公雅奏〉圖詩當由袁崇煥珍藏，他蒙難後，被民間輾轉收藏。清光緒四年(1878年)，王鵬運在北京給〈膚公雅奏〉作題跋。民國十年(1921年)江瀚攜其到天津，羅振玉認爲是眞跡並作跋。民國

二十四年(1935年)東莞籍學者倫明、張仲銳、容庚三人集資，以〈東莞袁崇煥督遼餞別圖詩〉為名，影印50本，分送各大圖書館。1958年，原件曾在香港舉行的廣東歷代名家書畫展覽會上展出，現收藏在港澳民間。

今人汪宗衍、顏廣文等對〈東莞袁崇煥督遼餞別圖詩〉的題詠者做了考證，從中可以了解到袁崇煥在廣東所交的朋友和所受到的影響。

這21位人士可分為五類。

第一類趙焞夫。畫家。這幅〈膚公雅奏〉圖，充滿了詩情畫意。畫中有藍天、碧水、青山、綠樹、麗亭、小舟；小舟寓意給袁督師送行。

第二類袁崇煥和陳子壯。陳子壯，廣東南海人，和袁崇煥同科進士，陳為第一甲第三名，是探花。陳子壯在做浙江主考官時出題諷刺魏忠賢，因而被罷官。袁崇煥起復後陳也起復，官至禮部侍郎。後陳在廣東起兵抗清，戰敗被俘，不屈而死。

第三類黎密、歐必元、韓暖、區懷年、鄺瑞露等。他們出身於廣東名門望族，以名流自居，以詩社為聚，或議論朝政，或遊歷山水，期待著為朝廷重用，一展宏願。其中，黎密，番禺人，明末清初與萬元吉等守贛州，城破殉死。歐必元，順德人，崇禎末以鄉薦任廣東巡撫，旋受排擠，還鄉修志；其兩個兒子後來都死在抗清戰場上。韓暖，博羅人，後做過縣令，清軍南下，「扶義捐軀」。鄺瑞露，南海人，出身富家，少年神童，成年後經歷坎坷，著書作詩；他在一首詩序中寫到：其兄「有扶風越石之志，以驃騎從袁督師，死於邊」。區懷年，高明人，與父、叔三人皆負詩名，清初歸隱故里。

第四類鄧楨、梁稷、傅于亮等。他們出身平民，熟習經史，粗通武略，投身袁崇煥麾下為幕客。其中，鄧楨，袁崇煥做遼東巡撫時即為幕客，後再次追隨袁崇煥到遼東，曾受袁託返粵募修羅浮名勝。梁稷，後出塞為袁崇煥幕客，袁死後參與復社活動，與黃宗羲結為至交。傅於亮，也

做過袁崇煥幕客。

　　第五類釋通炯(光孝寺主持)、釋通岸、釋超逸，均爲廣州光孝寺高僧。他們雖身爲禪師，卻積極參與世俗事務，主動結交廣州宦紳，使光孝寺成爲晚明廣東士子名流吟唱和議論國事的重要場所，也成爲廣東士人抗清失敗後，避世入佛的重要寺廟。

　　物以類聚，人以群分；朋友是自己的鏡子。在光孝寺爲袁崇煥餞行的都是他的同鄉、朋友，都受到他浩然正氣與愛國精神的感染。他們與袁崇煥有許多的共同點：都有熱血報國的激情，也都有知識分子的自豪與輕狂。從他們身上折射出袁崇煥的影子。

　　〈袁崇煥督遼餞別圖詩〉上的題詩，其主旨是：

　　第一，望他建功立業。以陳子壯「此去中興麟閣待，燕然新勒更何辭」、釋通炯「勳業豈歸蕭相後，壯圖應占祖生先」爲代表。

　　第二，詠他豪爽性格。陳子壯說他「高談」、傅于亮說他「笑談」、鄺瑞露說他「談鋒」，都道出袁崇煥的豪爽性格。

　　第三，勸他知進知退。詩中有6人11次提到黃石公、赤松子、素書等，如鄺瑞露的「行矣莫忘黃石語，麒麟回首即江湖」的隱誡。這個典故是說張良功成隱退，才避免被劉邦所殺。他們預見朝政昏暗、黨爭激烈，而對袁督師勸以良言。

　　在這次餞行宴會上，袁崇煥慷慨賦詩：「四十年來過半身，望中祇樹隔紅塵。如今著足空王地，多悔從前學殺人。」

　　袁崇煥辭別餞送的文友、法師等，乘舟登車，急奔北京。

二、平台奏對

　　崇禎元年七月，袁崇煥到達北京。十四日，崇禎帝在北京紫禁城平

紫禁城一側，這裡是明代的平台。

台，召對朝廷大臣和薊遼督師袁崇煥。

有的書或電視劇說：平台是一座依宮而建半邊向陽的閣台，憑欄處日可觀花看景，夜可邀風賞月云云。這都是藝術家們的想像。我們在前面曾經講到過，皇宮建極殿(今保和殿)以北居中爲雲台門，其兩側爲雲台左右門，又名平台。這裡沒有一泓池水，也沒有可賞之花。明朝皇帝「召對」群臣制度，從萬曆中期怠政便中斷。泰昌、天啓兩朝，沒有進行「平台召對」。崇禎帝繼位以後，崇禎元年(1628年)從正月到八月，崇禎帝在平台頻繁召對群臣，商討國事。因在平台召對廷臣，所以叫「平台召對」。而袁崇煥是在平台召見時，「奏對」崇禎帝，所以我稱作「平台奏對」。

七月十四日，崇禎帝在北京紫禁城平台，召對大學士劉鴻訓、李標、錢龍錫等和薊遼督師袁崇煥。崇禎帝這時登極還不到一年，就在平台召見袁崇煥，可見他對遼東戰局和袁崇煥的重視。

袁崇煥的「平台奏對」展現了他的豪情和悲慨。《崇禎長編》記載：「召廷臣及督師袁崇煥於平台。帝慰勞崇煥甚至。崇煥銳然以五年復遼成功自許，慷慨請兵械、轉餉，凡吏部用人、兵部指揮、戶部措餉、言路持論，俱與邊臣相呼應，始可成功。帝是之。命即出關，紓遼民之望。」(《崇禎長編》，崇禎元年七月癸酉十四日)《明史·袁崇煥傳》也記載，袁崇煥向崇禎皇帝表態說：「方略已具疏中。臣受陛下特眷，願假以便宜，計五年，全遼可復。」而且具體闡述了復遼的策略：「恢復之計，不外臣昔年

以遼人守遼土，以遼土養遼人，守為正著，戰為奇著，和為旁著之說。法在漸不在驟，在實不在虛。」

崇禎帝諭曰：「復遼，朕不吝封侯賞。卿努力解天下倒懸，卿子孫亦受其福。」

崇禎帝同袁崇煥對答完之後，稍事休息。

休息之後，崇禎帝又回到平台，繼續議事。袁督師即再奏言：「東事本不易竣。陛下既委臣，臣安敢辭難。但五年內，戶部轉軍餉、工部給器械、吏部用人、兵部調兵選將，須中外事事相應，方克有濟。」就是說，遼東的事情很難，實現五年復遼的目標，需要戶部、工部、吏部、兵部給予支持和配合。崇禎帝當即「飭四部臣，如其言」。就是當即指示戶、工、吏、兵四部，在糧餉、器械、用人、兵將方面，都要事事給予支持。

袁崇煥又提出：「以臣之力，制全遼有餘，調眾口不足。一出國門，便成萬里。忌能妒功，夫豈無人？即不以權力掣臣肘，亦能以意見亂臣謀。」就是擔心有人進讒言，從中掣肘。

崇禎帝傾聽袁崇煥的講話。然後，諭袁崇煥曰：「卿無疑慮，朕自有主持。」崇禎帝優詔慰答袁崇煥。

這次崇禎帝平台召見袁督師，主要內容是：

第一，崇禎帝對袁崇煥示慰勞，賜尚方劍，以示重用。

第二，袁崇煥向崇禎帝表示：五年時間，恢復遼東。

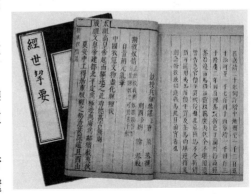

崇禎刻本《經世挈要》之〈欽授兵部參謀〉

第三，袁崇煥爲五年復遼，提出五項具體請求——戶部糧餉、工部器械、吏部用人、兵部調兵、言官輿論，特別是兵械與糧餉方面，要給予支持、配合。崇禎帝答應了袁督師的上述請求。

兵部尚書、薊遼督師袁崇煥，受命後帶著尙方寶劍，乘騎出關。其〈再出關〉詩云：「馬自趨風去，戈應指日揮。臣心期報國，誓唱凱歌歸。」

從袁崇煥的平台奏對可以看出，他有捨身報國、恢復遼東的豪情，也有憂讒畏譏的顧慮，豪邁中帶著悲慨。而對袁崇煥提出的「五年復遼」的規劃，歷來存在爭議，下面做簡要分析。

三、五年復遼

袁崇煥的「五年復遼」四個字，是否大話、空話？是否失言、詼言？從當時，到現在，有不同聲音、不同評說，下面做簡要分析。

有人認爲袁崇煥「五年復遼」是「漫對」，是「自失」，是袁崇煥「聊以是相慰」崇禎皇帝的「焦慮聖心」。這段話出自《明史·袁崇煥傳》記載：「帝退少憩，給事中許譽卿叩以五年之略。崇煥言：『聖心焦勞，聊以是相慰耳！』譽卿曰：『上英明，安可漫對！異日按期責效，奈何？』崇煥憮然自失。」怎樣看待這段記載與論斷？有加以考據與分析的必要。

第一，仔細一查，事有出入。《崇禎長編》、《今史》都沒有記載這件事；《明史·袁崇煥傳》說事情發生在「召對」休息時間；《崇禎實錄》又說此事是在「召對」後袁崇煥出了午門發生的對話。因此，這段記載是實是虛，值得再考證。

第二，事屬推論，證據不足。有人認爲「事已到此，還有話說」云

云。袁崇煥以前任熊廷弼、孫承宗都遭到朝廷小人、奸人、閹人、庸人的嫉妒，遭人排斥與陷害，而不得竟其志，甚至於被殺害。於是，袁崇煥再上言：「至用人之人，與爲人用之人，皆至尊司其鑰。何以任而勿貳，信而勿疑？蓋馭邊臣與廷臣異，軍中可驚可疑者殊多，但當論成敗之大局，不必摘一言一行之微瑕。」《崇禎長編》將此事記於平台召對後的兩天，即十六日，而不是奏對的當日。

　　第三，時差兩天，移花接木。有人認爲袁崇煥奏對時又沉重地說：「事任既重，爲怨實多。諸有利於封疆者，皆不利於此身者也。況圖敵之急，敵亦從而間之，是以爲邊臣甚難。陛下愛臣知臣，臣何必過疑懼，但中有所危，不敢不告。」這條也是七月十六日的上疏，而不是平台召對的話。《明史‧袁崇煥傳》卻將這件事記載於平台奏對。這或有「移花接木」之嫌，需要進一步考證。

　　第四，早有準備，態度認真。其實，袁崇煥的平台奏對，態度應當是認真的，醞釀應當是很久的，設想應當是慎重的，計畫應當是可行的。崇禎元年四月初三日他受命爲兵部尚書兼督師薊遼，到七月十四日平台奏對，中間98天，三個多月的時間。特別是在來北京的路上，他想得最多的是「復遼」的問題。袁崇煥受召後，扶病兼程，疏陳方略。初七日，行至阜城，看到邸報中崇禎帝對自己奏疏的批示。我認爲，「五年復遼」不是「漫對」，

《經世挈要》之〈御覽籌兵藥言序〉

也不是「失言」，更不是滿足崇禎皇帝的「焦慮聖心」，而是基於他對當時形勢的分析與判斷。

第五，五年復遼，為其追求。 正如後來袁崇煥在殺毛文龍奏疏中所說：「臣五年不能平奴，求皇上亦以誅文龍者誅臣。」至於後來「五年復遼」的事實成為泡影，於是就有「事後諸葛亮」者以「失敗」來推論「當初」。

應當指出：當時明朝人對於遼東形勢有悲觀派和樂觀派兩種分析。悲觀派如王在晉，主張在山海關外八里鋪再修一座城護衛關城；樂觀派如袁崇煥主張「五年復遼」。袁崇煥是樂觀派，他對「彼」與「己」的分析是：

對「己」——

(1)皇帝　英睿(對他超乎尋常信任)；

(2)內閣　新東林內閣；

(3)七卿　六部尚書和左都御史主要是東林黨人；

(4)統帥　自任兵部尚書兼薊遼督師；

(5)戶部　供應糧餉；

(6)工部　供應器械；

(7)吏部　遴選官員；

(8)兵部　作戰協調；

(9)言官　不亂彈劾；

(10)兵略　有寧遠、寧錦兩次大捷的經驗。

對「彼」——

(1)老汗努爾哈赤敗死在自己手下；

(2)後金汗位交替，內部不穩；

(3)皇太極在寧錦也曾敗在自己手下；

(4)遼民對後金普遍不滿與反抗。

對「友」——

(1)蒙古林丹汗有盟約支持明朝；

(2)朝鮮李朝國王李倧也對後金不滿。

以上16條因素，如果最佳組合，「五年復遼」是可能的。認為袁崇煥「五年復遼」是「斗膽在君前『戲言』」的論斷，缺乏史據，值得商榷。然而，袁崇煥的悲劇在於，他對「己」、「彼」、「友」關係的變數考慮不周，對明朝痼疾認識不夠，對後金新政估計不足，對政治與軍事全局判斷失誤，從而留下隙缺——皇太極的「天聰新政」出了一個奇招，就是「出其不意，攻其心臟」——突然襲擊，攻打北京。於是，整個一盤棋全被攪局了，釀成了袁崇煥「五年復遼」化作泡影的悲劇。

第二十七講
天聰新政

　　在明朝與後金對弈的棋盤上，明朝政局發生了巨變，主要是崇禎帝採取重大措施，強化皇權；後金政局也發生了巨變，主要是天聰汗皇太極調整治國政策，固本鼎新——這些對袁崇煥督師薊遼既有正面影響，也有負面影響。因為袁崇煥的主要對手是皇太極，而皇太極又是袁崇煥的剋星，所以要進一步了解袁崇煥必須了解皇太極，而了解皇太極要從其人其政入手。

一、天聰其人

　　天聰汗皇太極是努爾哈赤的第八子。努爾哈赤共有16個兒子，其中傑出的有：長子褚英、次子代善、五子莽古爾泰、八子皇太極、十四子多爾袞；還有兩個侄子(舒爾哈齊之子)——阿敏和濟爾哈朗也較出色。天啓六年即天命十一年(1626年)八月十一日，清太祖努爾哈赤死。努爾哈赤的死和天啓皇帝的死，只差一年；同樣，崇禎帝繼位和天聰汗繼位，也只差一年。

　　努爾哈赤死後的汗位繼承，實行的是八和碩貝勒共議推舉新汗的制度。在努爾哈赤的子侄中，褚英已死，多爾袞太小，以四大貝勒權勢最大，最有希望繼承汗位。他們是：大貝勒代善、二貝勒阿敏、三貝勒莽古

天聰汗皇太極像

爾泰和四貝勒皇太極。但阿敏的父親舒爾哈齊因罪被圈禁至死，他本身也犯過大錯，實際已經沒有資格爭奪汗位。三貝勒莽古爾泰的生母富察氏，因夫君戰死而改嫁給努爾哈赤。富察氏有過錯，莽古爾泰便親手殺死他的生身母親。這件事雖博得他父親的信任，但使他在兄弟、大臣中威望下降；所以，莽古爾泰在汗位爭奪中也沒有什麼競爭力。

最有希望繼承汗位的大貝勒代善，在汗位爭奪中，也敗給了皇太極。《滿文老檔》記載，天命五年即萬曆四十八年(1620年)三月，努爾哈赤小福晉德因澤告發代善與繼母大福晉關係曖昧：「大福晉曾二次備辦飯食，送與大貝勒，大貝勒受而食之。又一次送飯食與四貝勒，四貝勒受而未食。且大福晉一日二三次差人至大貝勒家，如此往來，諒有同謀也！福晉自身深夜出院亦已二三次之多。」德因澤又訐告，每當諸貝勒大臣在汗的家裡宴會時，大福晉飾金佩珠、錦緞妝扮，傾視大貝勒，彼此眉來眼去。努爾哈赤派大臣去調查，後查明告發屬實。努爾哈赤對大貝勒同大福晉的曖昧關係極為憤慨，但他既不願加罪於兒子，又不願家醜外揚，便藉口大福晉竊藏金帛，勒令離棄。小福晉德因澤因告訐有功，被榮升與努爾哈赤同桌吃飯。有學者認為：大福晉送皇太極飯食而皇太極未吃，德因澤身在深宮何以曉得？可見德因澤告訐之謀出自皇太極。皇太極借此施一箭雙鵰之計：既使大福晉被廢，又使大貝勒聲名狼藉，從而為自己繼位準備了重要條件。

皇太極又夥同代善等逼著多爾袞的母親大妃阿巴亥為努爾哈赤殉葬。多爾袞與多鐸兄弟年齡幼小，母親又殉葬死，徹底失去繼承汗位的可能。

皇太極經過15年的厮殺、爭奪，最後取得大位。可以說，皇太極是在

後金猛將如雲、戰火拚搏中脫穎而出的，是歷史的選擇，時代的選擇。皇太極父汗努爾哈赤的特點是「開創」與「堅韌」，而皇太極的特點則是「文治」與「謀略」。

皇太極繼承大位之後，氣魄很大，雄心勃勃，對內要「固本維新」，對外要「斷翼攻心」──實現統一中原的霸業。

二、實施新政

皇太極比努爾哈赤高明之處，在於他既繼承父汗的基業，又看到父汗的弊政，從而固本維新，進行改革。

第一，固本維新。天聰汗政策的基本點是「固本」，就是鞏固後金社會與軍政制度的根本，同時又進行維新。有人可能會說，「維新」這個詞是不是太現代了？皇太極那會兒怎麼還能維新呢？其實，「維新」一詞最早見於《詩經‧大雅‧文王之什》：「周雖舊邦，其命維新。」就是變舊法而行新政的意思。皇太極的「固本維新」，既固本，又維新，維新為了固本，固本必須維新。

皇太極的固本維新，採取了政治、軍事、經濟、民族、八旗、外事等多方面的措施，這裡主要介紹他調整對漢人的政策──漢民、漢官、漢軍、漢儒、漢制的「固本維

盛京皇宮大政殿

新」之策。

漢民：努爾哈赤時期對漢民有一系列錯誤政策。譬如將遼西的漢民一律遷到遼東，沒有房子住，沒有地可耕，沒有耕牛用，沒有糧食吃，怎麼辦？他採取一個措施，讓遼西的漢民到遼東之後，和遼東漢人房同住，地同耕，牛同用，飯同吃。這不是社會秩序大亂嗎？你住上三天兩天還行，常年住下去怎麼可以？還有一些漢民被編到滿洲人的莊子裡面去，受滿洲貴族的奴役，成為「阿哈」，也就是農奴。

有些漢人不堪忍受這種奴役就逃跑了，但一旦被抓回來，就要殺頭！而且周圍的鄰里還要連坐。這種殘酷的統治，並沒有帶來社會安定；相反，激起一些漢民更強烈的反抗，他們往井裡投毒，在豬肉裡放毒，襲擊零散出來的滿洲人。那個時候滿漢矛盾十分尖銳。

皇太極提出「治國之要，莫先安民」，強調滿洲、蒙古、漢人之間的關係「譬諸五味，調劑貴得其宜」。他決定：漢人壯丁，分屯別居；漢族降人，編為民戶；攻陷城池，不殺降民；善待逃人，放寬懲治——「民皆大悅，逃者皆止」。

漢官：漢官原從屬滿洲大臣，自己的馬不能騎、畜不能用、田不能耕；官員病故，妻子要給貝勒家為奴。皇太極優禮漢官，以此作為籠絡漢族上層人物的一項重要政策。對歸降的漢官給予田地，分配馬匹，進行賞賜，委任官職。皇太極重用漢官，以范文程為例，「太宗即位，召直左右」；入對時，「必漏下數十刻始出；或未及食息，復召入」；每議事，總是問：「范章京知否？」如有未當，說：「何不與范章京議？」有一次范文程在皇宮裡進食，看著滿桌佳餚美味，想起老父親，停筷不食。皇太極明白他的心思，立即派人把這桌酒席快馬送到范文程家裡。後來，范文程做到內秘書院大學士，這是清朝漢人任相之始。

漢軍：皇太極逐步設立八旗漢軍，創建重軍。寧遠之戰、寧錦之戰失

敗後，皇太極明白了一個道理：戰敗的重要原因是沒有最新式武器——紅夷大砲。此砲爲西洋人製造，滿洲忌諱「夷」字而諧音爲「衣」，稱作「紅衣大砲」。天聰五年(1631年)正月，後金仿製的第一批紅衣大砲在瀋陽造成，定名爲「天佑助威大將軍」。這是八旗兵器史上劃時代的大事件，也是八旗軍事史上的一座里程碑。皇太極在八旗軍設置新營「重軍」，就是以火砲等火器裝備的新兵種。從此，清軍有的強大騎兵明軍沒有，明軍有的紅夷大砲清軍也開始擁有。

漢儒：努爾哈赤對明朝生員屠殺過多，對所謂通明者「盡行處死」，其中「隱匿得免者」約有300人，都淪爲八旗包衣下奴僕。皇太極下令對這些爲奴生員進行考試，各家主人不得阻撓。這是後金科舉考試的開端，結果得中者共200人。他們從原來爲奴的身分，盡被「拔出」，獲得自由，得到獎賞。後又舉行漢人生員考試，取中228人，從中錄取舉人，加以重用。這項舉措，反響強烈，「仁聲遠播」。「士爲秀民，士心得，則民心得矣。」(《清史稿‧范文程傳》)誰占有更多的優秀人才，並發揮其才能，誰就能戰勝對手。大明人才濟濟，卻不能用；大順沒有鴻儒俊彥，牛金星不過是個舉人；而決定大清能否在這場龍虎鬥中取勝的關鍵，則在於能否大量地占有人才——皇太極重視人才是其取勝的一個法寶。

漢制：皇太極對後金的政權架構，仿效明制，設立內三院(內國史院、內

大政殿內寶座

秘書院、內弘文院)、六部(吏、戶、禮、兵、刑、工)、兩衙門(都察院、理藩院),形成所謂「三院六部二衙門」的政府架構,基本完善了政府組織的體制和架構。

這樣,皇太極的新政糾正了他的父親晚年犯下的錯誤,使得後金軍政事業有了新的發展。通過固本維新的多項政策和措施,皇太極初步完成滿洲從牧獵文化向農耕文化的過渡。

第二,**斷翼攻心**。皇太極先斷明朝的右翼朝鮮和左翼蒙古,再攻明朝的腹心——京師與中原。

斷明右翼朝鮮:天啟七年即天聰元年(1627年)正月,皇太極命二大貝勒阿敏等率軍東征朝鮮。阿敏統率大軍,過鴨綠江,占領平壤。三月,雙方在江華島殺白馬、黑牛,焚香、盟誓,訂下「兄弟之盟」。崇禎九年即崇德元年(1636年)皇太極稱帝大典時,朝鮮使臣拒不跪拜,雙方撕扯,仍不屈服。皇太極認為:這是朝鮮國王效忠明朝、對清不從的表現。十二月,皇太極以此為藉口,親自統率清軍渡鴨綠江,前鋒直指王京漢城(今首爾)。朝鮮國王李倧逃到南漢山城,皇太極也率軍到南漢山城駐營。第二年正月,李倧請降,奉清朝正朔,向清帝朝貢。於是,皇太極在漢江東岸三田渡設壇,舉行受降儀式,確立了清同朝鮮的「君臣之盟」。皇太極用兵朝鮮,割斷明朝的右翼,解除了進攻明朝的東顧之憂。

斷明左翼蒙古:漠南蒙古即內蒙古,漠北蒙古即外蒙古,漠西蒙古即厄魯特蒙古。漠南蒙古位於明朝和後金之間,其察哈爾部同明朝定有共同抵禦後金的盟約。漠南蒙古察哈爾部林丹汗,是元太祖成吉思汗的後裔;他勢力強大,自稱是全蒙古的大汗。明廷每年給林丹汗大量「歲賞」,使其同後金對抗,察哈爾部成為漠南蒙古諸部對抗努爾哈赤父子的堅強堡壘。皇太極即位後,西向三次用兵,其主要目標是察哈爾部的林丹汗。經過征討,察哈爾部眾叛親離,分崩瓦解;林丹汗逃至青海打草灘,出痘病

死。林丹汗的兒子額哲率部民千戶歸降，並獻上傳國玉璽。據說這顆印璽，從漢朝傳到元朝，元順帝北逃時還帶在身邊；他死之後，玉璽失落。200年後，一個牧羊人見一隻羊三天不吃草，而用蹄子不停地刨地；牧羊人好奇，挖地竟得到寶璽。後來寶璽到了林丹汗手中。皇太極得到「一統萬年之瑞」的寶璽，如同自己的統治地位得到上天的認可，自然大喜過望。他親自拜天，並告祭太祖福陵。昔日為敵20餘年的察哈爾舉部投降，廣闊的漠南蒙古歸於清朝，從而割斷明朝的左翼，解除了進攻明朝的西顧之憂。

搗明心臟京師：皇太極連遭寧遠、寧錦之敗後，不敢直接攻打袁崇煥守禦的寧遠城，也不敢進攻袁崇煥防守的關寧錦防線，而採取奇招：攻打明朝的政治心臟——北京。崇禎二年即天聰三年(1629年)，皇太極親自帶領大軍，繞道蒙古地區，攻破大安口和龍井關，下遵化，過順義，圍攻北京城。皇太極的這一步棋，是明朝上下官員誰也沒有想到的。袁崇煥雖然曾上疏說遵化防禦薄弱，八旗軍可能突入，但他沒有想到皇太極會親自率領大軍攻打北京。爾後，八旗軍又四次破塞入內，擄掠中原。如，一次多羅郡王阿濟格等率軍入關，到延慶，入居庸，取昌平，逼京師；接著，阿濟格統軍下房山，破順義，陷平谷，占密雲，圍繞明都，蹂躪京畿。此役，清軍阿濟格奏報：凡56戰皆捷，共克16城，俘獲人畜17萬。他們凱旋時，「豔服乘騎，奏樂凱歸」，還砍木書寫「各官免送」四個大字，以戲藐大明皇朝。另一次多爾袞率軍入關，兵鋒直到濟南；在長達半年的時間裡，多爾袞轉戰2000餘里，攻克濟南府城暨3州、55縣，獲人、畜46萬。皇太極五次大規模入塞，攻打北京，擄掠中原，陷落濟南，皇太極之氣魄、之膽識、之睿智、之謀略的確是雄奇的。

明朝左右兩翼都被皇太極折斷，其政治心臟又遭到皇太極的沉重打擊。這裡，我們對朱由檢與皇太極兩位皇帝加以比較。

三、兩帝比較

崇禎帝與天聰汗是在同一時代軍事政治舞台上的兩位主角，下面對這兩位主角做一比較。

相同方面：

第一，幼年喪母(朱由檢5歲喪母，皇太極12歲喪母)；

第二，同時在位(前後相差一年)；

第三，都在位17年；

第四，都懷有抱負(崇禎帝做「中興祖業之夢」，天聰汗做「遷都北京之夢」)。

不同方面：

第一，論年齡：崇禎帝繼位時18歲，尚未成熟；天聰汗繼位時35歲，正當盛年。

第二，論閱歷：崇禎帝生長在宮中，周圍是宮女、太監；天聰汗成長在疆場，戰馬馳騁，拚命廝殺，經歷人生最殘酷的磨練。

第三，論文化：崇禎帝受過儒家文化的教育；天聰汗通曉滿文，且極力吸收漢文化。

第四，論登極：崇禎帝是兄終弟及，自然接替；天聰汗則兄弟爭奪，優中選優。

第五，論體制：明朝官僚體制相互掣肘，彼此矛盾；後金軍政一元化，大汗直接掌控。

第六，論將領：崇禎帝殘殺忠臣良將，天聰汗珍惜愛將勇士。

第七，論謀略：崇禎帝之愚——變友為敵，天聰汗之聰——化敵為友。

　　第八，論朝廷：崇禎朝黨爭激烈，自我消耗，缺乏整體行動；天聰朝沒有黨爭，決策迅速，執行果斷。

　　最後，產生兩種截然相反的結果——明亡清興。

　　袁崇煥就是在這樣大背景下，走上督師薊遼戰場的。

第二十八講
寧遠兵變

袁崇煥重新得到朝廷信任，被任命為兵部尚書兼總督薊、遼、登、萊、天津等處軍務，此時他正當45歲盛年，可以說是走上了命運的一個高峰。平台奏對後，袁崇煥帶著「五年復遼」的夢想，乘騎出關，豪情滿懷，賦〈再出關〉詩云：

> 重整舊戎衣，行途賦采薇。
> 山河今尚是，城郭已全非。
> 馬自趨風去，戈應指日揮。
> 臣心期報國，誓唱凱歌歸。

從這首詩可以看出袁督師充滿信心、情緒樂觀。然而，和一年以前袁崇煥離開寧遠時相比，遼東局勢更加嚴重，他一到山海關，便被迎頭澆上一盆冷水——寧遠發生兵變。

一、官逼兵反

寧遠對於袁崇煥而言具有非同一般的意義，他在這裡先後取得過寧遠大捷和寧錦大捷，可以說，寧遠是袁崇煥崛起的地方。這裡的軍隊本來是

訓練有素，紀律嚴明，具有很強戰鬥力的，爲什麼竟然會發生兵變？寧遠兵變是各方面矛盾逐漸積聚的結果，所以事情還要從頭講起。

在袁崇煥離開寧遠的一年多時間裡，遼東防務由王之臣負責。王之臣屬閹黨，他的經歷前面曾經介紹過，他是明萬曆二十三年(1595年)三甲第一百一十一名進士，陝西潼關人。袁崇煥做遼東巡撫時，王之臣是遼東經略，兩人因事不合，鬧到朝廷。朝廷遂讓袁崇煥負責關外，王之臣負責關內，不久又把王之臣調任兵部尚書，而以袁崇煥盡掌關內外事務。王之臣任兵部尚書時爲天啓七年(1627年)正月，正是魏忠賢閹黨猖獗之時。同年七月初二日，袁崇煥被批准回籍養病；。初三日，兵部尚書王之臣便任薊遼督師兼遼東巡撫，再次執掌遼東軍政事務。不久，遼東巡撫改由畢自肅擔任。崇禎元年即天聰二年(1628年)三月十一日，因爲朝廷要重新起用袁崇煥，遂命王之臣回籍待用。四月初三日，袁崇煥以兵部尚書兼督師薊遼，移駐山海關。

這個期間，遼東局勢日趨惡化，各種矛盾日趨尖銳，最終導致爆發兵變。兵變的具體原因可以從六個方面進行考察：

第一，朝廷：天啓帝病死，崇禎帝繼位。崇禎帝爲天啓帝辦完喪事後，緊接著又進行一系列人事上的變動：懲治閹黨，重組內閣，六部換人，一時無暇顧及邊事，遼東防務因此逐漸懈弛。

崇禎年造「神機營四營三司頭隊二號」鐵砲

第二，督臣：王之臣督師薊遼半年多，沒有大的建樹，基本上在維持。因爲朝廷懲治閹黨，人事變動很大，他也不安其位，更無心整飭遼

東防務。

第三，巡撫：巡撫畢自肅，是萬曆四十四年(1616年)進士，山東淄川(今山東淄博市)人。這個人為官勤懇、廉潔，工作非常認真，曾經在寧遠之戰和寧錦之戰中立有戰功。在他任遼東巡撫這段時間裡，朝廷因為財政拮据，對遼東軍餉拖延不發。他向朝廷屢次催餉，沒有結果，他自己手上也沒有銀子，乾著急沒辦法。

第四，軍紀：軍隊紀律，極度混亂。舉一個例子。天啟七年十月初七日，寧遠前屯大火，燒毀民居6300餘間，燒死平民249人，火藥器械，蕩然一空。

第五，兵餉：遼軍兵餉短缺。先是，天啟後期，魏閹當權，「忠賢亂政，邊餉多缺」(《明史·畢自嚴傳》)。如崇禎元年，戶部尚書畢自嚴奏稱：歲入銀326萬兩，實際收入不滿200萬兩，邊餉銀327萬兩，入不敷出，赤字太大。再加上軍官剋扣，不發餉銀，普通軍兵，生計困難。拖欠守軍四個月糧餉不發。

第六，官員：本來下級軍官和士兵生計已經非常困難，如果中高級軍官能同他們同甘共苦，大家也能互相扶持著度過難關，不至發生兵變。而事實卻是，一些官員的貪污腐敗毫不收斂，結果是雪上加霜。比如遼東推官蘇涵淳、通判張世榮，一酷一貪，使得官兵激憤，蓄勢待發。

以上矛盾，錯綜複雜，多因一果，最終於崇禎元年即天聰二年七月二十五日，在寧遠發生兵變。

二、歃盟譁變

遼東寧遠的士兵，過去取得過寧遠大捷和寧錦大捷，在袁崇煥的指揮下，有著光榮的歷史。但是，他們生計唯艱、飽受盤剝又奏告無門，忍無

可忍，最終歃血會盟，激憤譁變。

　　寧遠軍隊譁變，首先是由從四川、湖廣調來的部隊發起，以楊正朝、張思順等為首。他們先祕密串聯，再集中到廣武營，會盟歃血，率先兵變。接著，事態不斷擴大，影響迅速蔓延，其餘十三營起而回應。譁變的官兵湧入巡撫衙門，將遼東巡撫畢自肅、總兵官朱梅、通判張世榮、推官蘇涵淳等人，從衙門拉出來，加以捆綁，囚於譙樓。

　　譙樓，有兩種解釋：一說是城門上的瞭望樓(周祈，《名義考》)，另一說是「世之鼓樓曰譙樓」(曹昭，《格古要論》，卷五)。

　　就是說可能將遼東巡撫畢自肅、總兵官朱梅等，捆綁在寧遠城中心的鼓樓上，逼迫發餉，喊罵亂打。當時巡撫畢自肅銀庫裡沒有銀子，一時難以籌措。譁變官兵，情緒激烈，局面失控，「捶楚交下」，手捶棍打。畢自肅滿臉流血，傷勢嚴重。衙署裡面的敕書、旗牌、文卷、符驗等，散碎狼藉，蕩然無存。

　　這時，兵備副使郭廣趕來。他一邊用身體護翼巡撫畢自肅，一邊同譁變首領談判──主要是保證盡快發放拖欠的兵餉。

　　郭廣先設法籌措了2萬兩銀子發給士兵，譁變兵士不答應，還是平息不下。郭廣又向商民借貸3萬兩銀子，湊足5萬，分發下去。譁變官兵情緒才稍稍緩和，混亂局面才暫時穩住。趁兵士散去，郭廣等救出巡撫畢自肅。但是，譁變的官兵分發完銀兩後，亂走亂竄，情緒依舊亢奮。這時，十三營的營房，仍然高度警惕，戒備森嚴，日夜守備。問題沒有從根本上得到解決。副將何可綱典領的中軍，在

明軍作戰時使用的石雷

平息譁變時發揮了重要作用。

當事主官寧遠巡撫畢自肅，在寧錦之戰時曾作為副使，協助袁崇煥守衛寧遠，督率將士奮力守城，立下戰功。

崇禎元年正月十七日，畢自肅任遼東巡撫。其兄畢自嚴，時任戶部尚書。兵變爆發後，畢自肅上疏引罪，到中左所，自縊而死。

此事，《明史‧袁崇煥傳》中做了記載，特別是《崇禎長編》中載錄了袁崇煥關於寧遠兵變的奏疏。今天主要靠這兩種史料了解當時寧遠兵變的情況。

《明史‧袁崇煥傳》記載文字如下：

> 是月，川、湖兵戍寧遠者，以缺餉四月大噪，餘十三營起應之，縛繫巡撫畢自肅、總兵官朱梅、通判張世榮、推官蘇涵淳於譙樓上。自肅傷重，兵備副使郭廣初至，躬翼自肅，括撫賞及朋椿兩萬金以散，不厭，貸商民足五萬，乃解。自肅疏引罪，走中左所，自經死。

袁崇煥一到山海關，立即著手平息譁變，進行善後處理。

三、迅速平息

薊遼督師袁崇煥是怎樣處理寧遠兵變，使得處理結果既能讓崇禎皇帝滿意，又能獲得譁變官兵同意呢？此事，《崇禎長編‧袁崇煥奏疏》的記載較詳，很有意思，全錄如下：

> 督師袁崇煥於到任次日，單騎出關，至寧遠，未入署，即馳入

營。宣上德意，各兵始還營伍。爲首者雖川、湖兵，而是時十三營俱動，諸魁散處眾兵中，猶日夜爲備。崇煥與道臣郭廣祕圖，召首惡楊正朝、張思順至膝前，諭以同黨能縛戎首，即宥前罪之旨。令報諸逆者名，擒之贖死，二凶唯唯。然是時已逃去伍應元等六人。十八日，而首惡田汝棟、舒朝蘭、徐子明、羅勝、賈朝吹、劉朝、奇大郎、滕朝化、王顯用、彭世隆、宋守志、王明等十二名，與先一日行道所拿之宋仲義及李友仁、張文元俱至。崇煥令郭廣當堂認識，俱當日向前首惡，即令梟示。隨出手示，諭撫各營云：朝廷止誅渠魁，今首惡正法，此外不殺一人，諸營肅如。諸兵將變，集廣武營，會盟歃血。參將彭簮古、中軍吳國琦，知而實縱之，於是斬國琦而責治簮古以待處分。至車左營加銜都司王家楫、車右營加銜都司左良玉、管局游擊楊朝文、總鎮標營都司僉書李國輔，皆分別輕重治革，宥楊正朝、張思順之死，發前鋒立功，以其雖倡亂而有擒叛之功也。時撫院敕書、符驗、旗牌、歷來文卷，碎無復存，及總兵符驗亦失去，惟印無恙。撫臣關防，已貯前屯庫，總兵旗牌止失三杆，咸不問。推官蘇涵淳、通判張世榮，一酷一貪，致激此變，降責有差。寧城十三營俱亂，惟都司祖大樂一營不動，命獎之。（《崇禎長編》，崇禎元年八月乙未）

整個過程如下：

第一，單騎出關。袁崇煥於「到任次日，單騎出關」。就是說，袁崇煥八月初六日到達山海關，次日(初七日)就馬不停蹄，單騎出關，不帶隨從，馳往寧遠。這表現出袁督師的果斷、幹練、勇敢與俠氣。請注意，這時的袁崇煥，已經不是過去七品的知縣袁崇煥，也不是六品兵部職方司主

事的袁崇煥，而是堂堂二品兵部尚書兼薊遼督師的袁崇煥。袁崇煥單騎出關，難能可貴。

第二，迅馳入營。袁崇煥到寧遠後，沒有到巡撫衙門，沒有會見同僚，沒有會見朋友，也沒有了解兵變情況，而是「至寧遠未入署，即馳入營」。就是驅騎急進，直入兵營，要取得迅雷不及掩耳的效果。

第三，攻心為上。做政治思想工作——「宣上德意，各兵始還營伍」。袁崇煥迅速趕到兵營後，利用原來的威望與情感，安撫士兵，宣撫慰勞，使得騷動官兵各回營伍。

第四，祕定計畫。制定祕密計畫——「崇煥與道臣郭廣祕圖」，就是袁崇煥與掌握實際情況的郭廣等祕密商量，制定計謀，採取措施。

第五，寬宥事首。一般做法是先找出「首惡」，加以懲處；但此時可能引發更大的騷動。袁崇煥高明之處在於：「召首惡楊正朝、張思順至膝前，諭以同黨能縛戎首，即宥前罪之旨，令報諸逆者名，擒之贖死。二凶唯唯。」寬宥事首張正朝、張思順，先瓦解譁變官兵上層內部。

第六，剪除「次惡」。將「次惡」田汝棟等十五人捉獲，「崇煥令郭廣當堂認識，俱當日向前首惡，即令梟示」，將他們戮於市，進行震懾。

第七，擒叛立功。楊正朝、張思順兩位譁變的首領，因為「擒叛有功」，經奏報朝廷，將他們「發前鋒立功」。

第八，分別處理。中軍吳國琦斬首；參將彭簪古受斥責；都司左良玉等四人被黜免；通判張世榮、推官蘇涵淳因貪虐引起譁變，受到降職斥責；總兵官朱梅解職。

第九，獎勵祖營。都司祖大樂所率一營官兵，沒有參加譁變，受到獎勵。在這裡說明一點：《明史·袁崇煥傳》作「程大樂」，《崇禎實錄·袁崇煥奏疏》作「祖大樂」，應以「祖」為是。

第十，奏報朝廷。袁崇煥向朝廷詳奏寧遠兵變經過、原因、處理及善

後事宜，並得到崇禎皇帝的批准。

袁崇煥乾淨利索、迅速漂亮地平息了這場寧遠兵變，穩定了遼東明軍局勢。

以上十條，有些是一般性處理的，有些是特殊性處理的。其中，有三條是違背常規而不容易做到的：

第一，到任次日，單騎出關；

第二，未入衙署，即馳入營；

第三，寬大首惡，正法次惡。

當時，形勢危急：「是時十三營俱動」；局勢複雜：「諸魁散處眾兵中」；瞬息萬變：「猶日夜為備」；危在旦夕：處理不當，便會身陷其中。利用「首惡」，嚴懲「次惡」，區別處理，穩定局面。

以上三條，表現出薊遼督師袁崇煥過人的膽略、超人的智慧、出奇的謀略和堅強的信心。

然而，一波剛平，一波又起。十月初一日，錦州守兵也發生譁變。但是很快得到解決。

袁崇煥平息兵變後，回到山海關，見到部下諸將官兵，相憶舊事，重申兵法，檢閱軍容，激勵向前，不禁感慨萬分，他賦〈關上與諸將話舊〉詩云：

> 隔別又經年，今來再執鞭。
> 相看人未老，憶舊事堪憐。
> 兵法三申罷，軍容萬甲前。
> 諸公同努力，指日靜烽煙。

寧遠、錦州接連的譁變，主要原因是長期拖欠糧餉，兵不聊生，反映

出遼東的明軍軍心渙散，官兵矛盾尖銳。這樣的軍隊怎能抵禦後金鐵騎的戰鬥力呢！這就需要整頓。因此，袁崇煥在平息兵變之後，立即著手整頓關寧錦防線。

第二十九講
督師薊遼

袁崇煥做薊遼督師的實際時間並不長，從崇禎元年七月，到崇禎二年十一月，只有一年多時間。這個期間，他的注意力集中在一點，就是為實現「五年復遼」的目標進行各項準備。

一、全面部署

薊遼督師袁崇煥在遼東戰守全局中，主要走了前、後、東、西、中五步棋：(1)前線──整頓關寧錦防線；(2)中間──節制東江毛文龍；(3)後方──防守薊鎮；(4)左翼──爭取蒙古；(5)右翼──聯絡朝鮮。

第一步棋：整頓關寧錦防線，這是袁崇煥整個戰略的核心。孫承宗與袁崇煥曾於天啓二年即天命七年(1622年)正月，初建關(山海關)寧(寧遠)錦(錦州)防線，後袁崇煥憑藉堅城大砲取得寧遠大捷；天啓六年即天命十一年(1626年)四月，袁崇煥重建關寧錦防線，又在與皇太極的對壘中取得寧錦大捷。可見這條防線在明朝抵禦後金鐵騎進攻方面，發揮了極其重要的作用。

因此，袁崇煥升任薊遼督師、進駐山海關後，立即著手整頓與再建關寧錦防線。他從硬體(物)和軟體(人)兩個大方面主要做了五件事：一是修繕城池；二是催發糧餉；三是整頓軍紀；四是更定軍制；五是選任將領。

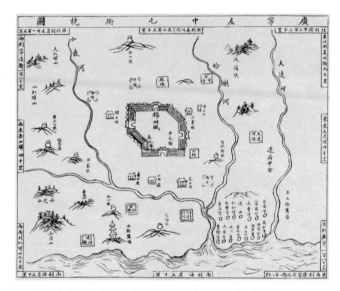

明《全遼志》之「廣寧左中屯衛（錦州）境圖」

這裡特別值得一提的是，袁崇煥提請朝廷任用三員大將，即趙率教、祖大壽、何可綱。趙率教，「爲將廉勇，待士有恩，勤身奉公，勞而不懈」（《明史·趙率教傳》）；何可綱則「仁而有勇，廉而能勤，事至善謀」（《明史·何可綱傳》），他協助袁崇煥更定軍制，歲省餉120餘萬。趙率教掛平遼將軍印，駐關內；祖大壽掛定遼將軍印，駐錦州；何可綱爲中軍，駐寧遠。袁崇煥向朝廷上疏說：「臣妄謂五年奏凱者，專仗此三人之力，用而不效，請治臣罪。」可見他對這三員大將的信任和倚重。

此外，這裡交代一下滿桂。滿桂也是孫承宗調到遼東的，曾跟隨袁崇煥經歷寧遠、寧錦大戰，是一位身經百戰的將領；但他在寧遠之戰後與趙率教不和，後來又與袁崇煥不和。雖然袁崇煥仍然重用滿桂，但還是結下了矛盾。在袁崇煥離開遼東後，王之臣重用滿桂，鎮守寧遠。崇禎帝即位

後，詔責王之臣，撤了他的職，滿桂也被任爲大同總兵，後來在北京保衛戰中找袁崇煥的麻煩。最後滿桂戰死在北京永定門外。後面我要講到。

袁崇煥在崇禎皇帝面前承諾「五年復遼」。那麼，復遼的方略是什麼呢？就是他對崇禎皇帝奏報的：以遼人守遼土，以遼土養遼人；以守爲正著，戰爲奇著，和爲旁著；法在漸不在驟，在實不在虛；任而勿貳，信而勿疑，當論成敗之大局，不必摘一言一行之微瑕。

第二步棋：節制東江毛文龍，這是中路。我下面專門說。

第三步棋：建議加強薊鎮防守。薊鎮，就是現在河北薊縣這一帶。這個地方很重要，既是遼東前線的後方，又是京師的前大門。薊鎮屬九邊之一，另有官員負責。袁崇煥有一個估計，就是他重建的關寧錦防線，皇太極很難突破，想由此進山海關攻打北京，幾乎不可能。但是，薊鎮防守比較薄弱，皇太極極有可能從這裡的長城隘口打進來騷擾塞內。爲此，他專門上疏提醒崇禎皇帝，但是沒有引起朝廷的重視，也沒有引起薊鎮的重視。後來果然皇太極從這兒破大安口、龍井關，破遵化，直接攻打北京。

第四步棋：撫賞蒙古。漠南蒙古察哈爾等部，同後金存在矛盾。袁崇煥力主「撫西虜以制東夷」，並使「東無得與西合」，就是利用蒙古，牽制滿洲，阻止東邊的滿洲同西邊的蒙古合成一股強大的勢力。具體措施：一是撫賞。經崇禎帝允准，督師王象乾與袁崇煥一起負責撫賞蒙古事宜；每年對蒙古賞銀高達14萬兩（《明史·畢自嚴傳》），袁督師還曾親自宣諭蒙古哈喇慎36家首領。二是市米，就是在蒙古遇到饑荒時，在邊上馬市賣米，以助其度過困境。袁崇煥的策略無疑是正確的，但他的主張因後來局勢變化未能實現，反而因此遭到訴訾。

第五步棋：聯絡朝鮮。朝鮮處於後金的背部，可以牽制後金，並使皇太極有後顧之憂。特別是日本侵略朝鮮的壬辰戰爭，明朝出兵相助，朝鮮國王感恩不盡。袁崇煥想借助朝鮮同明朝的歷史與文化的關係，並想利用

朝鮮同後金的利害衝突，爭取朝鮮站在明朝一邊，東西聯手，夾擊後金。雖然此時的朝鮮已經在平壤被迫同後金訂下了「兄弟之盟」，但朝鮮國王還是在心裡頭向著明朝，所以袁崇煥爭取和朝鮮結盟來共同抵禦後金。因為時間的關係，袁崇煥最終沒有完全實現這個目標。

從上述部署可見，袁崇煥的這五步棋，無非是兩個大的方面，一是想方設法調動一切積極因素，二是想方設法遏制和消除不利因素。而在東江的毛文龍，成為袁崇煥五年復遼戰略布局中的一顆難以調動的棋子。

二、文龍其人

毛文龍(1576-1629年)，浙江仁和(今杭州)人，少年喪父，隨母親寄住舅父沈光祚家。毛文龍不喜經書，不事產業，給人看相測字，勉強維持生活。直到天啟元年(1621年)毛文龍45歲之前，關於他的人生軌跡，歷史記載很少，又相互矛盾，有以下三說：

第一種說法，毛文龍小時候不用功讀書，但是對《孫子兵法》很有興趣。他父親死得早，他的舅舅沈光祚在兵部當一個六品的主事，他和母親一起住在舅舅家。後來沈光祚把毛文龍推薦給遼東總兵李成梁，補內丁千總。曾經考過武舉，名列第六。後遼東巡撫王化貞招納武材，毛文龍補練兵游擊。游擊是一個中級軍官，大體上就相當於現在的校級軍官。

第二種說法，毛文龍小時候很淘氣，又沒有父親管教，賭博、走狗、遊手好閒。後來為躲賭債，自己只好藏匿起來。他母親看這孩子實在沒辦法了，就交給他舅舅管教。他舅舅沈光祚當時做山東布政使，認得王化貞，就把毛文龍交給了王化貞，想讓他在軍營裡受些約束。王化貞受了囑託，授毛文龍都司職務。

第三種說法，毛文龍自小就是個遊手好閒的無賴，後來他遊逛到北

京，看看無法安身，就到了遼東。在行伍之間混跡了一、二十年，天啓元年被友人推薦給遼東巡撫王化貞，成爲標下游擊。(張岱，《石匱書後集・毛文龍列傳》)

廣寧前衛中前所甕城遺址舊影

毛文龍的起家，算是一椿歷史疑案吧。不過，以上三種說法雖然細節不同，但有一個共同點，就是毛文龍借助他舅父，並利用其同遼東巡撫王化貞的關係而起家。

王化貞任遼東巡撫期間，遼東70多個城堡被後金奪占，又接連丟掉了瀋陽、遼陽，王化貞只好駐守廣寧。

由於努爾哈赤實行鎮壓和屠殺的民族政策，激起遼東人民的強烈不滿，有的在肉裡面下毒，有的在井裡頭投毒，有的攔路截殺後金的散兵游勇。王化貞利用遼東漢人對後金的不滿，派毛文龍到遼東收集流民，策動組織反抗後金的活動。

明天啓元年即天命六年(1621年)五月，毛文龍奉命率軍丁200餘名，赴河東招降投附後金的遼民，恢復失陷疆土。七月初，毛文龍偵知後金鎮江(今遼寧丹東市九連城鄉)城中空虛，決定偷襲。

鎮江是緊靠鴨綠江的一座城，此時守城游擊叫佟養眞。佟家可不得了，有個人叫佟養性，是幫著皇太極製造紅夷大砲的人。成立八旗漢軍，佟養性就被任命爲烏眞超哈(重軍)的都統。佟家有個女兒後來嫁給順治皇帝，生了康熙帝，所以佟家在康熙朝做官的人很多，被稱作「佟半朝」，意思是說，滿朝文武有一半是佟家的人。

毛文龍買通鎮江中軍陳良策爲內應，約定七月二十五日黎明裡應外合

攻打鎮江城。毛文龍率新舊家丁、屯民等，至鎮江城外20里登岸。二十五日雞鳴時，明兵抵達城下，一齊登城，喊聲大振。陳良策等從城內殺出，內外夾擊。佟養眞率兵70餘名迎戰，但寡不敵眾；佟養眞被活捉，其子佟豐年等被殺，鎮江軍士400餘名投降。

鎮江既復，湯站、險山一帶城堡相繼降明，數百里內望風歸附，老幼降者絡繹不絕。

但好景不長。努爾哈赤得知這個消息，命貝勒阿敏、皇太極領兵三千往剿鎮江沿海。毛文龍求救於王化貞，化貞未援應，毛文龍逃往朝鮮；阿敏也隨後領兵五千渡鎮江入朝鮮地，攻剿毛文龍兵。共斬殺明官兵1500人，其中一名劉姓游擊；毛文龍僅以身免。

後毛文龍率部據守皮島。皮島，在鴨綠江口東之朝鮮灣，也稱東江。東西15里，南北10里，不生草木，並不算大。但是，皮島位於遼東、朝鮮、後金之間，北岸海面80里即抵後金界，其東北海即朝鮮，關聯三方，位置衝要。皮島，在朝鮮寫作椵島，又作椵島。「椵」，漢文音「假」，朝鮮文音「皮」，所以明人稱之爲皮島。

毛文龍在皮島集流民、建房舍，採人參、行貿易，備器用、編營伍，朝廷調撥糧餉，成爲一塊基地。毛文龍的勢力日漸強大，自踞一方。明朝擢毛文龍爲平遼總兵官，因爲皮島也稱東江，所以稱毛文龍爲東江總兵，還有人稱他爲「毛帥」。天啓三年(1623年)，毛文龍率部將張盤等攻下金州(今遼寧金州市)，朝廷提升他爲左都督掛將軍印，賜尙方劍，設軍鎮於皮島，號「東江鎮」。毛文龍以東江爲基地，曾經發動小股軍隊，襲擾後金城寨。大的襲擾計有六次：

第一次，天啓四年即天命九年(1624年)五月，毛文龍遣將沿鴨綠江越長白山，進攻後金東部輝發地方，全軍覆沒。(《清太祖高皇帝實錄》，卷九)

第二次，同年八月，毛文龍遣兵從義州城西渡江，以入島中屯田，被

後金發現，遭到偷襲，被斬500餘級，島中糧悉被焚。（《清太祖高皇帝實錄》，卷九）

第三次，天啓五年即天命十年(1625年)六月，毛文龍派兵300人，夜入耀州城南官屯寨，被後金總兵楊古利率兵擊敗。（《清太祖高皇帝實錄》，卷九）

第四次，同年八月，毛文龍派兵夜襲海州張屯寨，兵敗。（《清太祖高皇帝實錄》，卷九）

第五次，天啓六年即天命十一年(1626年)五月初五日，毛文龍派兵偷襲鞍山驛，被後金城守巴布泰擊敗，後金稱：「殺其兵千餘，擒游擊李良美。」（《清太祖高皇帝實錄》，卷十）

第六次，同月十二日，毛文龍又派兵偷襲薩爾滸城，夜攻城南門，被守軍發砲擊退。（《清太祖高皇帝實錄》，卷十）

作爲明朝在後金後方唯一的一支力量，毛文龍騷擾後金，連戰連敗，連敗連擾，起到一定牽制作用。毛文龍的存在就好像後金身上的「一隻跳蚤」，使之倍感不快。天啓七年即天聰元年(1627年)正月，後金以朝鮮幫助毛文龍躡後爲由，出兵朝鮮，就是一證。

東江形勢雖足牽制後金，但毛文龍並不稱職。直到崇禎二年，毛文龍鎮守東江八年，並沒有獲得一次大捷，也沒有恢復遼東寸土。毛文龍熱衷於「廣招商賈，販易禁物，名濟朝鮮，實闌出塞」，就是通過投機倒把、走私，獲取大量私利。他先後對後金發動六次軍事行動，都以失敗告終。在後金兩次傾力進攻寧遠和寧錦時，毛文龍也沒有乘虛進攻後金後方。另一方面，毛文龍獨樹一幟，不受節制，而又向朝廷要糧要餉，給國家經濟帶來極大負擔；同時，他投附閹黨，以爲奧援，在東江爲所欲爲，無所顧忌。

朝中對毛文龍的看法不一：有人認爲他牽制後金，作用很大；也有人

認為他飛揚跋扈，無益抗金；還有人認為他成事不足，敗事有餘。

歷任明遼東的軍事長官，熊廷弼也好，高第也好，王在晉也好，孫承宗也好，都不怎麼管毛文龍這個地方。袁崇煥就任薊遼督師後，因為要實現「五年復遼」的戰略目標，所以他要把東江納入整個戰略布局來考慮。

三、節制東江

崇禎元年，袁崇煥離京前夕，大學士錢龍錫親自到袁崇煥寓所，諮詢袁崇煥「五年復遼」的方略。袁崇煥說：「當自東江始。文龍用則用之，不可用則處之，易易耳。」也有書記載，袁崇煥對錢龍錫說：「入其軍，斬其帥，如古人作手，某能為也。」暗示自己可以設謀，處置毛文龍。這些記載是否屬實，還有待進一步研究，但是說明一個問題，就是袁崇煥剛剛上任，就和朝廷重臣商量過毛文龍之事。

袁崇煥要實現五年復遼，為什麼要動毛文龍呢？據朱彝尊的《曝書亭集・錢龍錫傳》記載，袁崇煥曾向大學士錢龍錫說：「譬如弈然，局有四子，東江其一也。」就是說，遼東之局，有四顆關鍵的棋子，東江這顆棋子插入後金項背，可進攻，可襲擾，也可牽制。但如果按照毛文龍原來路子經營東江，則起不到它的戰略作用。袁崇煥希望將東江真正納入遼東戰守的棋盤中，讓這顆棋子發揮出

明廣寧中屯衛杏山驛遺址舊影

應有的作用。

　　袁崇煥到遼東後，更了解到毛文龍的眞面目，對其愈加不滿，以至厭惡有加。他在〈謝升蔭疏〉中說：「且武人奔競，少豎立，便欲厚遷；稍不合，輒思激去；要脅朝廷，開釁同類，令邊疆始終不得一人之用。吾最疾之。」袁崇煥最疾惡的武人，就是毛文龍。

　　袁崇煥從統一指揮權開始，採取措施，節制毛文龍：

　　第一，建議朝廷監理東江糧餉。袁崇煥疏請朝廷派出文臣，監理皮島糧餉，想從朝廷監督上節制毛文龍。但毛文龍「抗疏駁之」，而未能實現。

　　第二，改變朝鮮貢道。原朝鮮貢道經登州到北京，改爲不經登州而經寧遠到北京，這樣既保證朝廷與朝鮮往來暢通，又切斷了毛文龍同朝鮮的政治聯繫，並切斷其來自朝鮮的財路。

　　第三，登萊實行海禁。先是，萬曆四十七年(1619年)，遼東用兵，開海運，自登州達蓋州，歲運糧豆200餘萬石，銀300餘萬兩(《明史·李長庚傳》)。崇禎二年四月，袁崇煥在〈策畫東江事宜疏〉中，題請兵部在登州、萊州實行海禁，通往東江的海上私船，不許一帆出海。獲得朝廷批准。

　　第四，寧遠轉發軍需。凡是運往東江的錢糧器用，不再由登州、萊州直接運往東江，而是從山海關起運至覺華島，經過薊遼督師衙門掛號，再登舟轉運至東江。這樣，凡是朝廷運往東江的錢糧器用，都必須受薊遼督師衙門的節制、轉發和核查，從而控制了毛文龍的糧餉、軍器。

　　第五，更定東江營制。東江毛文龍的軍隊，官兵多改姓毛，副將、參將、游擊等官未經朝廷任命，成爲一支漫無紀律、只忠於毛文龍個人的「毛家軍」，一向不受督師、經略、巡撫的節制。因此，袁崇煥決定從更定營制入手，對之加以整頓，使「毛家軍」成爲一支朝廷的軍隊，使東江

成為復遼的一塊基地。

袁崇煥這五招棋很厲害，杜絕了毛文龍在政治、外事、經濟、軍事方面的任意所為，特別是掌控了毛文龍的經濟命脈。原來朝廷撥給東江毛文龍的餉銀、糧料，大多不出都門，便轉手被一些官員侵吞。這樣一來，切斷了中間貪污、侵吞的渠道和海上販運、走私的通路，自然要引起京師、東江那些既得利益者的不滿與反抗。

對此，毛文龍上疏抗辯，說：這是給我攔喉一刀！他不僅拒絕接受袁崇煥的節制，而且以島兵將要譁變相威脅。聲言要提兵進登，索餉要脅。

毛文龍差人到寧遠，袁崇煥故意高聲當庭喊道：「既缺糧餉，何不前來？」然後將從天津運來的糧食，撥給毛文龍十船，且手書相慰。並給其屬下金銀、豬羊、酒麵相犒勞。袁崇煥用這種辦法，想把毛文龍激到寧遠來謁見。

毛文龍果然來到寧遠，但不過是虛應故事，一二話語而別，表現出桀傲不遜和拒受節制的狂妄態度與軍閥惡習。

儘管如此，袁崇煥對毛文龍還是以禮相待，想盡力爭取正常地解決東江問題，把這顆棋子納入到五年復遼的棋局裡。後來，袁崇煥決定親自深入東江，對毛文龍當面耐心規勸，視情況再臨機處置——可用則用之，不可用則殺之。

第三十講
斬毛文龍

袁崇煥貫徹朝廷節制東江的措施，受到抵制，無法實現。他決心巡視東江，毛文龍附則用之，逆則斬之，以便統一事權，整編東江軍隊。

一、巡視東江

崇禎二年五月二十五日，袁督師一行從寧遠海上揚帆起航，二十八日，抵達旅順口外40里的雙島。

二十九日，袁督師慰問島上官兵，賞賜酒食。當晚，毛文龍從皮島乘船來到雙島，因夜已晚，沒有相見。

毛文龍禮單

六月初一日，東江總兵毛文龍拜謁袁督師，進禮單，設茶飯。袁崇煥拒收禮單，但同意與毛文龍共進茶飯。兩人在毛文龍帳中茶飯間，有如下對話：

袁崇煥說：「遼東海外，止我兩人之事，必同心共濟，方可成功。歷險至

此，欲商進取大計。」表達了團結毛文龍，希望同心協力、共謀進取大計的願望。

毛文龍說：「某海外八年，屢立微功。因被讒言，糧餉缺乏，少器械馬匹，不能遂心。若錢糧充足，相助成功，亦非難事。」對錢糧器械提出了要求。

袁崇煥告辭時，對毛文龍說：船上不便舉行宴會，需借毛帥帳房，在島岸宴飲。毛文龍應允。

袁崇煥和毛文龍在島岸上宴飲，邊飲邊聊。酒席間，袁督師說：「皇上神聖，與堯、舜、湯、武合為一君。臣子當勉旃疆場。」稱讚當今萬歲崇禎皇帝聖明，因此，作為臣子應當盡力國事。毛文龍怏怏不樂，只說熹宗(天啟)恩遇之隆，言外之意是並不認同袁崇煥對崇禎皇帝的評價。袁崇煥十分驚訝，但是壓下心頭的不快，又進一步詢問復遼方略。毛文龍答道：「關、寧兵馬俱無用，止用東江二三千人，藏雲隱霧，一把火遂滅了東夷！」這口氣可太大了，直截了當地告訴袁崇煥，你手下的千軍萬馬都沒有用處，有我這兩三千人就夠了。實際上根本沒有把袁崇煥放在眼裡。袁崇煥當然很不高興，但還是把這口氣忍下去了，繼續同毛文龍推心置腹地慢慢交談，一直談到二更天才結束。

初二日，毛文龍請袁崇煥登島。袁崇煥上島後，接受東江官將行禮畢，賞部分兵丁每人銀一兩、米一石、布一匹。毛文龍侍從佩刀環繞，袁督師命他們退下。袁崇煥和毛文龍又祕密交談，三更方散。內容無非還是東江要受朝廷節制，共同為實現五年復遼目標努力之事。

初三日，毛文龍請袁督師登島赴宴。這已經是兩人第四回合的交鋒，看來，袁督師前面的努力並未奏效。袁崇煥這次對毛文龍說的話已經比較直接了：「久勞邊塞，杭州西湖，盡有樂地。」毛帥你這些年在邊塞很辛苦了，我勸你回你們老家杭州，那兒風景很好，你養老去吧。話裡有話，

綿裡藏針。言外之意就是，你毛文龍要不就接受朝廷節制，要不就辭職回你的老家杭州吧。毛文龍道：「久有此心，但滅了東奴，朝鮮文弱，可襲而有之！」毛文龍顯然不願交出兵權，並不買袁督師的帳。這天夜裡，袁崇煥傳副將汪翥密語，直至二更。

初四日，袁督師頒賞東江官兵3570員，官每員3兩至5兩、兵每名一錢，又將餉銀10萬兩交卸給東江。袁崇煥傳令徐旗鼓（敷奏）、王副將、謝參將（尚政）敘話。並出行文：旅順以東行毛總兵印信，以西行袁督師印信；又定營制等。袁崇煥又做了一次讓步，他希望達成一個折中協議：旅順以東歸東江總兵毛文龍節制，以西歸袁督師節制。但毛文龍依舊不肯遵依。

事已至此，袁督師只好採取斷然措施，要實施計斬毛文龍的舉措。

初五日，袁督師崇煥傳令：登岸擺圍，較射頒賞。毛文龍來到袁督師帳房，問道：「老大人何日起行？」袁崇煥告訴他第二天就返回，今天要在島上觀兵較射。也就是比賽射箭，優者給賞。毛文龍同意了。謝參將傳號令，命各營兵四面擺圍。毛文龍及其隨行官百餘員，都被繞在圍內，隨行兵丁被截在營外。

袁崇煥問東江各官姓名，都說「姓毛」。毛文龍說：「俱是敝戶小孫。」袁崇煥說：「豈有俱姓毛之理？你們海外勞苦，每名領米一斛，且家口分食，你們受本部院一拜！為國家出力，自後不愁無餉！」各官感泣叩首。

袁崇煥問文龍曰：「本部院節制四鎮，請嚴海禁，恐天津、登、萊，受腹心之患，今請設東江餉部，錢糧由寧遠達東江，亦無不便。昨與貴鎮相商，必欲取道登、萊，又議移鎮、定營制，分旅順東西節制，並設道廳，稽兵馬錢糧，俱不見允。豈國家費許多錢糧，終置無用？本部院披瀝肝膽，與你談了三日，望你回頭是岸，那曉得你狼子野心，一片欺誑，目

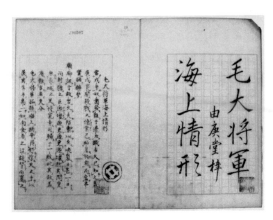

記錄毛文龍海島擁兵情況的〈毛大將軍海上情形〉

中無本部院猶可，方今聖天子英武天縱，國法豈能相容！」袁崇煥要立斬東江總兵毛文龍。

二、計斬文龍

袁督師西向叩頭請皇命，拿下文龍，剝去冠裳。毛文龍尚倔強，不肯就縛。袁督師又云：「你道本部院是個書生？本部院乃是朝廷一員大將，你這毛文龍有應斬十二罪。」袁督師宣布毛文龍的十二條罪狀是：

第一，兵戎重任，祖制非五府官不領兵，即專征於外，必請文臣為監。文龍夜郎自雄，專制一方。九年以來，兵馬錢糧，不受經、撫管核，專恣孰甚！**一當斬！**

第二，文龍自開鎮來，一切奏報，有一事一語核實否？捕零夷，殺降夷，殺難民，全無征戰，卻報首功。劉興祚忠順奔來，止二十餘人，而曰率數百眾，當陣捉降，欺誑孰甚！**二當斬！**

第三，文龍剛愎撒潑，無人臣禮。前後章疏，具在御前。近且有「牧馬登州，取南京如反掌」等語。據登萊道申報，豈堪聽聞？大臣不道，**三當斬！**

第四，文龍總兵以來，每歲餉銀數十萬，無分毫給兵，每月止散米三斗五升，侵盜邊海錢糧，**四當斬！**

第五，皮島自開馬市，私通外夷。**五當斬！**

第六，命姓賜氏，即朝廷不多行。文龍部下官兵，毛其姓者數千人。且以總兵而給副、參、游、守之箚，不下千人。其走使、輿台，俱參、游名色，褻朝廷名器，樹自己爪牙，犯上無等。**六當斬！**

第七，由寧遠回，即劫掠商人洪秀、方奉等，取其銀九百兩，沒其貨，奪其舡，仍禁其人，恬不爲怪。積歲所爲，劫贓無算，躬爲盜賊。**七當斬！**

第八，收部將之女爲妾，凡民間婦女有姿色者，俱設法致之，或收不復出，或旋入旋出。身爲不法，故官丁效尤，俱以虜掠財貨、子女爲常，好色誨淫，**八當斬！**

第九，人命關天。文龍拘錮難民，不令一人渡海，日給之米一碗，令往夷地掘參，遭夷屠殺無算。其畏死不肯往者，聽其餓死島中，皮島白骨如山。草菅人命，**九當斬！**

第十，疏請內臣出鎮，用其腹爪陳汝明、孟斌、周顯謨等，輦金長安，拜魏忠賢爲父，繪冕旒像於島中。至今陳汝明等一夥，仍盤踞京中。皇上登極之賞，俱留費都門，是何緣故？交結近侍，**十當斬！**

第十一，奴酋攻破鐵山，殺遼人無算。文龍逃竄皮島，且掩敗爲功。**十一當斬！**

第十二，開鎮八年，不能復遼東寸土，觀望養寇，**十二當斬！**（〈薊遼督師袁崇煥題本〉）

督師袁崇煥歷數毛文龍十二大罪狀後，毛文龍神喪氣奪，口不能言，惟叩頭求生。袁督師嚴厲地說：「爾不知國法久了，若不殺爾，東江一塊土，非皇上有也！」然後問東江各官等道：「文龍罪狀明否？」各官唯唯，沒人敢說話。又問眾兵，同樣也唯唯無辭。只有幾個毛文龍門下私人，稱其數年勞苦。袁崇煥厲聲斥責說：「毛文龍，不過就是一個匹夫罷

夏允彝《幸存錄》關於袁崇煥斬殺毛文龍的記述

了！因他守衛邊疆，官至都督，滿門封蔭，酬勞足夠了吧？他竟然敢欺騙朝廷，無法無天！我們要五年平奴，就要奉行列祖列宗制定的國法，今日不斬文龍，何以懲後？皇上賜給我尚方寶劍，正是這個原因。」這些人嚇得唯唯諾諾，不敢仰視。

袁督師叩頭請旨道：「臣今誅文龍，以肅軍政。鎮將中再有如文龍者，亦以是法誅之。」又說：「臣五年不能平奴，求皇上亦以誅文龍者誅臣！」袁督師宣諭後，立即取下尚方劍，令水營都司趙不伐、何麟圖監斬，令旗牌官張國柄執尚方劍，斬毛文龍於帳前。這時毛文龍的兵將在帳外洶洶，但袁崇煥軍威嚴肅，且事出意外，這些兵將還不敢挑起正面衝突。

袁崇煥計斬毛文龍後，做了幾項善後工作：

第一，埋葬文龍遺體。命將毛文龍的遺體，裝棺安葬。袁崇煥親自到毛文龍靈柩前拜祭，祭奠其亡靈。祭詞云：「昨日斬爾，乃朝廷大法；今日祭爾，乃僚友私情。」遂下淚祭拜。

第二，安撫東江各官。只殺毛文龍一人，其餘不問，照舊任職。這樣就穩住了東江的局勢。

第三，整合皮島部伍。皮島的副、參、游、都、守等官員，不下千

員，既多又濫。如旅順參將毛永義所管3600員名，經過袁崇煥親自點核，能爲兵者，不過千人；因此，對毛文龍的部眾，進行核查整編。分東江2.8萬官兵爲四協：用毛文龍之子承祚管一協，用旗鼓徐敷奏管一協，另二協由東江各官舉游擊劉興祚、副將陳繼盛二員分管。將毛文龍的印與劍、以及東江的事權，令副將陳繼盛代管。

第四，分賞東江官兵。將帶來餉銀10萬兩，分給各島官兵。

第五，遣散無辜民眾。安撫各島軍民，釋放獄中無辜。

第六，題請裁撤總兵。袁督師核查，毛文龍雖曾經誇口說有眾數十萬，其實官兵不過2萬人，不需設一「贅帥」，因此上疏請求皇上，應停此缺，「省糜費而杜隱憂」。

第七，移咨朝鮮國王。向朝鮮國王李倧，通報此事。

第八，立即奏報皇上。上〈薊遼督師袁崇煥題本〉(崇禎二年六月二十一日到覆)。

袁督師處理完東江事後，於五月初九日，揚帆回航寧遠。

袁崇煥計殺東江總兵毛文龍一事，在朝廷上激起軒然大波——毛文龍該不該殺？袁崇煥此舉是同室操戈，還是爲民除害？眾說紛紜。直到今天，學術界仍然見仁見智，爭議不休。

三、評說不一

對於袁崇煥計斬毛文龍之事，朝廷和遼東都在爭論，當時和後世也在爭論，論是論非，難得共識。概括說來，有兩種截然不同的看法：

一種看法是：毛文龍該殺；另一種看法是：毛文龍殺錯了。

認爲毛文龍該殺的，還分爲三種意見：

第一種意見認爲，毛文龍該殺，殺得好。梁啓超〈袁督師傳〉引述程

本直的話：「辱白簡，掛彈章，可數百計也。是左右諸大夫皆曰可殺，國人皆曰可殺也。其不殺也，非不殺也，不能殺也，不敢殺也，是以崇煥一殺之而舉國快然！」他認為：「夫以舉國不能殺、不敢殺之人，而督師毅然去之。」

第二種意見認為，毛文龍可殺，但應先奏後斬，而不應先斬後奏。但先奏後斬在當時是否具有可行性？袁崇煥在〈奏報〉中說：「臣於是悉其狼子野心終不可制。欲擒之還朝，待皇上處分。然一擒則其下必哄然，事將不測，惟有迅雷不及掩耳之法，誅之頃刻，則眾無得為。文龍死，諸翼惡者，念便斷矣。」可見，其先斬後奏，也是迫不得已之事。

第三種意見認為，毛文龍有十二條罪狀，可以借別的碴兒將毛文龍殺掉。查繼佐《罪惟錄》評論曰：「或曰調文龍禦險，如矯抗，可殺也！」他說袁崇煥可以派毛文龍到最危險的地方擔任防禦任務，假如毛文龍不服從軍令，你就可以殺掉他。但實際上，假如毛文龍就賴在皮島，你派他他不去，你怎麼殺他啊？你到皮島你也殺不了他，他還有幾萬軍隊呢。所以這個意見也不可行。

認為毛文龍不該殺的，也分為三種意見：

第一種意見認為，毛文龍抗禦後金有功，不該殺，殺錯了。

第二種意見認為，毛文龍有功有過，其過沒有死罪，可嚴懲而不可殺頭。

第三種意見認為，毛文龍即使無功有過，「十二條罪」也不該殺，殺毛文龍是「同室操戈」。

不管怎樣，袁崇煥斬殺毛文龍，是越權之舉。因為儘管袁督師有尚方劍，但是朝廷並沒有授予他殺總兵、殺左都督將軍的特權，何況毛文龍也有尚方劍！這使人聯想起在七年以前，初到遼東的袁崇煥也是越權，直接奏告首輔葉向高營築寧遠之議，當時得到大學士、帝師孫承宗的支持。現

在袁自己是薊遼督師，這次的越級，只能依靠皇帝的支持才可以過關了。

毛文龍墓

袁崇煥回到寧遠後，立即將斬殺毛文龍一事詳細奏報崇禎帝，闡明這麼做的理由，最後說：「但文龍大帥，非臣所得擅誅。便宜專殺，臣不覺身蹈之。然苟利封疆，臣死不避，實萬不得已也。謹據實奏聞，席藁待誅，惟皇上斧鉞之，天下是非之。臣臨奏不勝戰懼惶悚之至。緣係云云，謹題請旨。」

崇禎帝雖對袁崇煥先斬後奏的舉動不滿，但因重用袁崇煥，要依靠他實現復遼的宏願，所以旨批：「毛文龍懸踞海上，糜餉冒功，朝命頻違，節制不受。近復提兵進登，索餉要脅，跋扈叵測。且通夷有跡，犄角無資，掣肘兼礙。卿能周慮猝圖，聲罪正法。事關封疆安危，閫外原不中制，不必引罪。一切處置事宜，遵照敕諭行，仍聽相機行。」這裡說到毛文龍的罪狀，糜餉冒功是其一，不聽朝廷命令、不受節制是其二，索餉要脅是其三，尤其值得注意的是，崇禎帝的批示中說毛文龍「通夷有跡」。後來這件事得到證實，明東江總兵毛文龍暗通後金。

崇禎元年即天聰二年(1628年)，毛文龍先後給天聰汗皇太極八封書函：第一封為正月，第二封、三封為二月，第四、五封為四月，爾後有第六、第七、第八封。毛文龍在給天聰汗皇太極的書信中說：「汗凡有旨來，我皆領受，無不遵行。」「爾取山海關，我取山東，若從兩面夾攻，則大事可定矣！」他還表示：「爾率兵前來，我為內應，如此則取之易如

反掌。」這些書信不見於明朝的《東江疏報節抄》，而見於後金的《滿文老檔》。

關於東江後事，這裡還要講一下孔有德和尚可喜。這兩個人都曾經是毛文龍的部下，在毛文龍死了四年之後，叛明降清，後來成為清朝的藩王，為清軍入關、統一中原立下汗馬功勞。有人認為他們叛明降清是袁崇煥殺毛文龍的結果。而實際上，後來叛明降清的洪承疇、吳三桂等，都沒有做過毛文龍的部下。孔有德和尚可喜叛明降清的原因很複雜，恐怕不能簡單推斷是袁崇煥殺毛文龍之後的必然直接結果。

我的看法是：

第一，袁崇煥殺毛文龍是出於「五年復遼」的全局考慮，而不是出於個人之意氣。

第二，袁崇煥殺毛文龍並不是要撤掉東江這個基地，而是要將這個基地置於薊遼督師的統一指揮之下，使其真正發揮基地作用。但是由於三個月後袁崇煥就入獄，還沒有來得及整編東江部伍，後來該部降的降、散的散，成為政敵攻訐袁崇煥的口實。

第三，袁崇煥曾經對毛文龍多方爭取和勸解，曉之以理，動之以情，苦口婆心，凡五回合，然毛文龍驕橫跋扈，無視王法，拒受節制，於是將其斬於帳下，是為無奈之舉。毛文龍已經「通夷有跡」，殺之不為「同室操戈」。

第四，袁崇煥先斬後奏，是擅殺毛文龍。雖有其不得已之處，但是留下口實，後來成為自己罹難的一條罪狀。

從袁崇煥擅殺毛文龍這件事，也可以換一個角度審視，從中可以看出袁崇煥的性格和處事風格。袁崇煥是條漢子，敢做敢為，當機立斷，聰明睿智。

正當袁崇煥斬殺毛文龍，為實現五年復遼的戰略目標，重新進行戰略

布局之時，後金方面也走了一招很高明的棋。皇太極見關寧錦防線堅固，寧遠城不可攻，袁崇煥不可勝，於是不再正面強攻錦州、寧遠，而是繞過關寧錦防線，取道蒙古，破塞入內，進攻明朝的首都北京。一場北京保衛戰即將展開。

第三十一講
北京危機

明朝的首都北京，先後有兩次大的危機：第一次是英宗正統十四年（1449年），己巳年，蒙古瓦剌部首領也先率軍進攻北京，這次明英宗做了蒙古軍的俘虜，于謙成為保衛北京的英雄，後來又慘遭殺害。第二次是崇禎二年即天聰三年（1629年），也是己巳年，後金皇太極率軍攻打北京。這一年，朱由檢19歲，皇太極38歲，袁崇煥46歲。這次北京危機，關係到明朝的生死存亡。

一、突襲北京

皇太極繼承努爾哈赤汗位之後，實行天聰新政，調整內外政策，權力初步鞏固，出現新的氣象。他東向用兵，同朝鮮結下「兄弟之盟」；西向用兵，同蒙古多部聯姻結盟；北向用兵，進軍黑龍江流域，取得重大成果；南向用兵，發動寧錦之戰，吃了大虧，無功而返。

皇太極南向用兵，正面對著的是袁崇煥防守的關(山海關)寧(寧遠)錦(錦州)防線。先是，天命十一年即天啟六年（1626年），皇太極的父汗努爾哈赤敗在寧遠城下，不久命喪九泉；天聰元年即天啟七年（1627年），皇太極不服輸，又親率大軍進攻錦州和寧遠，結果也失敗了！

此時，皇太極怎麼辦？在他面前至少有三個方案可以選擇：

第一，**強攻寧錦防線**。即用最大的力量攻破袁崇煥守衛的寧錦防線，但是不行！皇太極說：「昔皇考太祖攻寧遠，不克；今我攻錦州，又未克。似此野戰之兵，尚不能勝，其何以張我國威耶！」（《清太宗實錄》，卷三）就是說皇太極父子一攻寧遠失敗，二攻寧錦不克，事情可一、可二，不可三啊，他再攻寧錦失敗了怎麼交待？

第二，**暫時按兵不動**。也不行。假如皇太極對明朝不採取攻勢，稍微示弱，後果會更加嚴重。因為後金是一個軍事政治國家，靠不斷的戰爭勝利來鞏固權力，充實財富，壯大力量，不進攻寧錦防線，沒有戰績，怎麼鞏固新取得的汗位？

第三，**繞道突襲北京**。就是繞過寧錦防線，取道蒙古，直接叩打長城的薄弱環節，然後直驅北京。這個辦法，或勝或不勝。如果得勝，皇太極就威望大震，同時給明朝致命一擊；即使不勝，也可以趁機擄掠財富。

皇太極是個聰明人，他既未採取「強攻」策略，也未採取「不攻」策略，而是採取了第三個方案。

清人繪「直隸長城險要關口形勢圖」之「喜峰口」

努爾哈赤在兵法上有一條重要的經驗，叫做「釋堅攻脆」。皇太極正是繼承了努爾哈赤這樣一種戰術思想，暫時放棄進攻關寧錦防線，出其不意，突襲明朝看似強固、實則脆弱的首都北京。

皇太極採取繞道蒙古突襲北京的策略，可以說是新招，也是險招。大家想想看，他居然敢從瀋陽繞道蒙古來打北京，這在過去從未有過，除了袁崇煥誰都沒有想到，當然是新招了；這又是一個險招，一旦失利，人家把後路截了，把老家給你抄了，連回都回不去。皇太極這一招在軍事上來說的確是不得了，我看過《中國古代軍事史》，是蔣介石主編的，一些退役的將軍寫的，那些將軍有豐富的戰爭經驗，他們很讚賞皇太極這一招，說這是非常高明、出乎常人預料的一招。

崇禎二年即天聰三年(1629年)十月初二日，後金天聰汗皇太極，以蒙古喀喇沁部騎兵為嚮導，親率八旗大軍，避開袁崇煥防守的關寧錦防線，不打錦州，不打寧遠，也不打山海關，而是繞道蒙古地區，突襲明長城薊鎮防區的脆弱隘口——龍井關和大安口，破牆入塞，進攻北京。

這是後金一方。那麼，明朝一方怎麼辦呢？

薊遼督師袁崇煥對後金此舉，已有所料。為此，袁崇煥曾正式向崇禎皇帝上疏，說：「臣在寧遠，敵必不得越關而西；薊門單弱，宜宿重兵。」說得很清楚，薊門比較薄弱，應當設重兵把守。不僅如此，袁崇煥又上了一道奏疏，說：「惟薊門陵京肩背，而兵力不加。萬一夷為嚮導，通奴入犯，禍有不可知者。」「夷」指的是蒙古，「奴」指皇太極。因為寧錦防線堅固，皇太極打不破，就會以蒙古為嚮導，突破長城，來威脅北京。但是，袁崇煥的兩次上疏，都沒有引起崇禎皇帝的足夠重視，不幸的後果被袁崇煥言中了。

這時，袁崇煥怎麼辦？在他面前至少也有三個方案可以選擇：

第一，「圍魏救趙」。戰國時期，有一個著名的戰役叫「桂陵之

戰」，當時魏國圍攻趙國都城邯鄲，趙向齊求救。齊王派田忌、孫臏率軍去救援。孫臏以魏國精銳在趙，而內部空虛，就引兵進攻魏國都城大梁（今開封），誘使魏將龐涓趕回保衛首都；又在桂陵（今河南長垣西北）設伏，大敗魏軍，並生擒龐涓。這就是著名的「圍魏救趙」的典故。在皇太極打北京的情況下，袁崇煥可以率軍直搗後金都城瀋陽，迫使皇太極回兵，或設伏截擊之，以解京師之危。我稱之爲「謀略智慧」之策。

第二，觀望待機。就是袁崇煥帶兵或派兵進關，在京東某地，駐紮觀望，探聽消息，待機而動，選擇謀略——可攻則攻，可守則守，可退則退，見機而動。我稱之爲「可進可退」之策。

第三，率兵勤王。就是親自率領軍隊，日夜兼馳，入關勤王，直奔北京，保衛京師。我稱之爲「赤膽忠心」之策。

以上三種方案中，袁崇煥依據自己的理念、經驗、性格，選擇了第三方案：就是親自率領騎兵，千里入援京師。

二、千里入援

千里入援是個概數，實際上不到1000里。我算了一下，北京到山海關700里，袁崇煥這時在中後所，中後所離山海關大約100里，袁崇煥實際所在的地方到北京大約800里。

崇禎二年即天聰三年（1629年）十月二十六日，八旗軍東、西兩路，分別進攻長城關隘龍井關、大安口等。時薊鎮「塞垣頹落，軍伍廢弛」，後金軍沒有遇到任何強有力的抵抗，順利突破長城，於三十日，兵臨遵化城下。遵化在京師東北方向，距離京師300里。十一月初一日，京師戒嚴。

雖然按照朝廷分工，袁崇煥主要分管山海關外防務，薊遼總督劉策分管關內防務。但是，袁崇煥作爲薊遼督師，對整個薊遼地區的防務都是責

無旁貸，況且後金鐵騎正是從山海關外而來。

先是，十月二十九日，袁崇煥從寧遠往山海關，途經中後所，得報後金軍已破大安口。袁崇煥做出以下軍事防禦部署：

其一，嚴守山海關。因爲山海關總兵趙率教已經調到關內，寧遠總兵祖大壽也帶精銳隨袁崇煥入關，所以袁崇煥命前總兵朱梅、副總兵徐敷奏守山海關，防止後金乘機奪關。

其二，嚴守京師要道。袁崇煥命參將楊春守永平，游擊滿庫守遷安，都司劉振華守建昌，參將鄒宗武守豐潤，游擊蔡裕守玉田。

其三，嚴守京畿地區。在靠近京師東北方向的薊州、三河、密雲、順義嚴密布防，防止後金從東北路入京。袁崇煥命保定總兵曹鳴雷等駐薊州遏敵，自率大軍，以總兵祖大壽做先鋒，駐薊州居中調度策應。命宣府總兵侯世祿守三河，保定總兵劉策守密雲。

袁崇煥一面進行總體部署，一面阻截後金軍南進，其措施是：

第一，遵化阻截。因爲皇太極的軍隊突破了龍井關和大安口，直接指向遵化，遵化是京東的重鎮，袁崇煥想把後金的軍隊阻截在這裡，他急令平遼總兵趙率教率四千兵馬，馳救遵化。

趙率教，陝西人，軍旅生涯曲折神奇，是袁崇煥最爲得力的三大部將之一。他屢立戰功也屢犯錯誤，但是袁崇煥對他信用有加，特別是在寧錦之戰的時候，趙率教守衛錦州，取得了輝煌的戰果。袁崇煥在寧錦戰線布防的時候把祖大壽放在錦州，他自己和何可綱在寧遠，派趙率教駐守山海關，組成了關寧錦防線。趙率教曾經任薊鎮總兵，熟悉薊鎮情況。他率部急馳三晝夜，行350里，到達遵化以東的三屯營。但三屯營總兵朱國彥不讓入城，趙率教只好縱馬向西，馳向遵化。十一月初四日，趙率教率援軍至遵化城外，與後金貝勒阿濟格等所部滿洲左翼四旗及蒙古兵相遇，誤入埋伏，中箭墜馬，力戰而亡，全軍覆沒。他的軍旅生涯，從怯陣潛逃，到

抻死守城，至血戰陣亡，終於成爲當時威震遼東的良將。《明史·趙率教傳》評價說：「率教爲將廉勇，待士有恩，勤身奉公，勞而不懈。」趙率教戰死，是明軍的重大損失，袁崇煥失去了最得力的大將，失去了救援京師的最佳時機。

當日，後金軍進攻遵化城。後金先勸降，遭到拒絕。後四面攻城，明巡撫王元雅憑城固守，頑強抵抗。第二天，遵化「內應縱火」，遵化城陷落。巡撫王元雅走入衙署，自縊而死。城中官兵人民，反抗者皆被屠殺。接著，後金軍進攻遵化東面的三屯營，副總兵朱來同等潛逃，總兵朱國彥把逃跑將領的姓名在大街上張榜公布，然後偕妻張氏上吊自盡。初七日，後金軍破三屯營。明朝喪失了將後金軍堵在遵化的機會。

遵化失陷，馳報明廷，人心大震，朝野驚恐。時「畿東州縣，風鶴相驚，人無固志」（《崇禎長編》，卷二十八）。皇太極命留兵八百守遵化，親統後金軍接著南下，向北京進發，逼近薊州。這時，袁崇煥親自帶領九千兵馬，急轉南進，實施其第二步想法：就是把後金的軍隊阻截在薊州。

第二，薊州阻截。袁崇煥於十一月初五日，督總兵祖大壽、副將何可綱等率領騎兵，親自疾馳入關，保衛北京。至此，袁崇煥在關外的三員大將——趙率教、祖大壽、何可綱，全部帶到關內，可見袁崇煥已經下定決心，不惜任何代價，誓死保衛京師。初十日，袁軍馳入薊州。薊州是橫在遵化與通州之間的屏障，距離北京東郊通州約140里。袁軍在薊州阻截，「力爲奮截，必不令越薊西一步」（《崇禎長編》，卷二十八）。皇太極也是個很聰明的人，他知道袁崇煥在薊州阻截他。有句俗話，叫做「一朝被蛇咬，十年怕井繩」，皇太極曾兩次敗在袁崇煥手下，這次就沒有同袁崇煥軍隊硬碰，而是從東北方向通過順義往通州進發。這樣袁崇煥在薊州攔截皇太極軍隊的計畫又落空了。

第三，通州阻截。通州離北京只有40里，袁崇煥緊急率領軍隊往通州

進發，力圖把皇太極軍隊攔截在通州。十二月初一日，袁崇煥的軍隊到達河西務。河西務在天津和北京之間，大約離北京120里。這時候皇太極軍隊已接近通州，他揣測到了袁崇煥的軍事意圖，不打算在通州跟袁崇煥決戰，而是取道順義、三河繞過通州，直奔北京。這樣，袁崇煥在通州攔截的軍事意圖又落空了。

從以上部署可以看出：袁崇煥這時的戰略目標是將後金擋在京師以外，並部署軍隊依託城池來防守抵禦。因為袁崇煥與後金征戰多年，深知後金騎兵野戰的優勢，明軍唯有依城作戰，才能取勝。趙率教的四千騎兵在平原野戰，全軍覆沒，就是明證。

雖然袁崇煥決意要「背捍神京，面拒敵眾」，堵塞八旗軍入京師之路。但是，袁崇煥設計的三個阻截都沒有成功，這樣戰線就推到了北京。

那麼，北京的情況怎麼樣呢？

三、倉促布防

北京城從明正統十四年，己巳年，到崇禎二年，還是己巳年，中間經過了三個甲子，180年整，沒有經過戰爭，一片和平景象。這種情況下，後金軍隊突然攻打北京，朝廷上下一片驚恐，緊急布防。在此主要講三點，分別看看崇禎皇帝、孫承宗、袁崇煥是怎樣布防的。

崇禎帝：亂了方寸。一個19歲的年輕皇帝，沒有經過戰爭，突然遇到皇太極的軍隊攻打北京，他該怎麼部署？我概括為四個字：亂了方寸。

首先，啟用年屆七旬、已經退休在籍的孫承宗做統帥，負責京畿地區的防務。但是，遭到前任兵部尚書王在晉的反對。前面已經講過，王同孫因是否興築寧遠城而有舊怨。京城危機，眾臣力薦，崇禎帝還是決定啟用孫承宗。孫承宗從老家高陽(今河北高陽)趕到北京，崇禎帝任命他為兵部

北京外城城牆

尚書、中極殿大學士，督理軍務，派他前往通州督理兵馬錢糧。

怎麼說崇禎帝亂了方寸呢？他在一日一夜之間，諭令三改：先讓孫承宗負責通州地區的防衛，因為皇太極從通州打來；旋即命他總督京城防守並參預帷幄；孫承宗剛巡視完京師防務，崇禎又改了命令，再命他前往通州，視師保衛京師。孫承宗趕緊到了通州，但城門緊閉不許進。堂堂大學士、兵部尚書，負責這一次戰爭的統帥，居然進不了城。孫承宗只帶了27個人，中途少了3個，只有24個人到通州。這時，皇太極的軍隊已經到了北京的近郊。經過周旋，孫承宗才入了通州城。

其次，崇禎帝諭袁崇煥調度各鎮援兵，相機進止。這時共有四個鎮的明軍前來勤王。除袁崇煥駐薊州外，昌平總兵尤世威駐密雲，大同總兵滿桂駐順義，宣府總兵侯世祿駐三河。

再次，加強北京城防。崇禎帝下令，在京官員、皇親國戚、功臣宿將，帶著自己的家丁到城牆巡邏和守衛。同時，還讓太監來守城。這些人哪會打仗啊。有個叫金聲的翰林院官員，向崇禎皇帝推薦了一個叫申甫的游僧，也就是和尚，說這個人有本事，會製造戰車。崇禎帝很高興，賞他副總兵官銜，讓他製造戰車。北京城已經被敵兵包圍了，現造戰車怎麼來得及啊？更有意思的是，申甫還招了很多乞丐、群民，組成一支叫花子部隊來保衛京城。結果可想而知，同皇太極的八旗軍隊一觸即潰，全軍覆

沒。

孫承宗：徹夜巡城。孫承宗在平台受召見後，深夜出宮，「周閱都城，五鼓而畢。復出閱重城」（《明史·孫承宗傳》）。孫承宗年近七旬，接到命令已經是夜裡，就登上了北京的內城巡視，到天亮，接著再巡視外城，研究部署京城的防守。孫承宗做了一些部署和布防下面還要講到。

袁崇煥：三截未成。袁崇煥部署的薊(州)三(河)密(雲)防線，並沒有擋住後金鐵騎的前進。皇太極率後金騎兵避開袁崇煥所在的薊州，接連攻破三河、香河、順義等地，於十一月十五日抵達北京東郊40里的通州。袁崇煥把後金軍擋在遵化的軍事意圖落空了；把後金軍擋在薊鎮並加以攔截的軍事意圖又落空了；把後金軍擋在通州的預想也落空了。在袁崇煥與皇太極的較量中，袁崇煥連失三步棋。京師形勢，更加嚴峻。怎麼辦？

同一天，袁崇煥在河西務舉行軍事會議，議商進取。會上，副總兵周文郁提出：「大兵宜趨敵，不宜入都。且敵在通州，我屯張家灣，相距十五里，就食河西務，敵易則戰，敵堅則乘，此全策也。」（《明史紀事本末·補遺》）就是說，未奉明旨，不宜入京！袁崇煥說：「周君言是。弟恐逆奴狡詐異常，又如薊州，顯持陰遁，不與我戰。倘徑通都城，則從未遇敵之人心，一旦動搖，其關係又不忍言。」「君父有急，何遑(閒暇)他恤？苟得濟事，雖死無憾。」(周文郁，《邊事小紀》卷一)

從軍事上看，周文郁的建議並不可取，因為後金軍隊已經到了通州，勤王軍卻在觀望，等待諭旨，無異於縱虎下山。但是從政治上看，周文郁的建議不無道理。按照明制，入京勤王，必有皇帝諭旨，否則要治重罪。而這時，袁崇煥並沒有接到進京的諭旨。

但是，袁崇煥心腸頗熱，赤膽忠心，他沒有採納周文郁的建議，根本不考慮個人的安危，他擔心後金軍不日即可兵臨京師城下，所以只有一個心思，就是率軍進京，保衛京師，保衛社稷。

　　河西務會議之後，袁崇煥率領九千關寧鐵騎，日夜兼馳，行120里，由間道急奔，搶在皇太極之前，於十九日抵達北京外城廣渠門外。其實，袁崇煥統兵入薊時，明朝官員中就傳說他有引導後金兵進京之嫌，故崇禎帝下令袁崇煥不得越薊州一步，而他竟然毫無察覺。現在他又擅自率部進京。所以，從他抵達京師的那一刻起，袁崇煥實際上已經身陷腹背受敵的局面，只是他還不很清楚，或者根本顧不得關注自己。

　　同時，明大同總兵滿桂、宣府總兵侯世祿率兵，也來到北京城德勝門外紮營。

　　第二天，即十一月二十日，八旗軍兵臨北京城下。明朝北京保衛戰即將開始。

第三十二講
保衛京師

袁崇煥率領關寧九千騎兵,於十一月十九日,趕在皇太極之前馳抵京師城下。第二天,保衛京師的戰鬥就打響了。

一、京門初戰

京師保衛戰的幾仗都是在北京城門前打的,這裡首先需要把北京的內城九門、外城七門簡單介紹一下。北京內城共有九門,其南城中為正陽門(前門)、東為崇文門、西為宣武門、東城南為朝陽門、北為東直門、西城南為阜成門、北為西直門、北城東為安定門、西為德勝門;外城七門,其南面中為永定門、東為左安門、西為右安門、東面為廣渠門(沙窩門)、東便門、西面為廣寧門(清朝道光皇帝叫旻寧,為避皇帝的名諱,改廣寧門為廣安門)、西便門。己巳之役即北京之戰,主要在德勝

北京德勝門箭樓

北京東便門外護城河與石橋

門、廣渠門、左安門和永定門四門進行。

當時，外鎮趕來的勤王重兵，袁崇煥的軍隊是從東面過來的，屯駐在廣渠門外；大同總兵滿桂、宣府總兵侯世祿是從西北方向來的，駐紮在德勝門外。八旗兵從北面進抵京師後，皇太極駐幄在城北土城關以東，其兩翼兵分別安營在德勝門外至安定門外一帶。

那麼，戰前明朝北京城防是怎樣的呢？

第一個舉措：京城守備，加強防禦。

崇禎帝任命多位官員，協理京營戎政，練兵籌餉，料理守禦。北京城作為明朝的都城，按理自然應當防守嚴密，固若金湯。但北京已有180年沒有經歷過戰爭（見上一講），這導致城防疏薄單弱，達到令人震驚的程度。《崇禎長編》二年（1629年）十一月戊戌（十七日）記載兵科給事中陶崇道檢查京城火器防備的報告，稱：「昨工部尚書張鳳翔親至城頭，與臣等同閱火器。見城樓所積者，有其具而不知其名，有其名而不知其用。詢之將領，皆各茫然；問之士卒，百無一識。有其器而不能用，與無器同；無

其器以乘城，與無城同。臣等能不為之心寒乎？」（《崇禎長編》，卷二十八）明軍守城，所長在火器，所倚也在火器。而守城的將領、軍士，連火器的名稱都不知道，火器的發射都不會。

第二個舉措：設官募兵，備械籌糧。

於官兵：「各直省在京官員願自捐資置器帶領家人在官軍外分堵」，「勳戚重臣等守皇城，以衛宸居」（《崇禎長編》，卷二十八）。

於募兵：翰林院庶吉士金聲推薦游僧申甫為副總兵，聲稱能自造戰車，招募「城市乞丐」為兵（《崇禎實錄》，冊一），後一敗塗地，自己也戰死。

就是說派在京官員的家人攜帶器械守內城和外城，派公侯伯子男和外戚等各率領壯丁守衛皇城，甚至於派無賴、和尚湊一幫乞丐群民應景。這兩點在上講提到過。

於武器：武器不夠，怎麼辦？有人在朝廷會議上提出：凡進京城九門者，每人帶一塊石頭，丟在城門裡，方許進城，然後運到城上備用。

於糧餉：史書記載稱「太倉無宿儲，民間無蓋藏」（《崇禎長編》，卷二十八），就是說朝廷的糧庫連隔夜的糧食都沒有，老百姓那裡也顆粒無多。

京門初戰首先在德勝門外打響，城外明軍，主要是大同總兵滿桂和宣府總兵侯世祿的勤王部隊，另外參加戰鬥的還有城上的衛戍部隊。

德勝門之戰：十一月二十日，皇太極親率大貝勒代善和貝勒濟爾哈朗、岳託、杜度、薩哈廉等，統領滿洲右翼四旗，以及右翼蒙古兵，向滿桂和侯世祿的部隊發起猛攻。後金軍先發砲轟擊。發砲畢，蒙古兵及正紅旗護軍從西面突擊，正黃旗護軍從旁衝殺。後金兩軍衝入，邊殺邊進，拚搏廝鬥，追至城下。城上明軍，奮勇彎弓，又發火砲，轟擊敵軍。不久，侯世祿兵潰，滿桂率軍獨前搏戰。城上明兵，發砲配合，但誤傷滿桂官兵，死傷慘重。滿桂身上多處負傷，帶敗兵一百多人在城外關帝廟中休

整。第二天，守軍打開德勝門的甕城，供滿桂的殘兵休養。就在德勝門之戰的同一天，廣渠門也發生激戰。

廣渠門之戰：當天，薊遼督師袁崇煥、錦州總兵祖大壽率騎兵在廣渠門外，迎擊後金軍的進犯。皇太極派大貝勒莽古爾泰及貝勒阿巴泰、阿濟格、多爾袞、多鐸、豪格等，帶領滿洲八旗左翼兵和恩格德爾、莽古爾泰等率領左翼蒙古騎兵數萬人，向廣渠門袁崇煥軍撲來。袁督師僅有九千騎兵，令祖大壽在南，王承胤在西北，自率兵在西，結成「品」字形陣，兵含枚，馬勒口，隘處設伏，嚴陣待敵。

後金滿洲、蒙古騎兵，分為六隊，湧向袁軍。後金軍的前鋒護軍，先向南直撲祖大壽陣。祖大壽率兵奮死抵禦，後金軍前鋒受挫。後金軍接著又向北直衝王承胤陣，也失利。後金軍左、右兩次衝鋒，都沒有達到預期目的，再集中三路騎兵，向西闖袁崇煥軍陣。袁崇煥率領將士，英勇抵禦，奮力鏖戰。後金阿濟格貝勒所乘馬受創而死，本人身受箭傷，幾乎喪生；阿巴泰貝勒中了袁軍的伏擊，進攻受挫。蒙古額駙恩格德爾等騎兵驅

北京廣渠門舊影

馬驟進，也被擊敗，退卻潰走。八旗軍失利敗退，明軍乘勝追擊。袁崇煥軍游擊劉應國、羅景榮，千總竇浚等追擊後金軍，直到通惠河邊。八旗兵潰退，倉皇擁渡；大約有一千左右的騎兵連人帶馬跌落到護城河裡，連凍帶淹，死傷慘重。袁軍沿著通惠河一帶追了30里路，後金軍隊大敗而回。朝鮮史書記載：「賊直到沙窩門(廣渠門)，袁軍門、祖總兵等，自午(11-13時)至酉(17-19時)，鏖戰十數合，至於中箭，幸而得捷。賊退奔三十餘里。賊之不得攻陷京城者，蓋因兩將力戰之功也。」(《李朝宣祖大王實錄》)

　　這場廣渠門血戰，袁崇煥軍與八旗軍，自巳(巳正10時)至酉(酉正18時)，砲鳴矢發，激戰8小時，轉戰10餘里，明軍終於克敵獲勝。督師袁崇煥在廣渠門外，橫刀躍馬，衝在陣前，左右馳突，中箭很多，「兩肋如蝟，賴有重甲不透」，就是說身上中的箭像刺蝟一樣，因身著重甲，而沒有被穿透。他在與八旗兵搏鬥中，馬頸相交，奮不顧身。後金的騎兵揮刀猛衝，「刀及崇煥，材官袁升高格之，獲免」。就是說，後金騎兵的戰刀砍向袁崇煥時，被部下袁升高用刀擋回，才免於死傷。在督師袁崇煥的指揮下，經過遼軍將士的浴血奮戰，取得廣渠門之捷。

　　戰鬥剛剛結束，雙方仍處於緊張狀態。當夜，袁崇煥不顧傷痛和疲勞，親往營地，對受傷官兵「一一撫慰，回時東已白矣！」而此時的皇太極正為失敗氣急敗壞，處分了幾個主要將領，特別是他的弟弟阿巴泰。皇太極對廣渠門之敗慨歎道：十餘年來，未嘗有此勁敵也！

　　廣渠門之戰兩天後，即十一月二十三日，崇禎帝在平台召見了袁崇煥等將領。就在同一天，兵部尚書王洽下獄，這是否預示著袁崇煥未來的命運呢？

二、平台召對

十一月二十三日，崇禎帝命將兵部尚書王洽下獄。《明史·王洽傳》記載：王洽，山東臨邑人，萬曆三十二年(1604年)進士，「儀表頎偉，危坐堂上，吏民望之若神明」。王洽的廉潔與能幹，為一方之最。由知縣、巡撫、侍郎，到崇禎元年(1628年)十二月任兵部尚書。後金軍進圍京師，兵部尚書王洽進行緊急部署。崇禎帝見敵軍兵臨城下，心情憂煩。侍郎周延儒等奏言：「世宗斬一丁汝夔，將士震悚，強敵宵遁。」周延儒講的是嘉靖二十九年(1550年)的事，當時蒙古俺答軍隊進逼北京，還沒有攻打北京城，嘉靖帝就下令處斬了兵部尚書丁汝夔。周延儒隱喻請崇禎帝仿照嘉靖帝的做法，懲治兵部尚書王洽，以安定軍心、民心。崇禎皇帝頷首，將王洽下獄，後王洽死於獄中。王洽任兵部尚書才11個月，就遇上皇太極攻打北京，而下獄喪命。這是崇禎帝臨危處置朝廷大臣的開始。在京師之役中，崇禎皇帝遷怒於重臣，接連重懲多位重臣，繼兵部尚書王洽之後，第二位遭到重懲的就是袁崇煥；第三位是工部尚書張鳳翔。不久，又將總理薊、遼、保定軍務的兵部侍郎劉策下獄、棄市。此是後話。

在兵部尚書王洽下獄的當日，崇禎帝於紫禁城平台召見袁崇煥、祖大壽、滿桂、黑雲龍等，以及新任兵部尚書申用懋。袁崇煥穿青衣戴玄帽進宮。見了皇上，他強調局勢危急。崇禎帝對袁崇煥等人深加慰問，並把自己身上的貂裘大衣解下來，給袁崇煥披上，隨即向他徵詢戰守策略。袁督師向皇上提出，連日征戰，士馬疲憊不堪，請求援引滿桂所部進入德勝門甕城的先例，准予所部官兵進到城內，稍事休整，補充給養。崇禎帝毫不猶豫地拒絕了他的請求，不准遼軍一官一兵進城，就是兵部尚書、薊遼督師袁崇煥也不許住到城裡（《國榷》，卷九十，二年十一月甲辰）。袁崇煥軍只

得繼續在北京城外露宿，同皇太極軍進行野戰。

　　這是崇禎帝在平台第二次召對袁崇煥，第一次召對時袁崇煥向崇禎承諾「五年復遼」，而這次距離上次剛剛過去一年多，不僅沒有復遼，而且後金竟然兵臨城下。可以想見，無論崇禎帝還是袁崇煥當時是怎樣一種心境！從崇禎帝不允許遼軍進入京城來看，崇禎帝始終對袁崇煥存有戒心和怨意。袁崇煥顧不了這些，仍然傾全力於督戰殲敵。

　　嚴格說來，這次平台召對沒有解決任何問題，也沒有提出任何具體的退敵措施。而此時皇太極正在積極籌劃，準備再戰。二十四日，皇太極因在廣渠門作戰失利，發表「養精蓄銳」的自慰話語後，移軍南海子(南苑)，在此一面休養一面牧放馬匹，伺機再攻。不久，左安門之戰爆發。

三、京門再戰

　　左安門之戰：皇太極在廣渠門之戰失敗，但他不服氣，稍微休整之後就在左安門同袁崇煥軍隊再次交戰。二十七日，雙方激戰於左安門外。袁崇煥、祖大壽率軍豎立木柵，布陣守城；後金軍也列兵布陣，逼之而營。因取得廣渠門之戰的勝利，袁軍官兵信心大增，但是也有很多困難。從十一月十九到北京，已經過去了七、八天，糧食、草料更缺，而天氣卻更加寒冷，戰士都很疲勞。

　　皇太極的軍隊可以擄掠，搶糧食，可以砍樹木點火取暖，而袁崇煥的軍隊則不

北京左安門舊影

可以。在飢餒嚴寒交加的情況下，袁崇煥鼓勵他的官兵同後金軍搏戰。皇太極親自督率左右翼八個旗的軍隊同袁軍在左安門外展開手鬥，袁崇煥一如既往率領官兵英勇奮戰，殺退了皇太極的進攻。後金軍曾先後在寧遠、寧錦、京師三次敗於袁崇煥手下，皇太極雖督軍奮戰，卻不敢浪戰。看到自己的軍隊死傷慘重，皇太極不得已收兵回營，但故做鎮靜，掩敗為勝，跟部下說了一番話：

> 上與諸貝勒率輕騎往視進攻之處，云：「路隘且險，若傷我軍士，雖勝不足多也。此不過敗殘之餘耳，何足以勞我軍！」遂還營。（《清太宗實錄》，卷五）

這明顯是皇太極的自我解嘲，既然袁崇煥軍隊是殘敗之卒，為何不乘勝追擊，聚而殲之呢？不過是為罷兵找一個比較體面的藉口罷了。

二十八日，皇太極牧馬於南海子。袁崇煥用嚮導任守忠策，「以五百火砲手，潛在海子，距賊營里許，四面攻打，賊大亂」，隨後皇太極移營出南海子。

北京永定門舊影

明軍與後金軍已經有了三次交鋒，左安門之戰後，接下來還要打第四仗，即永定門之戰。但此前，袁崇煥已經被捕了，為了敘事的完整性，先交代一下這次戰役的情況。

永定門之戰：崇禎帝任命滿桂做總理，統率保衛北

京的兵馬。明四位總兵——滿桂、孫祖壽、黑雲龍、麻登雲，率領4萬軍隊，在永定門外「四方結柵木，四面列槍砲」(王先謙，《東華錄》，卷五)，精心部署，進行防禦。皇太極在十二月十七日，率領八旗軍進攻永定門。明四員總兵，滿桂和孫祖壽戰死，黑雲龍和麻登雲被俘，明軍失敗。但後金軍也死傷慘重，沒能攻破城門。

京門這四仗，明軍兩次失利兩次得勝，失利的是滿桂等五總兵，其中兩個陣亡，兩個被俘，一個戰敗；袁崇煥的軍隊則兩戰兩勝，擊退了皇太極軍隊的進攻，保衛了首都北京。

袁崇煥率領關寧騎兵接連取得廣渠門和左安門兩次勝利，這是十年來非常少見的特例——明軍與後金軍野戰爭鋒而取得勝利。在此之前的寧遠大捷和寧錦大捷，明軍主要是依託堅城和利用火砲來擊退後金的騎兵。而在保衛北京的戰鬥中，袁崇煥的部隊不僅不能進入城中依託城池作戰，而且要在寒冬中露宿野外，士馬凍餒，人缺餉，馬缺料。袁崇煥軍紀嚴明，規定：「不許一兵入民家，即野外樹木，亦不得傷損。」有一兵士曾「擅取民家餅，當即梟示」。此外，城中的兵民誤認為後金兵是遼軍引來的，向城下的遼軍扔磚塊。袁崇煥就是在這種情況下，忍辱負重，浴血奮戰。

皇太極對袁崇煥不能戰勝，便施用「反間計」，陷害袁崇煥。而崇禎皇帝也認為懲治袁崇煥的時機到了。結果，勝軍之將卻沒有好結果，袁崇煥竟在平台被崇禎皇帝下獄。

第三十三講
平台落獄

在京師面臨生死存亡的緊急關頭，袁崇煥率領關寧兵馬，英勇奮戰，接連取得廣渠門和左安門兩次勝利，迫使後金軍往城南撤去，終於緩解了京師的燃眉之急。

但是，軍事勝利不但沒有爲袁崇煥贏得任何獎賞，相反卻把眾多仇神召喚到了他的周圍，概括起來說，他引起了六恨：一，天聰汗皇太極恨他；二，打了敗仗的同僚恨他；三，經濟利益受到損害的達官貴人恨他；四，閹黨餘孽恨他；五，京城不明眞相的百姓恨他；六，特別是破滅了中興之夢的崇禎皇帝更恨他。這六恨的綜合作用，使悲劇性的命運將要降臨在袁崇煥的身上！

一、反間毒計

皇太極和袁崇煥有解不開的仇恨：寧遠之戰，皇太極父子吃了敗仗，努爾哈赤抑鬱而終；寧錦之戰，皇太極又打敗了；廣渠門和左安門之戰，皇太極再次失利。

軍事上打不贏，皇太極就在政治上設法來除掉袁崇煥，他想出了一條反間毒計。大家知道，皇太極熟悉《三國演義》的故事，他的反間計就是仿照《三國演義》中蔣幹盜書來設計的。

皇太極在左安門兵敗的第二天，就設下一個政治圈套。

先是，後金大軍屯南海子時，俘虜了明朝提督大壩馬房太監楊春、王成德。據《崇禎長編》記載：大清兵駐南海子，提督大壩馬房太監楊春、王成德，爲大清兵所獲，口稱「我是萬歲爺養馬的官兒」。後來把楊春等人帶至德勝門外，指派副將高鴻中、參將鮑承先、寧完我、巴克什達海等監守。

高鴻中、鮑承先按照皇太極的旨意，夜裡回營，坐在兩個太監臥室的隔壁，故作耳語，祕密談話。他們在談話中明示袁崇煥已與皇太極有密約，攻取北京，很快便可成功。太監楊春等假裝躺臥竊聽。二十九日，高鴻中、鮑承先又故意縱釋了楊太監。楊太監回到紫禁城，將竊聽到高鴻中、鮑承先的密談，奏報了崇禎皇帝。

此事在《清史稿·鮑承先傳》中有記載：

> 翌日，上誡諸軍勿進攻，召承先及副將高鴻中授以祕計，使近陣獲明內監繫所並坐，故相耳語云：「今日撤兵，乃上計也。頃見上單騎向敵，有二人自敵中來，見上，語良久乃去。意袁經略有密約，此事可立就矣。」內監楊某佯臥竊聽。越日，縱之歸，以告明帝，遂殺崇煥。

由上可見，反間計是導致袁崇煥悲劇命運的直接原因。但學術界對此有不同的看法，有的學者認爲，根本就不存在反間計。

我個人認爲，反間計是有的。早在「己巳之變」前，漢人降金副將高鴻中就向皇太極奏言：「他既無講和意，我無別策，直抵京城，相其情形，或攻或困，再作方略。」所謂方略，疏未言明。康熙朝大學士李霨寫的〈內秘書院大學士范文肅公墓誌銘〉，裡面有這樣的記述：時爲章京的

范文程，從躡入薊州、克遵化後，見督師袁崇煥重兵在前，即「進密謀，縱反間」（《清碑傳集》），就是說這個計謀是范文程進獻給皇太極的。《滿文老檔》、《清太宗實錄》、《清史稿·鮑承先傳》等史料，則都說是皇太極授的祕計。總之，雖然反間計的提出者存在不同的說法，但後金確實為除掉袁崇煥設計了這個陰謀。

崇禎帝既惑於閹黨的蜚語，又誤中後金的反間，遂決定在平台召見袁崇煥「議餉」。

二、平台入獄

十二月初一日，崇禎帝做了一系列布置，特別是任命司禮監太監沈良佐、內官監太監呂直，提督九門及皇城門；司禮監太監李鳳翔總督忠勇營、提督京營。把京城及皇城的警衛通過太監，置於自己的直接控制之下。

經過一番布置後，崇禎帝在紫禁城平台召見督師袁崇煥、總兵滿桂、黑雲龍、祖大壽等「議餉」。

這時，袁崇煥正在指揮副總兵張弘謨等率部追蹤敵軍。聽到來使傳旨說皇上要召見他議餉，袁崇煥非常高興，以為糧餉問題可以解決了。他不假思索，「縋城而入」。

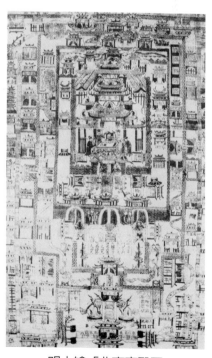

明人繪「北京宮殿圖」

大明皇朝堂堂的兵部尚書、薊遼督師袁崇煥，到紫禁城內商議軍機大事，卻不得從城門進入，而是坐在筐子裡，從城下吊到城上，進入城內，再到宮城，接受崇禎帝的平台召見。

袁崇煥到了宮城平台，觀見崇禎皇帝。崇禎帝一臉陰沉，非常嚴肅，沒等袁崇煥說話，更沒有議軍餉，而是直截了當地責問袁崇煥殺毛文龍、致使敵兵犯闕、射滿桂等三件事。袁崇煥對於這突如其來的責問，竟一時語塞，無言以對。崇禎帝以為他默認了，便命滿桂脫去衣服驗示身上的傷痕，指責袁崇煥是蓄謀而為。其實，滿桂是在城西北德勝門外負傷，而袁崇煥戰鬥在城東南的廣渠門外，根本不可能傷著滿桂。這顯然是不實之詞，但已容不得袁崇煥分辯了。袁崇煥當即被逮捕，下錦衣衛大獄。《明季北略》這樣記述：

> 上問殺毛文龍、致敵兵犯闕及射滿桂三事，崇煥不能對。上命桂解衣驗示，著錦衣衛拏擲殿下。校尉十人，褫其朝服，扭押西長安門外錦衣衛大堂，發南鎮撫司監候。

在平台下令逮捕袁崇煥時，東閣大學士兼禮部尚書成基命，已經70歲了，「獨叩頭，請慎重者再」（《明史·成基命傳》），請求皇帝慎重從事。但崇禎帝不信士流，而信內臣，拒不理會。成基命又叩頭說：「敵在城下，非他時比。」（《明史·成基命傳》）崇禎帝仍執迷不悟，一意孤行。

崇禎帝把袁崇煥下獄，命總兵滿桂總理關、寧兵馬，並命總兵祖大壽、黑雲龍會同馬世龍等抗敵立功。

袁崇煥平台落獄，其部將錦州總兵祖大壽目睹了全過程，不禁大吃一驚，以至戰慄失措。現在督師竟遭這種下場，他在驚愕之外，也不禁為自己和數千遼軍擔憂起來。

三、大壽出走

　　祖大壽回到部隊後，向三軍宣讀袁崇煥被捕下獄的御旨。遼軍將士一片驚惶，徹夜痛哭。

　　袁崇煥入獄後，他帶來保衛北京的遼軍受到歧視。城上的明軍用石頭打，甚至用箭射廣渠門外的遼軍，致使不少人死傷。袁軍夜裡巡邏的兵士被抓起來殺了，說他們是引敵入城的奸細，極盡誣衊之詞。還有一個負責巡查的兵士被抓，要他拿60兩銀子來贖命。

　　崇禎皇帝任命滿桂來統率從各地前來守衛北京的部隊。滿桂跟祖大壽過去在遼東時曾經有矛盾。他的軍隊因為沒有糧食就在京郊地區搶掠，卻謊稱是袁崇煥的軍隊，使得京師百姓多誤認為是袁崇煥軍來搶他們的糧食。在這種情況下，祖大壽決定率部出走。十二月初四日清晨，祖大壽帶著餘部一萬五千人離開京師，向山海關進發。

　　其實，就在袁崇煥下獄的第二天，即十二月初二日，當時也在平台受召的兵部職方司官員余大成就提醒兵部尚書梁廷棟：「敵勢甚熾，遼兵無主，不敗即潰耳。今日之策，莫若出崇煥以繫軍心，責之驅逐出境自贖。既可以奪深入者之魄，又可以存遼左之兵。」下面就是梁、余兩人的對話：

　　梁：遼兵有祖大壽在，豈遂潰哉！

　　余：烏有巢傾鳥覆，而雛能獨存者乎？煥始就獄，壽初意其必釋，今日則庶幾有申救而出之者。至三日，則知上意真不可回，而廷議果欲殺煥矣。壽與煥，功罪惟均者也，煥執而壽能已耶？不反何待？（《剖肝錄》）

　　果然，事情被余大成說中了。

　　祖大壽出走的消息引起了很大的震動。兵部尚書梁廷棟立即奏報崇禎

白石「皇帝密旨」

帝，並說：「臣司官余大成能先見，乞詔問之。」余大成受召，對崇禎帝說：「壽非敢背反朝廷也。特因崇煥而懼罪耳，欲召壽還，非得崇煥手書不可。」崇禎帝沒有別的辦法，只好命余大成請袁崇煥寫親筆信，召祖大壽回來。但是，袁崇煥說：「壽所以聽煥者，督師也，今罪人耳，豈尚能得之於壽哉！」「未奉明詔，不敢以縲臣與國事。」就是說自己現在既不是兵部尚書，也不是薊遼督師，而是個罪人，沒有權力下這個命令。余大成就勸他說：「公孤忠請組，隻手擎遼，生死惟命，捐之久矣！天下之人，莫不服公之義，而諒公之心。苟利於國，不惜髮膚，且死於敵，與死於法，孰得耶？明旨雖未及公，業以示意，公其圖焉！」勸他以江山社稷為重，寫信請祖大壽回來。在反覆勸說下，袁崇煥考慮還是要以國家、江山社稷為重，就親筆寫了一封信，勸祖大壽顧全大局，讓他回來繼續同皇太極的軍隊作戰，言辭極其誠懇。

十二月十四日，兵部派人把這封信從獄中取出，孫承宗命由馬世龍把信立即送給祖大壽。馬世龍原來也是袁崇煥手下的一個總兵，和祖大壽有私交。馬世龍帶了少量人馬趕往山海關，但此時祖大壽已回錦州；馬世龍等又追到山海關外，出示袁崇煥手書。祖大壽下馬捧信而泣，全體將士跟著都哭了。祖大壽是個孝子，對母親的話言聽計從，他80歲的老母果斷地對他說：「所以致此，為失督師耳。今未死，爾何不立功為贖，後從主上乞督師命耶？」勸大壽應該回去把後金軍隊打退，立功為督師贖罪，就可

以救出督師。隨後，祖大壽率領軍隊入關。後來，後金軍隊占領了關內四城，就是永平、遵化、灤州、遷安。孫承宗和祖大壽、馬世龍等，率軍隊收復四城。可以看出，在關鍵時刻，袁崇煥的部將祖大壽還是以江山社稷爲重，繼續同皇太極的軍隊作戰，保衛京師。

　　皇太極得知明崇禎帝將袁崇煥下獄，便親統大軍回師城西南的蘆溝橋。十二月十七日發動永定門之戰，這次戰役的情況在上講已說過，此不贅述。下面講一下北京之戰的重大影響。

四、重大影響

　　第一，廟社震驚，根本動搖。後金不僅占領遼東，而且進入遼西；不僅肆行關外，而且攻打京師。北京因受到塞北少數民族武裝攻打而進行的保衛戰，共有兩次：一次在正統十四年，蒙古瓦剌部也先率軍攻打北京；另一次在崇禎二年，女眞—滿洲皇太極率軍進攻北京。兩次之間，三個甲

紫禁城城牆

子，整180年。這場戰爭，標誌著崇禎帝中興之夢徹底破滅。明朝京畿地區的防禦體系，遼東鎮、薊鎮、宣府鎮、大同鎮遭到重創或破壞，失去(陣亡或被俘)總兵趙率教、滿桂、孫祖壽、麻登雲、黑雲龍、朱國彥六員，兵部尚書王洽、工部尚書張鳳翔、薊遼督師袁崇煥、遵化巡撫王元雅、總理薊遼保軍務劉策等或死或下獄。明朝的江山社稷受到巨大震動，國本受到動搖，元氣大傷。

第二，閹黨餘孽，掌控閣部。後金軍撤退之後，明廷沒有認眞地總結經驗教訓，而是借機傾軋，進行黨爭，自我殘殺，自毀長城。崇禎帝沒有從全局分析北京己巳之役的歷史經驗和教訓，而是以殺袁崇煥出氣、洩憤。袁崇煥成了崇禎帝的一隻代罪羔羊。閹黨餘孽借機翻逆案，打擊東林黨。東林黨內閣大學士韓爌、錢龍錫、成基命、李標等去職，而代之以周延儒、溫體仁等佞臣入主內閣。六部七卿也相應變更。這標誌著崇禎新政結束。國家興旺，用忠臣、能臣；國家衰亡，用庸臣、佞臣。崇禎皇帝在關鍵時刻，殺忠臣，用佞臣，這表明大明皇朝氣數將盡。

第三，京師城防，守備虛懈。在此戰之前，北京人過了180年的和平生活，戰爭突然降臨，沒有任何實際準備。守城官兵既不知道火器的名稱，也不知道火器的使用。北京城險些喪於皇太極之手。但是，明朝沒有接受這個教訓，沒有居安思危，常備不懈。所以，14年後被李自成農民軍攻陷北京城，明朝滅亡。

第四，財富被掠，生民塗炭。京畿、京東地區遭到擄掠。占領永平的後金貝勒阿敏撤退時，進行屠城。總之，戰爭殃及地區，生民塗炭，百業凋零。這些都加劇了社會矛盾，加速明朝滅亡。

袁崇煥下獄後，朝廷上下，京城內外，圍繞袁崇煥案發生了不少政治鬥爭。特別是閹黨餘孽進行翻案，企圖掌控內閣和六部。

第三十四講
閹孽翻案

　　袁崇煥從崇禎二年十二月初一日平台落獄，到次年八月十六日慘遭磔刑，在這八個半月的時間裡，明朝的形勢在發生著變化。其外，明軍結束了北京保衛戰，又收復了關內被後金軍占領的永平、遷安、灤州、遵化四城。其內，朝廷上下，激烈紛爭。正義之士、奸佞之臣、無恥小人、閹黨餘孽，圍繞袁崇煥案，都在表現。

一、閹黨餘孽謀翻逆案

　　圍繞袁崇煥的鬥爭，遠遠超過案件的本身。袁崇煥的案子被置入閹黨餘孽翻案的陰謀之中。薊遼督師袁崇煥雖不是東林黨人，但已經成為他們所倚重的長城；這種關係，閹黨餘孽也是心知肚明。因此，閹黨餘孽、朝廷奸臣借袁崇煥案誣劾錢龍錫，製造錢龍錫案；又以錢龍錫案來鐵定袁崇煥案，並借此打擊東林內閣，翻案奪權，重掌朝綱。

　　話還要從崇禎帝打擊閹黨說起。自崇禎帝嚴懲魏忠賢閹黨後，「忠賢雖敗，其黨猶盛」，閹黨餘孽，遍布京城。遭到懲罰的閹黨分子及其餘孽們，對正直的朝臣，既恨之入骨，又日圖報復。京師被難，崇煥下獄，正好給他們一個「欲以疆場之事翻逆案」的機會，打擊東林黨人，以圖東山再起。為此，他們以袁崇煥案誣劾錢龍錫，製造錢龍錫案。

錦衣衛朝參官牙牌（拓片正面）　　　　錦衣衛朝參官牙牌（拓片背面）

　　為什麼閹黨餘孽要製造錢龍錫案呢？因為錢龍錫是首輔大學士，東林黨魁，曾經協助崇禎帝處理魏忠賢閹黨案，也給予袁崇煥很大的支持。袁崇煥落獄之後，錢龍錫自然成為閹黨餘孽攻訐東林黨的首要目標。《東林始末》記載：「初定魏（忠賢）、崔（呈秀）逆案，輔臣錢龍錫主之。」閹黨餘孽借袁崇煥以打擊錢龍錫，並由此打開缺口，網羅東林諸臣，以便借此翻案。

　　閹黨餘孽同東林黨人鬥爭的焦點是爭奪內閣。崇禎元年內閣成員主要有：周道登、李標、韓爌、錢龍錫。袁崇煥入獄時的內閣大學士，除韓爌晉太傅外，僅李標、錢龍錫、成基命和孫承宗四人，均為東林黨人。六部

尚書也多爲東林黨人或傾向東林黨人。當時閹黨餘孽官職低、實力弱、聲名狼藉、不得人心。

但是，閹黨餘孽緊緊地抓住崇禎帝，依靠崇禎帝，來打擊東林黨人。閹黨的主要代表人物是溫體仁和周延儒。夏允彝《幸存錄》說：「當袁崇煥之獄起，攻東林之黨，欲陷錢龍錫以編織時賢，周(延儒)、溫(體仁)實主之。」

那麼，打擊錢龍錫的理由是什麼呢？閹黨餘孽給「錢龍錫案」羅織的罪名主要有三：

其一，錢龍錫是袁崇煥通敵和祖大壽出走的挑唆者。 袁崇煥下獄後的第五天，御史高捷即疏劾：錢龍錫與袁崇煥相倚，錢龍錫是袁崇煥「詭計陰謀發縱指示」者，是祖大壽敢於率兵出走「挑激之妙手」。錢龍錫一疏再疏，自行申辯：「崇煥初在城外，閣中傳奉聖諭、往來書箚，多從城頭上下，崇煥既拿之後，孰敢私通？祖大壽兩重嚴城，誰能飛越，施挑激之妙手？」由此可見，高捷這些話純屬不實之詞，誣陷之言。不過，這種流言蜚語在那個特殊時期卻具有相當的殺傷力，錢龍錫被迫引疾辭職。但閹黨餘孽並不會就此罷手，而要致錢龍錫於死地。

其二，錢龍錫應為袁崇煥斬帥、謀款(即與後金講和)負責。 錦衣衛掌印官劉僑以斬帥、主款二事審問袁崇煥。「據崇煥所供：『斬帥一事，則龍錫與王洽頻以書問之崇煥，而崇煥專斷殺之者也。主款一事，則崇煥頻以書簡商之洽與龍錫，而洽與龍錫未嘗許之也。』」即袁崇煥把「斬帥」、「講款」二事的責任全由自己承擔，不牽涉大學士錢龍錫和兵部尚書王洽。看來，這一罪狀證據也不足。

其三，接受袁崇煥的賄賂。 崇禎三年(1630年)八月初六日，山東道御史史𡏖上疏，造謠說錢龍錫曾接受袁崇煥數萬兩銀子的賄賂。這條罪狀可是要致人於死地！當年熊廷弼傳首九邊，其中一條就是熊廷弼賄賂別人，

「內使」牙牌(拓片)

後來事實證明這純屬誣告。崇禎帝聞之大怒，令有關衙門五日內查明。

同年八月十六日，崇禎在平台召對群臣，宣布處死袁崇煥，同時譴責錢龍錫私結邊臣，蒙隱不舉，令廷臣議罪。

九月初三日，事下中府九卿科道會議，與會者有吏部尚書王永光、戶部尚書畢自嚴、禮部尚書李騰芳、兵部尚書梁廷棟、刑部尚書胡應台、工部尚書曹珖及都察院等60餘人。議定結果上疏崇禎帝：「斬帥雖龍錫啓其端，而兩次書詞有處得妥當、處得停當之言，意不專在誅戮可知，則殺之自屬崇煥過舉。至講款，倡自崇煥，龍錫雖不敢擔承，而始則答以在汝邊臣酌量爲之，繼則答以皇上神武，不宜講款。總之，兩事皆自爲商量，自爲行止。龍錫以輔弼大臣，事關疆場安危，而不能抗疏發奸，何所逃罪。但人在八議，寬嚴當斷之宸衷。」奏疏既肯定錢龍錫的責任，又對其進行開脫。

崇禎帝命人把錢龍錫從松江府華亭縣家中逮捕，押到京師，下錦衣衛獄。有關衙門議定：錢龍錫在西市斬立決，連刑場都準備好了。就在千鈞一髮之際，崇禎帝好像有所醒悟，突然降旨：錢龍錫「無逆謀，令長繫」。「無逆謀」就是說錢龍錫叛逆沒有證據，「令長繫」即下令把他長期監禁起來。這樣，錢龍錫才免於一死。但事情並沒有結束，崇禎四年(1631年)五月，錢龍錫被遣戍浙江定海衛。

　　袁崇煥案牽出錢龍錫案，使東林黨受到閹黨餘孽毀滅性的打擊。崇禎二年十一月，孫承宗出鎮山海關；十二月，首輔大學士錢龍錫罷職；崇禎三年（1630年）正月，首輔大學士韓爌致仕；三月，大學士李標致仕；九月，首輔大學士成基命辭職。而在這個過程中，閹黨餘孽周延儒、溫體仁等先後入閣，開始形成以周延儒、溫體仁為首的反東林內閣。這標誌著東林內閣垮台，奸黨餘孽重新掌控內閣和六部。從此，崇禎新政結束，中興之夢破滅。

　　透過錢龍錫案可以看出，袁崇煥和錢龍錫都是黨爭的犧牲品。而在這場你死我活的黨爭中，崇禎帝站在了閹黨餘孽的立場上。閹黨餘孽如果沒有崇禎帝的支持，是成不了氣候的。

　　在此期間，有一個人嶄露頭角，並成為小人的領軍人物，這人就是溫體仁。

二、奸佞小人落井下石

　　我們都會有這樣的經驗：一個人在困難的時候，朋友慷慨相助，小人則落井下石。袁崇煥原來是兵部尚書兼薊遼督師，很多人攀援他，待袁崇煥失勢被逮下獄了，甚至被寸磔而死時，那些奸佞小人是什麼態度呢？四個字：落井下石。溫體仁就是這樣一個人。

　　溫體仁，字長卿，浙江烏程（今湖州）人。萬曆二十六年（1598年）進士，改庶吉士，授編修，官至禮部侍郎。崇禎三年六月，為東閣大學士。為人外曲內猛，機深刺骨。崇禎帝殺袁崇煥，事牽錢龍錫，論死。溫體仁與周延儒、王永光主持此事，將興大獄。

　　溫體仁與毛文龍同鄉，因文龍之死深銜袁崇煥；又曾賄賂崔呈秀，詩頌魏忠賢，被御史毛九華彈劾。當時崇禎帝厭惡黨爭，「體仁揣帝意」，

標榜自己爲「孤臣」，這使他更加得寵。溫體仁既受到崇禎帝的信任，又得到閹黨餘孽的支持，因此，「魏忠賢遺黨日望體仁翻逆案，攻東林」。他權慾薰心，亟謀入相，所忌惟大學士韓爌與錢龍錫兩人。爾後，溫體仁便藉袁崇煥事，擠去韓爌和錢龍錫而居其位。

在袁崇煥案中，溫體仁主要做了三件事：

第一，五次上疏，加以陷害。機深刺骨的溫體仁，誣奏袁崇煥，「敵逼潞河，即密參崇煥」。潞河，即今北京通州。溫體仁在給其幼弟的書信中就說：「崇煥之擒，吾密疏，實啓其端。」「體仁五疏，請殺崇煥。」（《鷗陂漁話》）

第二，安排假證，進行誣陷。下面舉兩個例子。

(1)山西人張思棟暗執火片進倉，要燒倉庫，說是袁崇煥家人周彪指使幹的。此時，袁崇煥正在廣渠門外指揮作戰，哪會顧得上這些事情，純屬誣陷。

(2)以節鉞(即符節和斧鉞，古代授予將帥，作爲加重權力的標誌)爲誘餌，讓遼將謝尚政揭發袁崇煥。謝尚政是袁崇煥的同鄉，曾受到袁崇煥的關照、提拔和信用，但他見利忘義，爲小人。

第三，對申辯者，進行打擊。凡是爲袁崇煥申辯的人，都遭到嚴懲。御史羅萬爵爲袁崇煥申辯，被削官；布衣程更生被下獄論死；御史毛羽健曾和袁崇煥討論過五年方略，被罷官充軍。

溫體仁憑藉阿諛逢迎崇禎帝，陷害忠良，不斷鑽營，由侍郎到尚書，入內閣。前面講到的周延儒也是如此。

但是，歷史是公正的。屈原〈天問〉裡有一句話：「何所不死，長人何守？」就是說君子不得其死，小人也同歸於盡，不得好報。周延儒後來自盡，死得很慘。溫體仁的下場也不好。兩人都被列入《明史·奸臣傳》，被釘在歷史的恥辱柱上，受到千秋萬代的唾罵。

閹黨餘孽圖謀翻案，奸佞小人落井下石，正義之士在做什麼呢？

三、正義之士奔走鳴冤

袁崇煥入獄後，一些正直的人士為他奔走鳴冤。下面講四個真實的故事。

第一個故事：錢家修為袁崇煥鳴冤。

錢家修是兵科給事中(言官)，上〈白冤疏〉說：袁崇煥「義氣貫天，忠心捧日」，並說袁督師有六大冤屈：

> 崇煥以八閩小吏，報效而東，履歷風霜，備嘗險阻，上無父母、下乏妻孥，夜靜胡笳，征人淚落，煥獨何心而堪此哉！今奇(原抱奇)等謂煥果有異心，則何不起於當年而在今日也？此煥之冤一。
>
> 錦州之捷，初襲錦衣，次蔭中書，朝廷報功常典也，崇煥三辭始受，今奇等謂煥子弟冒濫黃蓋五十餘人，臣不知所濫何官、所冒何職？此煥之冤二。
>
> 都督毛文龍鎮守朝鮮，耗兵虛餉，兼之私通出塞，陽修陰誘，罪本不赦。今奇等謂其忌功故殺，致外敵乘機內入。然當日毛文龍反跡，副都御史朱童蒙已力言之。假令不殺文龍，以伺消息相通，奸生日久，天下事尚忍言哉？此煥之冤三。
>
> 江西道御史曹永祚捉獲奸細劉文瑞等七人，面語口稱煥附書與伊通敵，原抱奇、姚宗文即宣於朝，謂：「煥構通虜為禍，志在不小。」次日，皇上命諸大臣會鞫明白。臣待罪本科，得隨班末，不謂就日辰刻，文瑞〔等〕七人走矣。嗟嗟！錦衣何地，奸細何

人，竟袖手而七人竟走耶？抑七人具有翼而能上飛耶？此煥之冤
四。

身居大將，未嘗爲子弟求乞一官。臣查袁崇煥自握兵以來，第宅
蕭然，衣食如故，猶更加意寒生，恩施井邑，恤貧扶弱，所在有
聲。今奇等謂動造聖旨，白晝殺人，非獨所在駭聞，長安士庶無
不願以百口相保者也。此煥之冤五。

臣思曹谷爲御史時嘗對臣言，煥得大將風，士卒同甘苦。皇上前
日逮煥下獄時，祖大壽統兵二十餘萬奮激欲叛，何之璧率家四十
餘口詣闕代監。今奇等謂減耗軍糧、擅撻兵將，臣不知何以得此
人心也。此煥之冤六。(錢家修，〈白冤疏〉)

下面簡單說一下其中的第四件冤屈：閹黨餘孽施刑威逼一個木匠，讓
他誣告袁崇煥爲奸細。袁崇煥下獄之後，其中一條罪狀說劉文瑞拿了袁崇
煥的親筆信，讓他送給皇太極。劉文瑞是個木匠，大家想想看，袁崇煥是
堂堂兵部尚書、薊遼督師，即使有這樣絕密的大事，也要找其非常親信的
人，怎麼會找個木匠來通信呢？這顯然是誣衊。此事上報崇禎帝，崇禎帝
要求調查。就把劉文瑞等七人關在錦衣衛的監獄等候審查。

第二天開庭審問劉文瑞等人。錢家修是言官，也隨班參加審問這個案
子。將要開庭審訊的時候，劉文瑞等七人突然逃跑了。錢家修就上疏崇禎
帝說，錦衣衛是何等地方？劉文瑞等人都是帶著枷鎖的囚犯啊，怎麼會逃
走呢？難道他們是長了翅膀從天上飛走的嗎？可見，這些人明顯是在做偽
證。爲了誣陷袁崇煥，閹黨餘孽不惜利用一切卑鄙手段。姚宗文早在天啓
時就依附閹黨，與原抱奇表裡爲奸，爲打擊袁崇煥而設置政治陷阱。

第二個故事：程本直爲袁崇煥而死。

程本直，史料記載他的身分爲布衣。他自稱跟從袁崇煥在隊伍裡，親

身參加了保衛京師的戰鬥。有人推斷他是袁崇煥的幕僚或侍從。後來，崇禎帝下令將他處死。還有一說，他是在袁督師蒙難後自殺的。《東莞縣志》記載張次溪寫過〈程本直墓記〉：今京師袁督師墓右有一塋，無碑碣，相傳為從督師死者，姓名不傳，此當為程本直墓。程本直曾經目睹袁崇煥的英勇行為，所以他寫的為袁崇煥鳴冤的文字〈漩聲記〉聲淚俱下，十分感人。文曰：

> 猶憶其自言曰：「予何人哉？十年以來父母不得以為子，妻孥不得以為夫，手足不得以為兄弟，交遊不得以為朋友。」……掀翻兩直隸，踏遍一十三省，求其渾身擔荷，徹裡承當如袁公者，正恐不可再得也。此所以惟袁公值得程本直一死也。雖然死則死也，竊有願也。願余棄市之後，復有一程本直者，出而收予屍首，並袁公遺骨合而葬之。題其上曰：一對癡心人，兩條潑膽漢！

這就是袁崇煥的真正朋友，在最困難的時候肝膽相照，以死相隨。

第三個故事：余大成為袁崇煥鳴冤。

《東莞縣志·余大成傳》記載：余大成，字集生，號石衲，江寧人。萬曆三十五年(1607年)進士，官兵部職方司主事。崇禎帝曾親書「清執」二字賜給他。崇禎八年(1635年)被貶謫廣東電白，迂道至東莞，弔祭督師，慷慨嗚咽，見者聲淚俱下。他既是袁崇煥的繼任者，又是袁崇煥的崇拜者。

余大成曾氣憤地說道：「奈何使功高勞苦之臣，蒙不白之冤乎？」於是往見兵部尚書梁廷棟。余大成和梁廷棟有下面的對話：

余：「兵臨城下，而自壞萬里長城，豈計乎？」

紫禁城鳥瞰

梁：「此上意也。」

余：「煥非但無罪，實有大功。今日圍城中，捨此，誰堪禦敵者？朝廷置兵部官何用？使功罪倒衡，若此，公宜率合部爭之。」

梁：「人皆言煥畜逆。」

余：「兵由薊入，煥自遼來，聞報入援，誓死力戰，不知所逆何事？所畜何謀也？」

梁：「煥殺文龍與王遵撫(遵化巡撫王元雅)，非逆耶？」

余：「煥斬文龍是已；王遵撫死於敵者，而謂煥殺之，何以掩天下人之口乎？」

梁廷棟不悅。後來，余大成被貶官充軍。

第四個故事：何之璧願為袁崇煥代坐監獄。何之璧帶著全家老少40多口人到庭闕叩頭，請求代袁督師坐牢。

由於有這樣的大義之士，冒死疏諫；再加上祖大壽在孫承宗的統率下，帶領遼軍陸續收復了關內的失地；而滿桂等遼軍以外的勤王軍則一再

戰敗，永定門之戰身死。崇禎帝逐漸冷靜下來，於是又打算任用袁崇煥主遼事。崇禎帝在錢家修的〈白冤疏〉上旨批：「覽卿奏，具見忠愛，袁崇煥鞫問明白，即著前去邊塞立功，另議擢用。」但崇禎帝後來反覆，決定殺袁崇煥。

　　袁崇煥的磔死，東林內閣的垮台，說明邪惡戰勝正義，烏雲遮住晴空，表明「崇禎新政」的結束。《明史・袁崇煥傳》說：「自崇煥死，邊事益無人，明亡徵決矣！」在這裡，不能理解爲因爲袁崇煥死而導致明朝滅亡。這句話的意思很明確，袁崇煥死了之後，「邊事益無人」，邊事更加沒有人；同樣，自東林內閣垮台，朝廷也更加沒有人。所以，明朝的滅亡，就是不可避免的了。那麼，崇禎帝爲什麼要殺袁崇煥？袁崇煥死的眞正原因又是什麼？

第三十五講
崇煥死因

袁崇煥被判死刑，究竟犯了何罪？他為什麼由論死、到必死、再到磔死？袁崇煥含冤而死，已經300多年。關於他的死因，眾說紛紜。

明末清初的文人，多從袁崇煥個人責任去找答案；民國以來的學者，多從崇禎帝、明奸臣和天聰汗的個人恩怨去找答案。這一講我重點剖析袁崇煥悲劇的原因，先從欽定罪狀說起。

一、欽定罪狀

崇禎三年(1630年)八月十六日未刻(13-15時)，崇禎帝御平台，召輔臣並五府、六部、都察院、通政使司、大理寺、翰林院記注官、吏科等科、河南等道掌印官及總協、錦衣衛堂上等官俱入，宣諭：「以袁崇煥付託不效，專恃欺隱，以市米則資盜，以謀款

袁崇煥石刻像(拓片)

則斬帥，縱敵長驅，頓兵不戰，援兵四集，盡行遣散，及兵薄城下，又潛攜喇嘛，堅請入城，種種罪惡，命刑部會官磔示，依律家屬十六以上處斬，十五以下給功臣家爲奴，今止流其妻妾子女及同產兄弟於二千里外，餘俱釋不問。」（《崇禎長編》，卷三十七）

崇禎皇帝爲袁崇煥定下的罪名，共有九條。這九條罪狀，把袁崇煥送上了刑場。對這九條罪狀，袁崇煥本人怎麼看，有沒有進行申訴，到現在還沒有發現史料詳細記載。那麼，讓我們對這九條罪狀逐一分析。

1. 所謂「付託不效」。是指崇禎皇帝命袁崇煥爲薊遼督師，指望他五年復遼；而他辜負了皇帝的囑託，致使後金軍隊長驅直入，攻打京師，給明朝帶來極大的震動和損失。

面對後金鐵騎長驅直入，作爲兵部尚書、薊遼督師，袁崇煥應當承擔自己的責任。先是，嘉靖二十九年(1550年)，蒙古俺答兵薄北京，還沒有攻打北京城，嘉靖皇帝就下令將兵部尚書丁汝夔殺了。此次皇太極攻打北京城，崇禎皇帝遷怒於重臣，接連重懲多位重臣，先命將兵部尚書王洽下獄，第二天又諭令將工部尚書張鳳翔下獄，把負責城防工事的官員廷杖八十，有三人斃於杖下。不久，又將總理薊、遼、保定軍務兵部侍郎劉策下獄、棄市。袁崇煥受明帝付託，誠心竭力，任事封疆，於朱明社稷，可謂「義氣貫天，忠心捧日」。他提醒過要重視薊鎮的防守，而且他的防區主要在關外而不在薊鎮。但是，袁督師「付託不效」之責還是有的，而將後金入犯京師全部責任加到他一人身上，以顯示主上聖明，這對袁崇煥則是不公平的。

2. 所謂「專恃欺隱」。是指責袁崇煥依恃崇禎帝的信任而行欺騙和隱瞞。他欺騙隱瞞了什麼呢？沒有明說。崇禎帝責其「專恃欺隱」，或指袁崇煥「五年復遼」的目標。但是，崇禎帝若以此事指責袁崇煥，實屬不妥。因爲：第一，不能實現目標，有各種各樣的原因，不是袁崇煥一個人

可以左右的；第二，袁崇煥督遼才一年多的時間，五年期限未到，不應以此相責。或許崇禎帝所謂「專恃欺隱」另有所指。

3. 所謂「市米資盜」。這件事指的是，崇禎二年，漠南蒙古東部鬧饑荒：「夷地荒旱，糧食無資，人俱相食，且將爲變。」就是說蒙古哈喇慎等部，室如懸磬，聚高台堡，哀求備至，乞請市粟。這件事怎麼辦？在明朝與後金的遼東爭局中，蒙古是雙方都要爭取的力量。袁崇煥堅持團結拉攏蒙古，來對抗後金。袁崇煥先言：「人歸我而不收，委以資敵，臣不敢也。」蒙古各部首領，聞將市粟，指天立誓，不忘朝恩。所以袁崇煥疏言：「臣以是招之來，許其關外高台堡通市度命，但只許布米易柴薪。」奏上，奉旨：「著該督撫，嚴行禁止。」奉旨嚴禁，皆失所望，哈喇慎諸部背離明朝，紛投後金。可見，蒙古諸部台吉，附己不納，委以資彼，其責任在崇禎皇帝。所以，袁督師「市粟」之事有，而「資盜」之罪無！

4. 所謂「謀款誘敵」。是指責袁崇煥以議和來引誘後金攻打北京。其實，謀款即議和之事，袁崇煥任薊遼督師後明確疏言「和爲旁著」，目的在於緩其兵攻而爭取時間以固邊防。崇禎帝對此「悉聽便宜從事」，或「優旨許之」。何以「擅主」！崇禎二年即天聰三年，袁崇煥與皇太極往來書簡凡10封，其中皇太極致袁崇煥6封，袁崇煥致皇太極4封。袁崇煥的第一封覆信指出：印璽之事，未降封號，不能妄行。第二封覆信又指出：遼東原爲明朝土地，且有漢人墳墓，則不應歸其占有。第三封覆信解釋：「使者來時，因在海上航行，而讓其久居。」第四封覆信明確表示：戰爭長達10年，不能一朝停止，不是數人所能爲，數語所能定。對袁崇煥的4封覆信，日本著名滿學家神田信夫教授有一個評價：「它強烈地反映出袁崇煥在與皇太極交涉中忠於明廷的責任感，他強烈地主張議和必須按照中國即明朝所提送的典制方案，並嚴戒其未經降封，不准隨意用印。」所以，袁督師「謀款」之事有，而「誘敵」之罪無！

5. 所謂「斬帥踐約」。是指責袁崇煥與後金約定而殺毛文龍。史料已經證明，袁崇煥與皇太極書信往來，既無默契，更無議約。倒是毛文龍通款後金，謀降有跡。所謂毛文龍被殺，後金軍才敢南犯之言，實則誇大了毛文龍的作用。至於對毛文龍先斬後奏，因而受到「擅殺」之詰，則應做具體分析。對於袁崇煥計斬毛文龍的「席藁待誅」奏疏，崇禎帝諭旨：「毛文龍懸踞海上，糜餉冒功，朝命頻違，節制不受。近復提兵進登，索餉要脅，跋扈叵測。且通夷有跡，犄角無資，掣肘兼礙。卿能周慮猝圖，聲罪正法。事關封疆安危，閫外原不中制，不必引罪。」所以，袁督師「斬帥」之事有，而「踐約」之罪無！

6. 所謂「縱敵長驅」。是指責袁崇煥縱容後金鐵騎長驅直薄京師，而不加阻攔。其實，早在天啓六年四月，遼東巡撫袁崇煥就上疏：應防禦後金軍從寧、錦以西虛怯之處南犯。兩個月後，袁崇煥再疏：「慮其席捲西虜，遂越遼而攻山海、喜峰諸處。」到崇禎元年十月，袁崇煥再疏奏喜峰、古北關隘可虞：蒙古哈喇慎等部「處於我邊外，經道慣熟，若仍誘入犯，則東至寧前，西自喜峰、古北，處處可虞，其為紂更烈。」崇禎二年三月，袁督師又上疏：「惟薊門，陵京肩背，而兵力不加，萬一夷為嚮導，通奴入犯，禍有不可知者。」他一面諫議——「薊門單弱，宜宿重兵」；一面具疏——濟其市粟糊口，免其導誘入犯。崇禎帝對袁崇煥的諫疏，或拖延因循，或嚴行禁止。己巳事變發生，不出崇煥所料，罪名卻要崇煥獨負。所以，袁督師「縱敵長驅」之罪名，「莫須有」矣！

7. 所謂「頓兵不戰」。是指責袁崇煥雖然率領遼軍入援京師，但是保留實力，而不與後金軍作戰。曾在袁崇煥部伍中的布衣程本直疏辯道：「自敵人逸薊入京，崇煥心焚膽裂，憤不顧死，士不傳餐，馬不再秣，間道飛抵郊外，方幸敵未近城，得以身翼神京。出營廣渠門外，兩相鏖戰。崇煥躬擐甲冑，以督後勁，自辰至申，轉戰十餘里，衝突十餘合，竟至通

惠河，血戰殊勞。遼事以來，所未多有。此前月二十日也。至二十六日，又捨廣渠門而攻左安門，亦時有殺傷。惟是由薊趨京，兩晝夜疾行三百里，隨行營僅得馬兵九千，步兵不能兼進。以故專俟步兵調到，隨地安營，然後盡力死戰。初二、初三，計程可至。不期初一日，再蒙皇上召對，崇煥奉有拿禁之旨矣！時未旬日，經戰兩陣，逗留乎，非逗留乎？可不問而明矣！」所以，袁督師「頓兵不戰」之罪名，「莫須有」矣！

8. 所謂「遣散援兵」。是指責袁崇煥遣散前來增援京師的明軍。袁崇煥奉諭調度各路援兵。對此，曾在袁崇煥部伍中的程本直疏辯道：「若夫諸路援兵，豈不知多多益善。然兵不練習，器不堅利，望敵即逃，徒寒軍心。故分之則可以壯聲援，合之未必可以作敵愾也。況首回尤世威於昌平，陵寢鞏固；退侯世祿於三河，薊有後應。京營素不習練，易為搖撼，以滿桂邊兵據護京城，萬萬可保無虞。此崇煥千回萬轉之苦心也。以之罪崇煥，曰散遣援兵，不同堵截，冤哉！」所以，袁督師「遣散援兵」之罪名，「莫須有」矣！

9. 所謂「攜僧入城」。這是指責袁崇煥兵臨城下，又暗中帶著喇嘛，要求進入北京城內。袁督師軍中有喇嘛，他率軍入京，露宿荒郊。袁崇煥「力請援兵入城，不許。」督師又「求外城屯兵，如滿桂例，並請輔臣出援；不許。」崇禎帝之猜疑、惶懼到了何等程度，明朝廷之虛弱、窳敗到了何等地步。袁督師軍中有喇嘛，「攜僧入城」就會當內應嗎？所以，袁督師「攜僧」之事有，而「入城」之事無！其罪名，「莫須有」矣！

由上，九款欽定「罪名」，後八款都已被歷史否定。至於第一款「付託不效」，應當說袁崇煥負有一定責任，但罪至「論死」，尚有「八議」或「戴罪立功」等處理辦法，崇禎帝為什麼在經歷八個月猶豫之後，一定要置袁崇煥於死地？這是多種原因而導致的一個結果。

二、多因一果

袁崇煥之死，究其死因，是當時各種矛盾交錯的結果，可以說是多因一果。

天聰汗的反間。天命汗與天聰汗父子，先寧遠之戰、後寧錦之戰，皆敗於袁崇煥堅城洋砲之下，對袁深銜大恨。己巳京師之役中，又在廣渠門與左安門兩敗於袁軍。天聰汗既在軍事上不能戰勝袁督師，便在政治上施反間計以除之。由此而產生了袁督師死於皇太極反間計之說。此說始於《舊滿洲檔》，《滿文老檔》沿襲，意在表明天聰汗計謀之成功。

其實，崇禎帝逮捕崇煥，不是因為崇煥一定要造反，而是他有造反的能力與可能。無論如何也要防止崇煥與後金勾結、訂城下之盟，因而不管是誰，也必在此危急之刻將袁的兵權削掉而控制起來。這正是中國古代政治的特點，注重的是一統政治的安定，因而就不必特別計較對一人一事的絕對公允，犧牲少數人，正是維持王朝政局的方法。《明史·袁崇煥傳》未將後金反間與崇煥磔死相聯繫，卻以「擅主和議、專戮大帥」兩端為其死因；而崇禎帝諭定其罪九款，並無「通敵」之詞。由是可證：天聰汗反間計是袁督師落獄之由，而不是其磔死之因。

眾小人的誣陷。袁崇煥的每個勝利，都把小人召喚到自己的周圍，而受其攻訐與誣謗。後金騎兵南犯京師，小人攻訐達於頂點。在小人之中，有舊時同僚，有朝廷中貴，更有閹黨餘孽。群小構陷，更加重了袁崇煥的悲劇命運。

崇禎帝的昏暴。後金的反間，廷臣的讒陷，只有昏暴之君聽信才能得逞。明代崇禎皇帝，君權高於一切，口含天憲，太阿獨操。群小誣陷，崇禎帝偏信，旨定磔殺袁崇煥，鑄成千古冤案。

　　崇禎帝殺袁崇煥，既不是「誤殺」，也不是「忌殺」，而是「必殺」。

　　何以「必殺」？先是，正統十四年蒙古瓦剌兵攻北京，兵部尚書于謙後來被殺；嘉靖二十九年蒙古俺答兵薄都城，兵部尚書丁汝虁、提督軍務保定巡撫楊守謙被殺。這次崇禎己巳之變，保衛京師的兵部尚書王洽和薊遼督師袁崇煥，又受到朱由檢的殺害！崇禎帝像他的先祖一樣，把責任完全推給兵部尚書、薊遼督師袁崇煥，稱袁崇煥致「廟社震驚，生靈塗炭，神人共忿，重辟何辭！」可見，崇禎帝殺袁崇煥的主要原因是政治原因，所謂聖上英明，崇煥誤我——所以必殺袁崇煥。後來崇禎帝煤山自縊時也說「諸臣誤我」，這些都是在推卸責任。

　　但是，崇禎帝必殺袁崇煥又何至於要磔死呢？這還要分析袁督師與崇禎帝的性格衝突。

三、性格衝突

　　袁崇煥的死，前面有兵部尚書王洽，後面也有兵部尚書陳新甲。皇太極打到北京城下，袁崇煥的死是難以避免的。《明史・刑法志》規定：死刑有二：一是斬，二是絞。袁崇煥最終被磔死的悲劇，還要從袁督師與崇禎帝的性格衝突來分析。

　　袁崇煥被磔死的原因，從袁督師孤耿廉直品格與崇禎帝剛愎暴戾的性格矛盾，可以找到其內在的解釋。袁崇煥品格具有兩極性：一極為忠君，另一

袁崇煥墓碑(拓片)

極為個性；兩者既相統一，又相對撞。他35歲中進士前，受到系統的儒家教育，以綱常倫理作為思想與行為的規範。他在〈三乞給假疏〉中言：「生殺去留，惟皇上所命。皇上綱常名教主，尊皇上即所以重倫常。」所以，君為臣綱，絕對忠君，這是袁崇煥性格的一極。他出身於商人家庭，多次順溯兩江而往來兩粵，珠江流域受西方文化影響較早，因而家世、閱歷和社會又陶冶了他的獨立性格。他在〈詠獨秀峰〉詩中云：「玉筍瑤簪裡，茲山獨出群。南天撐一柱，其上有青雲。」他又曾以榕樹自喻：「縱斧摧為薪，一任後人事。」前者表現其卓異的心態，後者則表現其寡合的性情。所以，剛毅卓立，不相苟合，這是袁崇煥性格的另一極。袁崇煥這一獨立品格，是其區別於同時代諸多官員的一個明顯的性格特徵。由是，他具有獨立心態、獨立意志、獨立品格和獨立行為。這是袁督師鑄成英雄形像與扮演悲劇角色的性格因素。袁崇煥的獨立品格，主要表現在：

第一，敢走險路。袁崇煥中進士之年，明軍薩爾滸大敗；朝覲之年，明軍失陷廣寧。其時關外形勢，經略王在晉認為已無局可守。但是，袁崇煥不與同僚、家人商量，單騎出閱關內外。回京後，具言關上形勢，曰：「予我軍馬錢穀，我一人足守此。」而當時的「京師各官，言及遼事，皆縮朒不敢任，崇煥獨攘臂請行」。廷臣稱其才，遂超擢僉事，監關外軍，從此袁崇煥與遼事結下終生不解之緣。時袁崇煥從八閩而至京都，由縣令而升主事，他本來可選走筆直平坦之道，卻擇行崎嶇危險之路。當時作為供職於京的下層官員來說，存在多種選擇的可能性，他完全可以行某種平穩之計而不冒此風險，不擔此重任，擇險而行。特別是千里入援，未奉明旨，不聽勸諫，率軍進京，走著險路。

袁崇煥選走險路是由其價值取向與性格特徵所決定的。他出關之後，繼續擇險而行。如受命赴前屯安集流散遼民，史載：「崇煥即夜行荊棘虎豹中，以四鼓入城，將士莫不壯其膽。」又如寧遠以缺餉四月而兵譁，巡

撫畢自肅、總兵朱梅等被縛於譙樓上，尋自肅自經死。督師袁崇煥於到任次日，「單騎出關，至寧遠，未入署即馳入營」，迅即平息兵變，表現出超凡的膽魄。前面講過，袁崇煥任邵武令時，縣衙旁著火，他登牆上屋，奮力救火。袁崇煥令邵武時，童試之後，他絕不閱卷，卻「日呼一老兵習遼事者，與之談兵」，亦屬超越常規，奇異行為。以上諸例，袁崇煥脫常軌、走險路的性格特徵可見一斑。

第二，敢犯上司。袁崇煥善待同僚、體恤下屬，「煥得大將風，士卒同甘苦」。但是，袁崇煥不善於「應對」上司。有人說：「舉世所不得避之嫌疑，袁公直不避之而獨行也！」他不愛錢，不惜死，不辭勞怨，不避嫌疑，而秉性耿直，忠於朝廷，是其所是，非其所非。他於經略王在晉：深受其倚重，並被題為兵備僉事；但是，「崇煥薄在晉無遠略，不盡遵其令。及在晉議築重城八里鋪，崇煥以為非策，爭不得，奏記首輔葉向高」。袁崇煥以區區小官，在唯諾成風的官場中，冒犯上司，逕直奏記，是何等剛直，又有何等膽魄！他於大學士孫承宗：深受其器重，並被委任築守寧遠；但是，孫承宗、馬世龍出擊後金，兵敗柳河；他不顧及孫承宗之情面而揭斥道：「前柳河之失，皆緣若輩貪功，自為送死。乃因此而撤城堡，動居民，錦、右動搖，寧、前震驚。」他於經略高第：高第代孫承宗後，謂關外必不可守，令盡撤錦、右將士入關。崇煥抗曰：「我寧前道也，官此，當死此，我必不去！」高第沒有辦法，聽其守寧遠。他於督師王之臣：先是請移滿桂往它鎮，桂被召還，王之臣又奏留桂，「崇煥以之臣奏留桂，又與不協」。他於廠臣魏忠賢：天啟六年，「內外大權，一歸忠賢」，魏忠賢「矯詔遣其黨太監劉應坤、陶文、紀用鎮山海關，收攬兵柄」。崇煥具抗疏言：

兵，陰謀而詭道也，從來無數人談兵之理。臣故疏裁總兵，心苦

矣。戰守之總兵且恐其多，況內臣而六員乎？又所轄之隨行，軍
法不得問者，不知幾許乎？昨部臣崔呈秀疏諫廠臣魏忠賢，約束
內官，不干與部事。部事且不令干與，況呼吸存亡之兵事乎？

　　疏上，天啓帝拒納。崇煥雖盡力與忠賢委蛇，卻終不為其所喜，而引
疾辭職歸里。袁崇煥一心忠君，以社稷為重，竭力抗禦後金，圖復遼東失
地，因而敢於冒犯上司，不太注意與上級的人際關係。正如〈天啓朝袁崇
煥人際關係的變化〉文中所論：「他並不重視向上看的聯繫上級的人際關
係，他重視的是同僚關係，以及與下屬的人際關係。他向下看多過向上
看，他不急於升官。」袁崇煥自賦詩句：「杖策只因圖雪恥，橫戈原不為
封侯。」是其價值取向，也是其孤迂性格的詩詞表達。

　　第三，敢違聖顏。在帝制時代，君威至高，皇權至上。袁崇煥不僅犯
上司，而且違聖顏。後者，僅舉講款與斬帥兩例。講款，為廟堂之大事。
天啓末講款，袁巡撫首疏。遼東巡撫袁崇煥聽聞後金汗努爾哈赤死，遣使
弔喪，探其虛實。此事雖由內臣主持，卻未先行奏請聖旨。天啓六年九月
二十八日，《明熹宗實錄》載督師王之臣和巡撫袁崇煥奏報：「奴酋哈赤
死於瀋陽，四子與長子爭繼未定。」第二天即二十九日，袁崇煥復奏：
「臣敕內原許便宜行事，嗣有的音，方與在事諸臣會奏。」可見，此奏上
報之時，李喇嘛已派出。十二月十三日，《明熹宗實錄》載：李喇嘛返
回，袁崇煥奏報，得旨：「夷在，無急款以失中國之體。」此奏報雖優旨
許之，後卻頻旨戒諭。「崇煥卻藉是修故疆，持愈力。」而朝鮮被兵，言
官謂款議所致。御史智鋌、劉徽、李應薦等交章奏劾，甚至王之臣與袁崇
煥緣此而「意見異同，遂成水火」。袁崇煥具疏抗辯，無濟於事，寧錦捷
後，引疾歸里。右副都御史霍維華為其疏鳴不平，卻得到「袁崇煥講款一
節，所誤非小」的罪名。崇禎初講款，袁督師又議。但是，僅崇禎二年即

天聰三年間，皇太極與袁崇煥往來書簡12封，《崇禎實錄》和《崇禎長編》均沒有記載袁督師向崇禎帝奏報此事。斬帥，亦爲廟堂之大事。袁督師計斬總兵毛文龍，雖同輔臣錢龍錫私商過，卻未先請旨，先斬後奏，以致留下「擅殺」罪名。錢龍錫「悉封上崇煥原書及所答書」，得無死，遭謫戍。特別是朝廷派太監監軍，他上疏反對。

袁崇煥在奏疏中，陳述自己的性格稱：「臣孤迂耿僻，原不合於邊臣舊格。」孤迂、廉直、耿僻是袁崇煥重要的性格特徵。因其孤迂，則是其所是，而行險路；因其廉直，則非其所非，而冒犯上司；因其耿僻，則不工阿附，而觸違聖顏。由是，袁崇煥的孤迂耿僻性格與崇禎帝的剛愎暴戾性格發生了衝突。袁督師的歷史悲劇，從某種意義上來說，從心理史學視角看，是袁崇煥孤迂耿僻性格與崇禎帝剛愎暴戾性格之間衝撞的結果。在帝制時代，正人君子，名節清流，仕途坎坷，難得通達，主昏政暗，尤其如是。檢《明史》宦官、閹黨、佞幸、奸臣，或憸邪，或陰狡，或善伺旨意，或惡正醜直。閹黨如魏廣微「由奉忠賢，如奴役役然」；閻鳴泰則「專事諂諛，虛詞罔上」；奸臣如周延儒「善伺意指」；溫體仁則「機深刺骨」。至於此前的嚴嵩，「嵩無他才略，唯一意媚上，竊權罔利」。伺旨、諂諛、結納、通賄和陰險，這是歷史上一切奸佞之臣的共同特點。袁崇煥剛正、孤迂、清廉和忠耿的品格，自爲明季昏君和奸臣所不容。在明末官場中，君子之清流與小人之渾濁，涇渭分明，勢同水火。但是，小人必逢君惡，方能讒構售奸，這就是《明史·

袁崇煥墓

宦官傳》所說的「逢君作奸」。所以，袁崇煥孤耿剛廉的品格，不僅同諸奸臣諂附媚上的奴性相衝突，而且與崇禎帝剛愎昏暴的個性相衝突。在君為臣綱、君視臣如草芥的帝制時代，袁崇煥性格與崇禎帝個性相對撞的結局，袁督師只能以悲劇結束自己的一生。

從後來崇禎帝親手用寶劍砍傷自己的女兒、砍死自己的妃子，可以看出他心理與性格的殘忍性。崇禎帝剛愎暴戾的性格，袁崇煥孤迂耿僻的性格，矛盾衝突，君為臣綱，而演出袁督師被磔死的歷史悲劇就不難理解了。

袁崇煥之死，有著多層面的、極複雜的原因，可以說是多因而一果，主要的則是政治原因。後金的反間是其誘因，閹黨的排構是其外因，崇禎帝的昏暴則是其主因。袁崇煥之死，是個人的悲劇，是社會的悲劇，是歷史的悲劇，更是文明的悲劇——「衣冠填於狴犴，善類殞於刀鋸」，正義被褻瀆，文明遭玷污！

殺袁崇煥，崇禎皇帝自以為很聰明，其實他做了一件蠢事。「自崇煥死，邊事益無人，明亡徵決矣」。但是，袁崇煥雖然死了，他的精神卻是永存的。

第三十六講
崇煥精神

袁崇煥留給後人的寶貴財富，既是他的輝煌業績，更是他的崇高精神。

袁崇煥的崇高精神是什麼？有言者說是「忠」，也有言者說是「義」。於前者，「忠」就是忠君。袁崇煥作爲明朝萬曆的進士，身受萬曆、泰昌、天啓、崇禎四朝的國恩，任泰昌、天啓、崇禎三朝的官員，受過系統完整的儒家教育，自然要忠於國君。因此，袁崇煥必定有忠君的思想。於後者，「義」如《禮記·中庸》曰：「義者，宜也。」韓愈〈原道〉引申說：「行而宜之之謂義。」人們通常以「義」來規範朋友之間的關係。袁崇煥深通「四書」、「五經」，自然理解《孟子·離婁上》對「義」的闡釋：「義，人之正路也。」因此，袁崇煥講「義」是沒有爭議的。所以，袁崇煥有「君」與「義」的理念，是沒有問題的，也是沒有爭議的。他在寧遠大戰的臨戰之前，對守城官兵「刺血爲書，激以忠義，爲之下拜，將士咸請效

北京龍潭湖畔袁督師廟舊址

死」(《明史‧袁崇煥傳》)，就是很好的例證。然而，「忠」與「義」不是袁崇煥精神的根本，也不是袁崇煥精神的靈髓。

袁崇煥留給後人的寶貴財富是什麼？我認爲是「正氣」和「精神」，就是浩然正氣和愛國精神。袁崇煥的浩然正氣和愛國精神，體現了中華傳統文化的精華，是中華民族精神的靈髓。

一、勇敢拚搏

袁崇煥有著過人的事功，而這源於他過人的勇氣——勇敢拚搏。在困難面前，是勇敢拚搏，還是萎靡退縮？這是強者與懦者、英雄與凡夫的一個重要區別。

袁崇煥有大勇，敢拚搏。他出山海關擔任遼東官職時，明朝丟城失地，敗報頻傳——一失撫順、二失清河、三失開原、四失鐵嶺、五失瀋陽、六失遼陽、七失廣寧、八失義州，還有薩爾滸大敗，上下沮喪，局勢危急。《明史》記載：自遼左軍興，明朝總兵陣亡者凡14員(明初定制總兵官爲21員)：撫順則張承胤，薩爾滸之戰則杜松、劉綎、王宣、趙夢麟，開原則馬林，瀋陽則賀世賢、尤世功，渾河則童仲揆、陳策，遼陽則楊宗業、梁仲善，廣寧則劉渠、祁秉忠。還有因戰敗自裁的總兵李如柏。同期還有遼東經略、巡撫楊鎬、袁應泰、熊廷弼、王化貞因此而被殺，或自盡。京師朝野官員，可謂談遼色變：「時廣寧失守，王化貞與熊廷弼逃歸，畫山海關爲守。京師各官，言及遼事，皆縮胭不敢任。崇煥獨攘臂請行。」(《明史‧袁崇煥傳》)

袁崇煥出任關外，要到前屯衛安置失業的遼人，《明史‧袁崇煥傳》記載：「崇煥即夜行荊棘虎豹中，以四鼓入城，將士莫不壯其膽。」後明遼東總兵高第下令盡撤山海關外右屯、大凌河、錦州、松山、杏山、塔

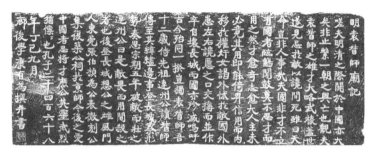

〈袁督師廟記〉拓片（康有為撰書，1917年刻）

山、寧遠、前屯等八城軍民到山海關內，惟獨寧前道袁崇煥堅決拒撤，他說：「我寧前道也！官此，當死此，我必不去！」（《明史・袁崇煥傳》）甚至發出「獨臥孤城以當虜耳」的豪言壯語。這是何等膽量、何等氣魄。至於袁崇煥殺東江總兵毛文龍，雖有其越制之失，但梁啓超在〈袁督師傳〉中說道：「夫以舉國不能殺、不敢殺之人，而督師毅然去之，若縛一雞而探一殼也。指揮若定，聲色不驚。嗚呼，非天下之大勇，其孰能與之斯？」袁崇煥既有虎豹在山的氣勢，又有飛龍騰空的雄風。他在北京保衛戰當中，身先士卒，進行拚殺，矢林鏃雨，馬頸相交。他在魏忠賢當權、閹黨專政的惡劣政治局面下，對朝廷向關外派太監監軍的決定，竟然上疏，表示反對。

所以，袁崇煥的性格特點，凸現一個「敢」字──敢走險路，敢擔責任，敢犯上司，敢違聖顏。

二、進取求新

袁崇煥取得過人的事功，還源於他有過人的思想──進取求新。

袁崇煥到山海關外任職，遼東經略王在晉要在山海關外八里鋪建一座

新城，守護山海關。袁崇煥不同意築八里鋪重城，反對遼東經略王在晉的消極防禦兵略。他提出在山海關外200里修築寧遠城（今遼寧興城）的新見。但因人微言輕，遭王在晉拒絕，便越級奏告首輔葉向高，後被採納。後來寧遠這座重城，成為明軍抵禦後金軍南進的中堅堡壘。直至明朝滅亡，清朝也沒有奪取這座堅城。袁崇煥又在孫承宗支持下，提出在山海關外400里修築從山海關、經寧遠、到錦州的關寧錦防線。後來這道關（山海關）寧（寧遠）錦（錦州）防線，成為阻擋後金軍南進的堅固長城。

袁崇煥於戰略策略原則，有所創新，有所發明。不同於王在晉的消極「防守」、王化貞的冒險「進攻」、王之臣的拒絕「議和」等片面僵化原則，他提出「守為正著、戰為奇著、款為旁著」的策略原則，就是打仗的時候該守就守，該戰就戰，該講和時就講和，靈活運用。他總結明軍自遼事以來撫順、清河、開原、鐵嶺、瀋陽、遼陽、廣寧、義州失守的慘痛教訓，提出抵禦後金進攻的法寶是「憑堅城、用大砲」。特別是他第一次將當時世界上最先進的西方火砲——紅夷大砲，用於寧遠實戰，抵禦後金天命汗的進攻，取得寧遠大捷；隨後打退皇太極的進攻，又取得寧錦大捷。崇禎二年，北京危急之時，他率領九千騎兵，「士不傳餐，馬不再秣」，日夜兼馳，入援北京，再取得京師大捷。

袁崇煥比其前任楊鎬、袁應泰、熊廷弼、王化貞、王在晉、高第等人的高明之處，在於進取求新，諸如憑堅城、用大砲，守為正著、戰為奇著、款為旁著等，都是戰略戰術的重大創新。就某種意義說，袁崇煥取得寧遠、寧錦、北京三次大捷，是袁崇煥求新進取的勝利。

三、清正廉潔

袁崇煥是一位廉潔的清官。他在邵武知縣任上的清廉事蹟，據乾隆

《邵武府志》記載：

> 天啟初，知邵武縣。明決有膽略，盡心民事，冤抑無不伸。素趫
> 捷有力，嘗出救火，著靴上牆屋，如履平地。

上面記載的兩件小事：盡心民事，平反冤獄；穿靴上房，幫民救
火──清楚生動地記述了袁崇煥這位清正廉潔知縣的形象。

他做官不貪。張岱在《石匱書後集・袁崇煥傳》中說：「此臣作法自
別，向爲縣令，不取一錢，天生此臣，以爲社稷。」查繼佐在《罪惟錄・
袁崇煥傳》中也記載袁崇煥爲官清廉：「此臣作縣官，不入一錢。」袁崇
煥父親死後，他在請求回鄉料理喪事的〈三乞給假疏〉中說：「臣自爲令
至今，未嘗餘一錢，以負陛下。昨聞訃之日，諸臣憐臣之不能爲行李，自
閣、督、撫以下，俱釀金爲賻。臣擇而受之，束裝遄歸，以襄臣父大
事。」袁崇煥請假回去給父親辦理喪事，但他連回家的盤纏都沒有，再說
料理喪事還需要花錢，這些錢都是他同事、朋友等湊錢資助的。袁崇煥一
生，「浮沉宦途，家無子息」。死後，《明史・袁崇煥傳》記載：袁崇煥
死，籍其家產，「家亦無餘貲」。在「三年清知府，十萬雪花銀」的封建

「袁督師廟」額（康有爲題）

皇朝時代，做官「分文不貪」，確實是出類拔萃的。袁崇煥和岳飛一樣，都能做到如《宋史‧岳飛傳》所說的「文臣不愛錢，武臣不惜死」。這既是天下文官的典範，也是天下武官的楷模。

崇煥精神，程本直在〈漩聲記〉中，說了如下一段概括的話：

> 舉世皆巧人，而袁公一大癡漢也。惟其癡，故舉世最愛者錢，袁公不知愛也；惟其癡，故舉世最惜者死，袁公不知惜也。於是乎舉世所不敢任之勞怨，袁公直任之而弗辭也；於是乎舉世所不得避之嫌疑，袁公直不避之而獨行也；而且舉世所不能耐之飢寒，袁公直耐之以為士卒先也；而且舉世所不肯破之體貌，袁公力破之，以與諸將吏推心而置腹也。猶憶其言曰：「予何人哉？十年以來，父母不得以為子，妻孥不得以為夫，手足不得以為兄弟，交遊不得以為朋友。」……即今聖明在上，宵旰撫髀，無非思得一真心實意之人，任此社稷封疆之事。予則謂：「掀翻兩直隸，踏遍一十三省，求其渾身擔荷，徹裡承當如袁公者，正恐不可再得也！」

布衣程本直以血與淚的文字，以生命棄市的代價，樸素地評價並頌揚了袁督師在明末官場污濁、物欲饕餮的邪氣中，表現出的浩然正氣與愛國精神。

前面講的袁崇煥勇敢拚搏、進取求新、清正廉潔的高尚品格，源於其高尚的愛國精神。袁崇煥的精神與靈魂，主要是「愛國」。有學者認為，袁崇煥生活在明代，當時只有忠君的意識，沒有愛國的思想。這是既不了解歷史，也不符合事實的論斷。《說文解字‧國》字釋曰：「國，邦也，從口，從或。」儒家經典《十三經注疏》中，「國」字為首的片語，共出

現266次。《左傳》曰：「國將興，聽於民。」這裡的「國」是指政治實體的國。在皇朝時代，忠君與愛國，兩者有同、也不盡同。「國」比「君」的含義更寬泛，國包括歷史、國君、社稷、山河、民眾。袁崇煥的愛國，既有忠君的思想，更有忠於歷史、社稷、山河、人民的思想。傳說他小時候每當放學回家路經土地廟時，總要在廟前駐足，面對著土地神，念念有詞地說：「土地公，土地公，為何不去守遼東！」這條材料雖然得不到文獻的佐證，但透露出袁崇煥所愛的是社稷、是土地、是民眾。袁崇煥在〈邊中送別〉詩中的金玉詩句，抒發了他的高遠志向，展現了他的愛國親民情懷：

> 五載離家別路悠，送君寒浸寶刀頭。
> 欲知肺腑同生死，何用安危問去留。
> 杖策只因圖雪恥，橫戈原不為封侯。
> 故園親侶如相問，愧我邊塵尚未收。

袁崇煥的抱負是國家、是社稷、是人民。夏允彝在《幸存錄》中說：袁崇煥「少好談兵，見人輒結為同盟，肝腸頗熱。為邵武縣令，分校闈中，日呼一老兵習遼事者與談兵，絕不閱卷。」因此，他知曉厄塞情形，嘗以邊才自許。這說明袁崇煥雖身在東南八閩，卻心繫遼東邊疆；雖身為南國文官，卻關心北塞武事。愛國必親民。袁崇煥身為七品知縣，而登房為百姓救火的壯舉，是他親民精神的體現。愛國親民是袁崇煥最為寶貴的精神。梁啟超在《新史學》中說：歷史是愛國心之源泉。袁崇煥那股剛毅奇偉、熾熱強烈的愛國精神，給當時凡俗怯懦之人以深刻的教育。在中華民族歷史上，有許多仁者、智者、勇者、廉者，他們是中華豪傑的精英，也是中華民族的脊樑。袁崇煥就是其中的一位。一位傑出人物的魂魄，一

〈袁公祠記〉（拓片）

段重大歷史的背後，必有一種優秀的精神。袁崇煥經歷寧遠、寧錦、京師三次重大歷史事變之後，他留給後人的寶貴精神，是民族精神的凝晶與體現，具有穿越時空的震撼力，值得我們梳理、研究和弘揚。

我認為：袁崇煥是中國歷史上一位大仁、大智、大勇、大廉者。袁崇煥的仁與智，令人讚頌；勇與廉，令人敬佩。這種愛國精神，同他的浩然正氣密切相連。袁崇煥留給後人熠熠永輝的思想、薪火永傳的精髓，是「正氣」，就是「浩然正氣」。什麼叫「浩然正氣」？《孟子·公孫丑上》說：「浩然之氣」就是「至大至剛」、「配義與道」、「塞於天地之間」。通俗地說，「浩然正氣」就是正大剛直、合乎道義、充滿天地、超越時空之氣。袁崇煥身上的這種「浩然正氣」，主要表現為愛國的精神、勇敢的品格、求新的旨趣和廉潔的風範。

袁崇煥的死是一場悲劇。從哲理來說，生死是一個大關節，也是一個大境界。岳飛如此，文天祥如此，于謙如此，袁崇煥也如此。袁崇煥之死，喚起萬千人奮起，笑灑碧血振乾坤。如魯迅所言：這就是「中國的脊樑」。

誠然，既要知世論人，也要知人論世。袁崇煥的時世與為人，有著密

切的關係。袁崇煥是一位歷史人物，有其歷史的、社會的、民族的與性格的局限性，也有其軍事失誤和舉措失當之處，且成為他罹禍的「口實」。然而，瑕不掩瑜。袁崇煥作為明代傑出的軍事家和著名的愛國英雄而永垂史冊，萬古流芳。正如明末楊繼盛〈臨行詩〉云：「浩氣還太虛，丹心照萬古。」時代呼喚袁崇煥的浩然正氣與愛國精神，時代需要袁崇煥的浩然正氣與愛國精神。人們透過袁崇煥的正氣與精神、仁智與勇廉、品格與事功、喜悅與悲哀，了解先賢，景仰英豪，知榮明恥，激勵來者。

第三十七講
大壽降清

　　大家知道，袁崇煥手下原有三員大將：總兵趙率教在遵化之戰中陣亡；總兵滿桂在北京永定門之戰中陣亡；只剩下一個總兵祖大壽，後來兩次降清(後金)，先在大凌河之戰中一降，又在松錦之戰中再降。大壽降清這件事情影響很大，是明亡清興的又一個標誌。我們先看一下祖大壽其人。

一、大壽其人

　　祖大壽，生年不詳，死於順治十三年(1656年)，遼東寧遠(今遼寧興城)人。他的祖居、墳墓、牌坊現在興城還有遺跡。順治帝入關以後，祖大壽到了北京，他死後，原來居住的地方變成祖家祠堂(現在是北京市第三中學的校址)，所在的那條街就叫祖家街。所以，祖大壽跟北京也有密切關係。

　　祖家在寧遠是一個豪門望族，祖大壽的先祖世代守衛寧遠。祖大壽早年的經歷，史料記載很少。總兵吳襄娶祖大壽的妹妹爲妻，吳襄之子吳三桂，小時候跟隨舅舅祖大壽和父親吳襄在軍隊中滾打磨練，後來也成了總兵。這個我們以後再說。祖大壽在泰昌元年即天命五年(1620年)，初爲明軍靖東營的游擊，就是個中級武官。在熊廷弼經略遼東的時候，祖大壽因

民國初年的祖氏牌坊

爲表現「忠」與「勤」，受到朝廷獎勵。天啓二年即天命七年(1622年)，祖大壽爲廣寧巡撫王化貞中軍游擊，守廣寧城。在廣寧之戰中，努爾哈赤率軍攻打西平堡，祖大壽同游擊孫得功受王化貞令爲前鋒赴援。大壽戰敗，卻走平陽橋堡。此役，明總兵劉渠、祁秉忠，副將劉徵、參將黑雲鶴等陣亡，王化貞棄廣寧逃遁，孫得功投降，祖大壽率所部逃到覺華島。大學士、督師孫承宗出鎭遼東，沒有處罰祖大壽，而讓他幫助參將金冠駐守覺華島。

當時有一個退職的御史，叫方震孺，跟祖大壽說：「祖將軍，遼西接連失地，你卻駐兵在覺華島，你應該帶兵收復失地呀。」此時祖大壽還有點猶豫，方震孺慷慨激昂地跟他說：「祖將軍，你如果答應我，我會以御史身分上奏朝廷，爲你請功，幫你升官；你要不答應我，今天就用我的鮮血，濺到你的身上。」方震孺以死相諫，祖大壽很受感動，說：「好！我到寧遠重整部伍，恢復士氣。」

祖大壽負責寧遠城的營築工程。但是，起初他認爲寧遠不能久守，因而在施工過程中監督不嚴，草率馬虎。後袁崇煥又重新定城牆規制，由副將滿桂、參將高見、賀謙，與大壽分督改築，工程順利竣工。後來，祖大壽在守寧遠時立功，在寧錦之戰中也立了功。

我總結了一下，祖大壽共有四功四過。先說四功：

第一功，寧遠大捷。天啓六年即天命十一年，努爾哈赤率軍圍攻寧遠，祖大壽守南城。後金軍挖地道攻城。祖大壽和袁崇煥等嬰城固守，發西洋大砲傷數百人。祖大壽在寧遠大捷中立功。

北京祖大壽府邸原址

第二功，寧錦大捷。第二年五月，皇太極率軍攻寧、錦。祖大壽同總兵滿桂、尤世祿等率軍，在寧遠城外同後金騎兵拚殺，打退進攻，取得勝利。

第三功，保衛京師。崇禎元年，袁崇煥任薊遼督師，祖大壽任前鋒總兵官，掛征遼前鋒將軍印，駐錦州。崇禎二年，在北京保衛戰中，祖大壽跟隨袁崇煥千里入援，勤王京師。在廣渠門、左安門兩戰中，祖大壽率軍拚殺，立下功勞。

但是，十二月初一日，祖大壽親眼見到袁崇煥在平台被捕下獄，「股栗懼」（《清史列傳·祖大壽》），既傷心又害怕。出皇宮後，朝廷命滿桂總統關寧將卒，大壽不肯受其節制；又因遼軍受到排擠與歧視，便帶所部官兵掠山海而出關。

祖大壽曾因敗逃而依法當斬，孫承宗愛其才，密令袁崇煥救解，沒有追究。祖大壽對孫、袁兩人感恩戴德。至是，孫承宗再督師，派人撫慰，而且以袁崇煥獄中手書招之，大壽乃斂兵聽令。

第四功，收復四城。崇禎三年正月，後金軍攻占永平、遷安、灤州、遵化四城，各留兵鎮守。孫承宗檄祖大壽率兵入關。四月，祖大壽同總兵

馬世龍、楊肇基，副將祖大樂、祖可法等襲灤州，以巨砲擊毀城樓。後金兵不能守，棄城出關。祖大壽在收復四城中立功，後仍駐鎮錦州。

以上爲四功，祖大壽還有四過：

一過，廣寧之戰敗逃。

二過，寧遠築城失職。

三過，殺副將何可綱(下面要講)。

四過，兩次失節降清。

祖大壽爲什麼要降清呢？這還要從大凌河之戰說起。

二、大凌被圍

崇禎四年即天聰五年(1631年)七月，祖大壽督關外八城兵夫，築大凌河城，以護衛錦州城，但未完工，皇太極就率軍包圍大凌河城。

皇太極爲什麼要攻打大凌河城呢？因爲他先攻北京不克，復占京東四城——永平、遷安、灤州、遵化，也沒有守住。下一步的軍事進攻目標定在哪裡？攻關寧錦防線，他心有餘悸。再進攻北京，他感到心有餘而力不足。所以，皇太極選擇一個離瀋陽最近、而又是明軍防守最爲薄弱的環節——大凌河城。

大凌河城在錦州北面，是錦州前衛屏障，因臨大凌河而得名。大凌河城東距瀋陽440里，西至松山堡40里，至寧遠140里，距山海關340里。這時大凌河城已經是三建三毀。崇禎四年七月，明前鋒總兵祖大壽，以孫定遼、祖可法、何可綱等爲其副將，率軍運糧建舍，版築大凌河城。

明軍修築大凌河城，受到後金的密切注視。後金不斷派遣哨探，前去打探消息。經過3個月，14次偵察，皇太極才下決心進兵，乘工程未竣工之機攻打大凌河城。他說：「聞明總兵祖大壽與何可剛(綱)等副將十四

員，率山海關外八城兵，並修城夫役，興築大凌河城。欲乘我兵未至時竣工，晝夜催督甚力，因統大軍往征之。」（《清太宗實錄》，卷九）

崇禎四年七月二十七日，皇太極派兵從瀋陽出發，向大凌河城進軍。此時明大凌河城駐軍，有官兵1.4萬人，夫役商民約1萬多人，全城共計約有3萬餘人。守將祖大壽所部皆精銳，配備大砲，防守甚堅。但該城動工興建時間較短，雉堞僅修完一半，城中糧秣儲備不足，後金大軍驟至，倉促閉門禦守。

八月初六日，後金軍分兩路：一路由貝勒德格類、岳託、阿濟格等率兵2萬，經義州，屯駐於錦州與大凌河之間；一路由皇太極親率主力，經白土廠(場)，趨廣寧大道，兵臨大凌河城下。同時，將新鑄40門紅衣大砲運往大凌河。

半年之前，即天聰五年正月，後金仿造明朝從西洋引進的紅夷大砲，第一批共40門，在瀋陽造成，皇太極定名號爲「天祐助威大將軍」，並將紅夷大砲改稱「紅衣大砲」。滿洲從此開始造砲。

皇太極鑑於寧遠、錦州攻城失敗的慘痛教訓，不再馳騎攻堅，而是施行「圍城打援」的作戰方略：「攻城恐士卒被傷，不若掘壕築牆以圍之。彼兵若出，我則與戰；外援若至，我則迎擊。」（《清太宗實錄》，卷九）

皇太極命環繞大凌河城四面掘壕築牆：第一道，掘壕深寬各丈許，壕外築牆，高丈許，牆上加以垛口；第二道，在牆內距五丈餘地掘壕，寬五尺，深七尺五寸，壕上鋪秫秸，覆土；第三道，在各旗營外周圍挖掘深寬各五尺的攔馬小壕。層層包圍，嚴密布防，大凌河城與外界完全隔絕。

在這種情況下，祖大壽不肯束手待斃，於是組織突圍。皇太極率軍四面包圍大凌河城，部署兩黃旗在北面，兩藍旗在南面，兩白旗在東面，兩紅旗在西面。南城的戰鬥打得最激烈，爲什麼呢？因祖大壽企圖從南面突圍，以回錦州；明朝援軍也是從南面來增援。皇太極派他的哥哥莽古爾

泰，還有濟爾哈朗守南城。因部眾損失最大，莽古爾泰大發牢騷，請求皇太極予以調換。皇太極很不高興，莽古爾泰也非常生氣，竟然衝著皇太極就要拔刀，後被眾貝勒制止。事後莽古爾泰也覺得失禮，晚上來到皇太極大營，以白天飲酒過量狂言失態向皇太極請罪，遭到拒絕。不久，皇太極藉故把莽古爾泰囚禁起來，後來莽古爾泰暴死。這樣，「四大貝勒」就少了一個。

從八月初十日到九月十九日，祖大壽先後組織了四次突圍，均失敗。同時，後金軍用紅衣大砲轟擊大凌河城，摧毀城上雉堞、敵樓。祖大壽閉門待援，不再突圍。這時，大凌河城已經被圍困一個多月了。

大凌河的緊急軍報，報到錦州。大學士、督師孫承宗抱病馳赴錦州，派遣團練總兵吳襄、山海總兵宋偉與遼東巡撫丘禾嘉合兵前往救援大凌河城。而後金軍在圍困大凌河城的同時，早已分兵設伏，阻截援兵。明軍曾四次救援，後金軍則四次打援。在大凌河城外，增援與打援，雙方戰鬥，異常激烈。其中，戰鬥規模最大的、最激烈的是第四次。

九月二十四日，明軍第四次增援大凌河城。明太僕寺卿、監軍張春，山海總兵宋偉，團練總兵吳襄，率4萬多馬步兵，由錦州城出發，往援大凌河城。二十七日，兩軍接觸，明總兵宋偉、吳襄見後金軍不戰而退，以為怯懦，更由於急著增援，於是命令四更起營，直趨大凌河。兩軍交戰，「火器齊發，聲震天地，鉛子如雹，矢下如雨」。後金軍縱騎衝鋒，前鋒兵多死傷。宋偉與吳襄不能配合，各自為戰。皇太極指揮左翼軍逼攻吳襄大營；並以佟養性砲兵發大砲，放火箭，轟擊其營。吳襄營毀，失利先走。宋偉營勢孤。後金右翼軍來攻，衝入宋偉軍營壘，明軍遂敗，兵潰逃遁。後金軍預設伏兵，截住吳襄軍與宋偉軍的歸路，明4萬援軍盡被殲滅。監軍張春、副將張弘謨等33人被擒。

皇太極打敗明援軍後，集中心思，加緊逼誘，逼迫祖大壽投降。

三、大壽降清

皇太極發動大凌河之戰的目的是：招降祖大壽，摧毀大凌河城。後金打敗明增援大凌河城的4萬大軍，為實現其上述目標準備了重要條件。

皇太極從八月十一日開始，先後五次發出招降書，勸祖大壽投降，都遭到祖大壽拒絕。他說：「爾不必再來，我寧死於此城，不降也！」（《清太宗實錄》，卷十）

大凌河城中的軍民，從八月初六日被圍，到十一月初九日皇太極進城，其間被圍三個多月。本來，大凌河城正在築城之中，並未正式部署固守，城中糧秣、柴薪、槍械、火藥等，都沒有做長期儲存準備。因此，大凌河城內的官兵、夫役、商人、軍馬等，碰到的最大困難是糧秣與柴薪奇缺。

祖大壽的解決辦法：一是突圍，但四次突圍，均遭失敗；二是待援，但四次增援，也遭失敗。祖大壽面臨的困境是：突圍不成，援兵不至，彈盡糧絕，戰馬倒斃。出城採薪者，餓得走不動路，被後金軍抓獲，說城裡原有馬7000匹，現剩下不到200匹，能騎的不到70匹。祖大壽疏奏：「被圍將及三月，城中食盡，殺人相食。」（《崇禎長編》，卷五十二）後金也記載：「明大凌河城內，糧絕薪盡。軍士飢甚，殺其修城夫役及商賈平民為食，析骸而炊。又執軍士之羸弱者，殺而食之。」（《清太宗實錄》，卷十）到最後，大凌河是什麼局面呢？史書記載說：「大凌自八月初六日受圍，直至十一月初九日始潰，百日之厄，炊骨析骸，古所沒有。」（《明宮檔案》）百日之間人肉幾乎吃光，用骨頭點火做飯，這種困難的局面自古無有。

皇太極乘大凌河城內危機，加緊連續發動政治攻勢。因不能派使臣進城勸降，就把信捆在箭上射進城。祖大壽為了盡量拖延時間，也有回信，

祖大壽養子祖可法向皇太極請進北京、山海的奏本。

　　回信也是綁在箭上從城牆射下去，就這樣來回通信。後來，皇太極又派投降的漢官到城下喊降。

　　十月十四日，皇太極再遣俘獲的明參將姜新前往招降祖大壽，是爲皇太極第六次招降書。這一次，祖大壽率眾官出城，與姜新揖見。祖大壽遂遣游擊韓棟與姜新同到後金軍大營，觀見皇太極。當晚，皇太極遣巴克什達海、庫爾纏與姜新，復送韓棟入大凌河城。二十三日，皇太極命繫書於矢，射入大凌河城內，是爲第七次招降書。

　　此書重申：「或因誤聽爾官長誑言，以爲降我亦必被殺。夫既降我，即我之臣民，何忍加以誅戮！況誘殺已降，我豈不畏天耶！」祖大壽令張存仁口誦皇太極來書。當夜三更密遣劉毓英約張存仁到南門城樓內，兩個人密談有關事宜。史書沒有留下記載，根據其他材料推斷，兩人談的可能是投降條件。此時祖大壽降志始決，並由張存仁書寫回書。二十五日，祖大壽令他的義子澤潤，把兩函書信繫在箭上，自城內射出。請皇太極令副將石廷柱前往親與面議。石廷柱是個漢人，曾爲後金造過紅衣大砲。二十六日，後金副將石廷柱、巴克什達海、庫爾纏、覺羅龍什、參將寧完我等到南城下，遣陣獲千總姜桂入城。不久，姜桂同游擊韓棟和一個隨從出來。韓棟說：「我祖總兵欲石副將過壕，親告以心腹之語。」經過一番周

折，商定只石廷柱一人入城，與祖大壽相見。祖大壽提出：「惟惜此身命，決意歸順於上。然身雖獲生，妻子不能相見，生亦何益？爾等果不回軍，進圖大事，當先設良策，攻取錦州。倘得錦州，則吾妻子亦得相見。惟爾等圖之。」石廷柱等回去後，諸貝勒問留在後金軍中祖大壽的義子祖可法為何不降。回答道：「永平兵民，若不加屠戮，則天下之民，聞風歸順。因屠戮降民，是以人皆畏縮耳。」雖有歸順之意，但一時難於決斷！且祖總兵表示：「我等寧死城中，何為使妻子罹禍也！」於是後金派石廷柱等，祖大壽派祖可法等，就祖大壽降後「錦州或以力攻，或以計取」事宜，進行密商。二十七日，祖大壽遣使告知皇太極：「我降志已決！至汗之待我，或殺或留，我降後或逃、或叛，俱當誓諸天地。」他還提出：「我欲令一人，潛入錦州，偵吾弟消息，倘被執訊，詰出虛實，為之奈何？我親率兵，詐作逃走之狀何如？」（《清太宗實錄》，卷十）

　　二十八日，大凌河城內各官，皆與祖大壽同謀歸降，惟獨副將何可綱不從。祖大壽做了一件對不起生死與共僚友的愧疚之事：

> 大壽執之，令二人掖出城外，於我（後金）諸將前殺之。可剛（綱）顏色不變，不出一言，含笑而死。城內飢人，爭取其肉。（《清太宗實錄》，卷十）

　　關於何可綱之死，他們編造假材料奏報：「初未潰前一日，凌城食盡。副總兵何可綱語大壽曰：『子可出慰閣部，我當死此！』自為文以祭，遂死之。」（《崇禎長編》，卷五十一）後來明廷了解了情況。直隸巡按王道直疏奏：「凌河之困，獨副總兵何可綱，大罵不屈，死無完膚。其正氣萬夫不憚，而忠心千古為昭。」（《崇禎長編》，卷五十三）

　　祖大壽殺副將何可綱後，派人到後金軍大營。雙方盟誓。皇太極等誓

日：「凡此歸降將士，如誆誘誅戮，及得其戶口之後，復離析其妻子，分散其財物、牲畜，天地降譴，奪吾紀算。若歸降將士，懷欺挾詐，或逃或叛，有異心者，天地亦降之譴，奪其紀算。」祖大壽等誓曰：「祖大壽等，率眾築城，遇滿洲國兵，圍困三月，軍餉已盡，率眾出降，傾心歸汗。」（《清太宗實錄》，卷十）

盟誓天地後，當用何計，以取錦州？當夜，祖大壽親到後金大營，皇太極張燈列炬，出幄迎接。祖大壽要跪，皇太極不讓，雙方行抱見禮。入帳後，祖大壽說他的妻子在錦州，請為內應，裡應外合，共圖錦州。此事，史載：「大壽言妻子在錦州，請歸設計，誘降守者，遂縱歸。」（《清太宗實錄》，卷十）皇太極與祖大壽密議計取錦州的對話如下：

> 皇太極問：今令爾至錦州，爾以何計入城，既入又以何策成事？
> 祖大壽答：我但云昨夜潰出，逃避入山，今夜徒步進城。彼未有不令入城者。錦州軍民，俱我所屬，但恐為丘(禾嘉)巡撫所覺耳！若我兵向我，則丘巡撫或擒或殺，亦易事也！如初二日聞砲，則知我已入城。初三、初四日聞砲，則我事已成。皇上可以兵來矣！（《清太宗實錄》，卷十）

天聰汗皇太極許之。祖大壽許依計獻城投降，留其義子祖可法為人質。

二十九日，夜亥時，皇太極命貝勒阿巴泰、德格類、多爾袞官40員、兵4000人，都穿漢裝，偕祖大壽及所屬兵350人，作潰奔狀，襲取錦州。漏下二鼓，大凌河城內，砲聲不絕。祖大壽等從城南門出，率兵起行。阿巴泰等亦率軍前往。時天降大霧，軍皆失伍，遂各收兵，及明而還。是夜，錦州明兵，聞到砲聲，以為大凌河人得脫，分路應援，被後金軍擊

敗。祖大壽等出城後，跑到白雲山，時天有大霧。十一月初一日二更，祖大壽帶領從子祖澤遠及從者26人，進入錦州城。

後金破大凌河城。先是大凌河明人築城時，騎步兵及工役商賈共3萬餘人，因相繼陣亡、或餓死、或互相食；至是存者止11682人，馬32匹。

初二日，後金軍聽到從錦州方向傳來的砲聲。至於初三、初四兩日，皇太極沒有再聽到從錦州城發出的信砲聲。初四日，祖大壽自錦州派人到後金大營傳話：「我前日倉卒起行，攜帶人少。錦州兵甚眾，未及舉事，將從容圖之。」初九日，祖大壽又派人致書皇太極，解釋不能舉事的原因，並期望：「皇上憫恤歸順士卒，善加撫養，眾心既服，大事易成。至我子侄等，尤望皇上垂盼。俟來年相會，再圖此事。」（《清太宗實錄》，卷十）祖大壽至錦州後，佯爲後金作內應，而實與明軍守錦州。皇太極則答書云：「將軍子弟，我自愛養，不必憂慮。」（《清太宗實錄》，卷十）後皇太極向諸貝勒解釋說：「朕思與其留大壽於我國，不如縱入錦州，令其獻城，爲我效力。即彼叛而不來，亦非我等意料不及，而誤遣也。彼一身耳，叛亦聽之。」（《清太宗實錄》，卷十）

十一月初九日，皇太極下令將大凌河城摧毀，降人剃髮，並派軍拆毀大凌河至廣寧一路墩台，攜大小火砲3500位，並鳥槍、火藥、鉛子等戰利品班師。二十四日，皇太極率師回到瀋陽。皇太極熟悉《三國演義》中「七擒七縱孟獲」的故事。他對祖大壽才「一擒一縱」呢！

孫承宗以年邁抱病之軀，奔赴錦州，協調戰守，但他遭到戶科給事中呂黃鍾的疏劾。承宗後上疏引疾。尋得請，辭歸里。

皇太極一改努爾哈赤殺降、阿敏屠城的錯誤，由屠城變爲降城，對剃髮降順的官兵商民，不予殺害。對爾後明軍獻城投降，產生深遠影響。

這裡有一個問題需要討論：祖大壽是眞降，還是假降？一種意見認爲是假降，證據是他到錦州後沒有作內應；另一種意見認爲是眞降，理由是

他到錦州後本想作內應，但由於巡撫丘禾嘉等防範甚嚴而沒有得逞。究竟是眞降還是假降，史料不足，難以論定。

祖大壽回錦州後，繼續守錦州。崇禎十三年即崇德五年(1640年)，皇太極派軍包圍錦州城。崇禎帝派洪承疇統率8總兵、13萬大軍、8萬匹馬，前往救援。結果洪承疇大敗。翌年，明朝在遼西丟失錦州、松山、杏山、塔山等城。祖大壽錦州被圍，矢盡糧絕，剃髮降清。

大壽降清，影響重大。祖大壽是自有遼事以來，第一個降清的總兵。從此，明軍在山海關外，再沒有一員像樣的、敢於同清軍拚搏的總兵。

第三十八講
林丹大汗

講明亡清興，不能不講蒙古；而講蒙古，又不能不講林丹汗。因為在明末政治舞台上，主要有四股政治勢力：明朝、後金─清、蒙古和農民軍。林丹汗在明清爭戰的格局中，起著重要的作用。所以，這一講來講林丹可汗，也就是林丹大汗。了解林丹大汗必須從他的黃金家族說起。

一、黃金家族

林丹汗(1592-1634年)，名林丹，又作陵丹、靈丹，號為呼圖克圖汗，《明史・韃靼傳》諧音作「虎墩兔憨」，帶有輕蔑的意思。

《蒙古源流》(康熙內府蒙古文抄本)

林丹汗是蒙古察哈爾部首領，也是蒙古最後一位大汗，出身於蒙古黃金家族，是成吉思汗的第二十二世孫。黃金家族指的是蒙古成吉思汗的後裔。說林丹汗，要從他的先祖達延汗說起。

達延汗（1464-1543

年），名巴圖蒙克，為成吉思汗第十五世孫。他6歲即汗位，稱大元可汗，就是達延汗。一說他在位74年，享年80歲（《蒙古源流》，卷六）。他的父親巴延蒙克，和其叔滿都魯，結成聯盟。本來要擁立巴延蒙克為大汗，但巴延蒙克主張擁立滿都魯為大汗。不久，滿都魯即大汗位，巴延蒙克為濟農（相當於輔政、副汗）。後來，因部族之間的紛爭，兩人同敗，相繼而死。

滿都魯汗死後，他的遺孀滿都海福晉，執掌汗廷大權，統轄蒙古各部。她在寡居期間，拒絕非黃金家族貴族的求婚，精心撫育巴延蒙克之子巴圖蒙克（達延汗），兩部聯合，加強實力。巴圖蒙克6歲時，滿都海福晉扶立他即汗位，尊稱達延汗，並同他結婚。這年，一說滿都海福晉33歲。她輔佐年幼的達延汗，執掌政事，發誓報仇，維護黃金家族統治。在明代蒙古史上，有兩位傑出的女性：一位是滿都海福晉，另一位是三娘子（忠順夫人）。滿都海福晉率軍出征，馳騁大漠，打敗梟雄，消滅仇敵，鞏固統治。達延汗為人「賢智卓越」（《李朝成宗大王實錄》，卷一七五），控弦10萬騎。達延汗年長後，親自執政，屬行改革，廢除太師，恢復濟農，強化汗權，重分領地。

達延汗分封諸子，建左右兩翼六個萬戶——左翼三萬戶為察哈爾萬戶、兀良哈萬戶和喀爾喀萬戶；右翼三萬戶為鄂爾多斯萬戶、土默特萬戶和永謝布（哈喇愼、阿蘇特）萬戶。左翼三萬戶由大汗直接統轄，大汗駐帳於察哈爾萬戶；右翼三萬戶由濟農代表大汗行使管轄權，濟農駐帳於鄂爾多斯萬戶。這成為後世蒙古各部落形成的起源，重劃蒙古各部政治地圖，影響極為廣泛而深遠。

達延汗長子圖魯博羅特統領蒙古察哈爾部。圖魯博羅特死後子博迪（卜赤）嗣為汗。博迪汗死，子打來孫立，是為打來孫汗（達賚遜庫登汗）。打來孫汗繼位後，舉部東遷，駐牧於薊、遼地域（大體相當於現在的遼寧、內蒙古東部和河北北部地方），產生了重大歷史影響：「遼左始有虜

患。」(馮瑗，《開原圖說》)日本學者和田清認為：「率領所部十萬東遷，移牧於興安嶺東南半部，不僅是歷史上無與倫比的罕有事件；由於移動的結果，在蒙古內部引起了重大變化，並使明廷遼東大為疲敝，不久便形成了清朝興起的基礎。」(和田清，《明代蒙古史論集》)察哈爾部東遷後，與明朝長期反覆、激烈地廝殺，損失慘重，兩敗俱傷。前面講到的李成梁守遼，重點就是針對著蒙古的察哈爾部。滿洲努爾哈赤則隱藏於赫圖阿拉地區，暗自發展，形成氣候。所以，遼東地區明朝與蒙古的廝殺，為滿洲崛起提供了歷史機遇。

打來孫汗的四世孫就是林丹汗。林丹汗於萬曆三十二年(1604年)，即大汗位，年13歲，後駐帳廣寧(今遼寧北寧市)以北。12年後，比林丹汗年長33歲的努爾哈赤登上後金汗位。而後來繼承汗位的天聰汗皇太極與林丹汗同年，他成了蒙古林丹汗的剋星。

時察哈爾部實力雄厚，其勢力範圍，東起遼東，西至洮河，擁有八大部、二十四營，號稱四十萬蒙古。林丹汗有「帳房千餘」(《明神宗實錄》，卷三七三)，牧地遼闊，部眾繁衍，牧畜孳盛，兵強馬壯，自稱全蒙古大汗。林丹汗嘗稱：「南朝止一大明皇帝，北邊止我一人。」(《崇禎長編》，卷十一)因之，林丹汗冀圖繼承大元可汗的事業，南討明朝撫賞，東與後金爭雄，號令漠南蒙古。

林丹汗即位後，進行全面調整。他爭取黃教僧侶封建主的支持，接受沙爾巴呼圖克圖的灌頂戒教，稱「林丹呼圖克圖汗」。又下令將108函的《甘珠爾》經典譯成蒙古文，用金字抄寫在藍紙上。編纂蒙古文《大藏經》，並興建了著名的寺院「察干召」(白寺)。在林丹汗的倡導下，黃教在蒙古左翼諸部傳播開來，寺宇林立，僧眾遍地，每個家庭都派一子出家為僧。喇嘛教迅速為蒙古貴族和民眾所接受。喇嘛們用千金鑄造嘛哈噶喇金佛。傳國玉璽、嘛哈噶喇金佛、金《甘珠爾》經被視為三大法寶。林丹

大汗對漠南蒙古地區，以及喀爾喀蒙古(外蒙古)地區，蒙古貴族與牧民中，黃教的傳播起了重要的作用。

由於漠南蒙古東介於明朝與後金之間，具有重要戰略地位，而成為後金與明朝的爭奪對象。在明朝、後金與察哈爾部之間鼎立的矛盾中，明廷與後金的矛盾是主要的。明朝主要採取「以西虜制東夷」的策略，聯合林丹汗，共同抵禦後金。林丹汗向明廷提出「助明朝、邀封賞」。明廷每年給林丹汗賞銀先為4000兩，後增至4萬兩，再增至8萬兩，爾後增至14萬兩。崇禎二年，崇禎帝命王象乾與袁崇煥共商對策。《明史‧韃靼傳》記載：「象乾至邊，與崇煥議合，皆言西靖而東自寧，虎不款，而東西並急。因定歲予插(察哈爾林丹汗)金八萬一千兩，以示羈縻。」(《明史‧韃靼傳》)就是明廷以牛羊、茶果、米穀、布匹、金銀為撫金，換取察哈爾林丹汗不犯邊，而求得西邊安靖；明廷得以集中力量，對付後金。

林丹汗接受明朝撫賞，又妨礙後金攻明，後金為著對抗明朝，必須先征撫察哈爾林丹汗。因此，天聰汗與林丹汗之間的爭戰已不可避免。皇太極先後三次出兵攻打蒙古。結果，林丹汗勢窮力竭，死在青海。

二、走死青海

林丹汗對明朝索要撫賞，忽即忽離。而對待後金由輕慢而轉為畏懼。

萬曆四十七年即天命四年(1619年)十月，林丹汗遣使後金，狂稱「統四十萬眾蒙古國主巴圖魯成吉思汗，問水濱三萬人滿洲國主」(《清太祖高皇帝實錄》，卷六)云云。諸貝勒大臣見林丹汗來書大怒，要將其來使一半斬殺、另一半劓鼻馘耳放歸。努爾哈赤說使者無罪，暫加扣留，待派使臣返回後再做處理。後天命汗努爾哈赤遣使齎書報林丹汗，林丹汗把後金的使者關了起來，對努爾哈赤來書做出回答。努爾哈赤誤聞使臣被林丹汗所

殺，而怒斬來使，但後金使臣卻買通看守者逃了回來。

在努爾哈赤攻占瀋陽、遼陽後，後金同察哈爾的關係發生了新的變化。

林丹汗實行錯誤政策，加速了察哈爾內部的分崩離析。他掠土地，劫牛羊，窮奢極欲，暴虐無道，「恖烋悖慢，耳目不忍睹聞」。他自恃士馬強盛，橫行漠南，破喀喇沁，滅土默特，逼喀爾喀，襲科爾沁。史載察哈爾部屬五路頭目的妻子，被林丹汗重臣貴英強占，受害頭目含憤投巴林部首領炒花，「炒花不能養，投奴酋。奴酋用之守廣寧」。察哈爾的許多部落，因對林丹汗不滿，逐漸依附於後金，與後金盟誓。科爾沁等部在後金等援助下，打退了林丹汗的軍事進攻。天命汗憑藉有利的形勢，向漠南蒙古發動軍事攻勢。此役，後金軍掃擊巴林、巴岳特、烏濟業特三部牧地，俘獲5.6萬多人畜。這是後金軍大規模進攻蒙古的開始。此後，又有許多蒙古部落依附後金。

皇太極繼承汗位後，開始進攻蒙古諸部，並威逼到察哈爾部。據《崇禎實錄》記載：天聰二年即崇禎元年(1628年)六月，察哈爾「拔帳而西，騷動宣、雲，已逾半載」。(《崇禎實錄》，卷十)林丹汗率察哈爾部開始西遷，到宣府、大同塞外。

林丹汗西遷之後，明朝中斷撫賞，其內部困難增加，眾叛親離，四面楚歌。在這種情況下，皇太極對察哈爾部林丹汗發動了三次軍事進攻。

第一次。崇禎元年即天聰二年九月初三日，皇太極決定親率大軍，會同蒙古諸部，征討察哈爾部。皇太極第一次以「盟主」的身分發號施令，統率蒙古諸部軍隊向察哈爾林丹汗發起進攻。初六日，皇太極率領大軍離開瀋陽，西征林丹汗。初八日，大軍經都爾鼻(今遼寧彰武)地方，敖漢、奈曼等部兵來會。爾後，喀爾喀、科爾沁、札魯特部、喀喇沁各部兵來會。隨後，天聰汗皇太極指揮滿洲、蒙古大軍，乘勝前進，追捕敗軍，直

至興安嶺。《清太宗實錄》記載：「遣精騎追捕敗軍，至興安嶺，獲人畜無算。」（《清太宗實錄》，卷四）皇太極親征察哈爾大軍，於十月十五日回到瀋陽。是役，為後金第一次由天聰汗親自統率，會集蒙古諸部兵馬，共同進擊察哈爾部林丹汗。皇太極通過對察哈爾部的第一次進兵，確立了對漠南蒙古東面諸部的盟主地位，建立了蒙古歸附各部對後金的臣屬關係。林丹汗受到皇太極的威逼開始西遷，於是，皇太極對察哈爾部發動了第二次征伐。

第二次。崇禎六年即天聰七年(1633年)四月初一日，皇太極發動了第二次對察哈爾部的進軍。初九日，大軍到西拉木倫河時，沿途蒙古各貝勒率所部兵來會，共同大舉進攻察哈爾部。這次滿洲、蒙古大軍出征的目的：「一欲為我藩國報仇，一欲除卻心腹大患。」（《天聰朝臣工奏議》）林丹汗聞警大驚，「遍諭部眾，棄本土西奔，遣人赴歸化城，驅富民及牲畜盡渡黃河。察哈爾國人，倉卒逃遁，一切輜重，皆委之而去。」（《清太宗實錄》，卷十一）林丹汗部眾散處黃河河套及套西一帶。皇太極鑑於形勢發生變化，諭率兵諸貝勒大臣曰：「察哈爾知我整旅而來，必不敢攖我軍鋒，追愈急，則彼遁愈遠。我馬疲糧竭，不如且赴歸化城暫住。」於是大軍回返，趨歸化城(今呼和浩特市)。後金軍經宣府、張家口等地，大肆搶掠，飽欲而返。七月二十四日，皇太

《清太宗實錄》中關於察哈爾部歸降的記載

極率軍回到瀋陽。

　　皇太極第二次親征察哈爾林丹汗之役，歷時40天。據《清太宗實錄》記載，僅斬一人、獲六人，又獲馬一匹、駱駝一隻。後金軍始終未同察哈爾軍隊相遇，無果而還。皇太極在深入察哈爾境後，主要困難：一是缺水——「天氣炎熱，無水，人亦暈倒」。（《滿文老檔·太宗朝》）其時，以一隻黃羊換水一碗，可以看出水之珍貴。二是缺糧——大軍「分道而獵，及合圍，見黃羊遍野，不可數計，遂殺死數萬。時軍中糧盡，因脯而食之」。

　　經過兩次大的衝擊和西遷，林丹汗人心離散，勢不可為，「食盡馬乏，暴骨成莽」（《明史·韃靼傳》）。為了逃竄，捨棄故業，西奔圖白忒部落，牲畜死得很多。部民沒有吃的，「殺人以食」（《清太宗實錄》）。察哈爾許多部眾，不願再隨林丹西遷土番——青藏一帶地方。部落首領紛紛投歸後金，就連他的一位妻子也率其八寨桑，以1200戶歸降後金。閏八月，皇太極連續得到來自察哈爾的奏報：察哈爾林丹汗出病痘，殂於打草灘地方西日他拉。又得到奏報：察哈爾寨桑噶爾馬濟農等送察哈爾汗竇土門福晉，帶著人來歸附。於是，皇太極決定三征察哈爾。

　　第三次。崇禎八年即天聰九年二月二十六日，皇太極命多爾袞、岳託、薩哈廉、豪格為統兵元帥，率騎兵萬人，三征察哈爾，往收察哈爾林丹汗之子額爾克孔果爾額哲。三月，多爾袞等在宣府水泉口，招撫了林丹汗的遺孀囊囊福晉，從她們口中得知額哲等人的駐牧地。多爾袞等率領後金大軍繼續前進，前往黃河河套一帶，收撫察哈爾部眾，尋找蘇泰太后及其子額哲等人的下落。蘇泰太后是皇太極母舅葉赫貝勒金台石的孫女，台吉德爾格勒之女。

　　二十八日，大軍進抵察哈爾林丹汗之子額哲等人所駐牧的托里圖地方。其時，天霧昏黑，額哲沒有防備。多爾袞等議商決定，派遣隨軍的葉赫金台石貝勒之孫南楮等，先見南楮之姊林丹汗遺孀蘇泰太后及其子額

哲。南楮等受命後，急馳至蘇泰太后大營。到大營後，南楮高聲喊道：「爾福晉蘇泰太后之親弟南楮至矣，可進語福晉！」蘇泰太后聽到這個突如其來的消息後，既驚又喜，但怕有詐。蘇泰太后遂令她的舊葉赫隨從親自加以辨認，回來報告說：「是真的！」蘇泰太后慟哭迎出營帳，與久別的弟弟抱頭相見。隨後，蘇泰太后令其子額哲，率領眾寨桑，歸附後金。這是多爾袞利用姻親關係，取得政治與軍事「一石二鳥」的生動史例。

第二天，蘇泰太后、額哲設宴，送多爾袞等駝馬、雕鞍、貂裘、琥珀、金銀、蘇緞等物。除了駝、馬外，多爾袞等把其餘禮品都收下。多爾袞等設宴款待，並贈以雕鞍、馬、黑貂裘等禮物。八月初三日，和碩貝勒多爾袞，貝勒岳託、薩哈廉、豪格等，征察哈爾部，獲歷代傳國玉璽。璽

後世偽造的「受命於天，既壽永昌」璽。

文為「漢篆『制誥之寶』四字，璠璵為質，交龍為紐，光氣煥爛，洵至寶也」。多爾袞等見寶璽後甚喜，曰：「皇上洪福非常，天錫至寶，此一統萬年之瑞也。」（《清太宗實錄》，卷二十四）九月，後金軍旋師回到瀋陽。多爾袞把林丹汗的傳國玉璽獻給了皇太極。

皇太極將察哈爾部安置於義州，分設左右翼察哈爾八旗，設都統和副都統管轄；封林丹汗子額哲為親王，並將次女馬喀塔格格嫁給他。

當林丹汗「八大福晉」歸順後，滿洲貝勒濟爾哈朗娶林丹汗大福晉蘇泰太后（額哲之母）為妻，皇太極娶竇土門福晉和囊囊福晉為妃。後囊囊福晉生下了林丹汗

的遺腹子阿布奈。額哲因病去世後，其弟阿布奈襲爲親王，又尚公主。

林丹汗不僅是察哈爾部的大汗，而且是蒙古各部的宗主。察哈爾部的滅亡，既是漠南蒙古全部歸於後金統治的標誌，也是成吉思汗創立大蒙古國在其故土最終覆滅的標誌。

察哈爾部被後金征服，明朝失去北面屏障，入塞通道被打開。《明史・韃靼傳》記載：「明未亡，而插(林丹汗)先斃，諸部皆折入於大清。國計愈困，邊事愈棘，朝議愈紛，明亦遂不可爲矣！」（《明史・韃靼傳》）林丹汗之死，他的兒子額哲降附後金一清，標誌著漠南蒙古歸入清朝，滿蒙結成聯盟，擴大兵員和實力，囊括自東海到青海的版圖，以更強大的政治、經濟、軍事勢力同明朝爭奪天下。明與清的力量對比，發生了重大的變化。其中一個關鍵問題就是滿洲和蒙古聯盟，蘇泰太后和額哲歸附皇太極，加快了滿蒙聯盟。

三、滿蒙聯盟

首先我們要注意一個問題，明朝當時力量比較強大，實際控制長城以南大約500萬平方公里的土地。清朝興起之後，對明朝發動攻勢，把明朝打得焦頭爛額。蒙古從元順帝北退之後，始稱北元，不斷向南騷擾，把明朝折騰得200多年不得安寧。僅僅一個瓦剌部，就在土木堡打了勝仗，俘虜明朝英宗皇帝。後來俺答汗又帶軍隊打到通州，威逼北京。滿蒙兩個拳頭聯合起來打明朝，明朝必然處於劣勢。努爾哈赤和皇太極的高明之處就是建立滿蒙聯盟，以語言、習俗相近來說服蒙古，宣稱明朝是他們共同的敵人，應該聯合起來報仇。不僅如此，皇太極還採取了很多措施來加強滿蒙聯盟。

皇太極在統一蒙古過程中，對蒙古各部，頒政策，定制度，封官爵，

重管理，加強滿蒙聯盟，合力對付明朝。

　　聯姻。早在天命朝，努爾哈赤不僅娶科爾沁兩貝勒的女兒爲妻，他的兒子也相繼納蒙古王公的女兒做妻子。僅萬曆四十二年(1614年)，努爾哈赤的四個兒子，次子代善娶札魯特部鍾嫩貝勒女爲妻，第五子莽古爾泰娶札魯特部納齊貝勒妹爲妻，第八子皇太極娶科爾沁部莽古思貝勒女爲妻，第十子德格類娶札魯特部額爾濟格貝勒女爲妻。爾後，第十二子阿濟格娶科爾沁部孔果爾女爲妻，第十四子多爾袞娶桑阿爾寨台吉女爲妻。努爾哈赤在位時，同科爾沁聯姻10次，其中娶入9次、嫁出1次。皇太極在位時，同科爾沁聯姻18次，其中娶入10次、嫁出8次。皇太極的皇后是莽古思貝勒之女，兩位愛妃是寨桑貝勒之女，其中莊妃輔育順治、康熙兩代皇帝，定鼎中原，功在社稷。皇太極的兒子順治帝，兩位皇后也都出自科爾沁。蒙古科爾沁部與後金政權，通過聯姻，鞏固同盟，以加強自己的勢力，來對抗察哈爾部。總之，由於蒙古科爾沁部歸附後金最早，博爾濟吉特氏與愛新覺羅氏世爲懿親。清太祖努爾哈赤、太宗皇太極、世祖順治和聖祖康熙先後有4位皇后、13位皇妃，出自蒙古科爾沁等部。蒙古科爾沁部博爾濟吉特氏影響清初五朝(天命、天聰、崇德、順治、康熙)四帝(太祖、太宗、世祖、聖祖)的政治與血緣，而以皇太極孝莊文皇后博爾濟吉特氏尤爲突出。

　　在天聰朝，滿洲與察哈爾聯姻也是一例。皇太極先娶察哈爾林丹汗的遺孀竇土門福晉(巴特馬·璪)，後封

刻有「天聰汗之牌」字樣的蒙古文信牌

爲衍慶宮淑妃。又娶其遺孀囊囊福晉(那木鍾)，後封爲麟趾宮貴妃。囊囊福晉先生下林丹汗的遺腹子阿布奈；她爲皇太極生下一子，名博穆博果爾。皇太極還將第二女馬喀塔下嫁給林丹汗之子額哲爲妻。額哲死後馬喀塔再嫁其弟阿布奈。康熙十四年(1675年)，阿布奈之子布爾尼，乘吳三桂反亂而發動叛亂，遭清軍擊潰，布爾尼被殺。清廷命殺阿布奈及其諸子，女子沒爲官奴。察哈爾汗後嗣遂絕。

和碩貝勒濟爾哈朗妻子已死，繼娶其妻妹、林丹汗遺孀蘇泰福晉爲妻。大貝勒代善娶林丹汗之女、額哲之妹泰松格格爲妻。皇太極之子豪格娶察哈爾伯奇福晉，皇太極七兄阿巴泰也娶察哈爾俄爾哲圖福晉。滿洲與察哈爾，由昔日之仇敵，成爲今日之親家，結成政治聯盟。

此外，還通過編旗(即把蒙古一部分人編入八旗)、冊封、賞賜、重教(就是重喇嘛教)、會盟等措施，不僅加強與密切了後金—清朝同蒙古諸部的關係；而且爲清朝入關後對蒙古的管理，提供了模式與經驗。

前面講到，皇太極征蒙古的一大收穫是得到了林丹汗的傳國玉璽，他非常高興，認爲這是天命所歸，於是做出了一個重要決定，就是要改國號，即把後金改成大清。

第三十九講
建立大清

我們講「明亡清興」，其實，努爾哈赤建立的滿洲政權在較長時期內都叫「金」，那麼，什麼時候開始叫「清」？爲什麼叫「清」？爲什麼改「金」爲「清」？「汗」和「帝」有什麼區別？本講將分別回答上面這些問題。

一、南面獨坐

從天命元年(1616年)到天聰十年(1636年)，努爾哈赤和皇太極父子，經過20年的奮爭，政治、經濟、軍事、民族、文化等都取得巨大成績。他們面臨的一個重要課題，就是同明朝爭奪江山，奪取全國政權。而此時，建立大清，與明抗衡，已經是水到渠成的事了，因爲各方面的條件都已經具備。

第一，南面獨坐柄政。皇太極爲了加強以汗爲首的中央集權，削弱八旗主旗貝勒的權勢，逐步取消八和碩貝勒共治國政制度，天聰六年即崇禎四年(1632年)正月，皇太極廢除「與

崇德帝皇太極朝服像

三大貝勒俱南面坐受」，改為自己「南面獨坐」，由「四尊佛」改為「一尊佛」。

皇太極繼汗位是經過貴族共和推選出來的。當時，大貝勒代善、二貝勒阿敏、三貝勒莽古爾泰，四貝勒才是皇太極。舉行朝廷會議的時候，四個人並排坐著，史書上叫做「四尊佛」。皇太極為達到「一佛獨尊」，首先拿三貝勒莽古爾泰開刀。前面講過，大凌河之戰時，皇太極派莽古爾泰攻南城。因傷亡慘重，莽古爾泰便發牢騷；皇太極借此把他幽禁起來，後來莽古爾泰暴死，死因不明。第二個是阿敏，他是舒爾哈齊的兒子。皇太極占領京東四城，即永平、灤州、遷安、遵化，派阿敏守永平。因明軍反擊，後金軍隊接連失利，阿敏倉皇棄城而逃。皇太極乘機削奪了阿敏的兵權，把他囚禁起來；後來阿敏死在獄中，至此就剩下代善了。代善是大貝勒，而且實際控制著兩紅旗，勢力很大。但代善有個特點，知進知退，而且首先提出擁立皇太極。皇太極沒有殺他，也沒有軟禁他，但削弱了他的

《清太宗實錄》中關於皇太極「南面獨尊」的記載

權力；於是，代善便主動放棄了自己的特權。這樣，皇太極實現了南面獨坐秉政。這標誌著君主集權制的確立與強化。

第二，民族成分變化。滿洲剛興起的時候，主要是女眞人。後金經過多年的征撫，不僅已經呑併哈達、輝發、烏拉、葉赫，而且重新整合東海女眞、黑龍江女眞；還有大量漢人、蒙古人、朝鮮人、錫伯人、達斡爾人、鄂倫春人、鄂溫克人、虎爾哈人等，同滿洲融合，而形成爲一個新的民族共同體。爲此，天聰九年即崇禎八年十月十三日(1635年11月22日)，天聰汗皇太極發布關於改族名的〈汗諭〉：

> 我國原有滿洲、哈達、烏喇、葉赫、輝發等名，向者無知之人，往往稱爲諸申。夫諸申之號，乃席北超墨爾根之裔，實與我國無涉。我國建號滿洲，統緒綿遠，相傳奕世。自今以後，一切人等，止稱我國滿洲原名，不得仍前妄稱。(《清太宗實錄》，卷二十五)

從此，滿洲這個族稱正式出現在中華和世界的典籍上。

第三，擴充八旗建制。原來只有滿洲八旗，爾後，逐漸擴建並組成蒙古、漢軍八旗。

八旗蒙古：天聰三年即崇禎二年(1629年)，已將原有的蒙古軍，擴編成「蒙古二旗」。天聰九年二月，皇太極命將蒙古二旗擴充建制爲八旗蒙古。它的旗色和建制，與八旗滿洲相同。

八旗漢軍：早在努爾哈赤時期，在滿洲八旗中就有16個漢人牛彔。皇太極即位後，天聰五年正月，將漢人牛彔撥出2000多人，正式成爲一個漢軍旗，命漢官佟養性統轄。天聰八年五月，皇太極正式將「舊漢兵」定名爲漢軍，以黑旗爲標誌。因當時鑄造火砲者基本是漢人，而使用這些火器、大砲者也基本是漢人，所以「漢軍」滿文爲ujencooha，漢音譯作「烏

「眞超哈」，漢意譯作「重軍」，就是使用重型武器、特別是火器的軍隊。崇德二年(1637年)，漢軍擴充爲二旗。崇德七年(1642年)，漢軍再擴充爲八旗。

總之，八旗蒙古和漢軍的建立，使後金軍事實力得到極大增強。皇太極直接指揮八旗滿洲、八旗蒙古與八旗漢軍，其軍政實力得到極大加強。

第四，版圖空前擴大。皇太極統治時期，清朝的版圖用皇太極的話來說：

> 予纘承皇考太祖皇帝之業，嗣位以來，蒙天眷佑，自東北海濱，迄西北海濱，其間使犬、使鹿之邦，及產黑狐、黑貂之地，不事耕種、漁獵爲生之俗，厄魯特部落，以至斡難河源，遠邇諸國，在在臣服。蒙古大元，及朝鮮國，悉入版圖。(《清太宗實錄》，卷六十一)

就是說，東自鄂霍茨克海，西迄巴爾喀什湖、貝加爾湖，南瀕日本海，北跨外興安嶺的廣闊地域，原明奴兒干都司、遼東都司(山東北部除外)和蒙古部分轄境內的各族部民，都被置於大清的管轄之內。面積約500多萬平方公里，和明朝實際控制的面積大約相等。

第五，確定攻明目標。後金政權本來僻處東北一隅，清太祖努爾哈赤時似乎還沒有明確制定統一天下的目標。但是，皇太極在天聰三年十一月十五日，發表〈告諭〉：

> 若謂我國褊小，不宜稱帝，古之遼、金、元，俱自小國而成帝業，亦曾禁其稱帝耶！且爾朱太祖，昔曾爲僧，賴天佑之，俾成帝業。豈有一姓受命，永久不移之理乎！天運循環，無往不復。

有天子而廢爲匹夫者，亦有匹夫起而爲天子者。此皆天意，非人之所能爲也！（《清太宗實錄》，卷五）

　　上述宣言充分表明：第一，引述古代歷史，說明偏隅小國可以完成帝業；第二，引述民族歷史，說明東北民族小部可以戰勝中原大國；第三，引述明朝歷史，論證朱元璋原是個窮和尚，也可以成爲皇帝，別人爲何不能稱帝？第四，天道哲理證明，循環往復，歷史輪迴，帝位易主，沒有萬世；第五，上天眷顧，佑我稱帝，明朝皇帝豈能禁之？

　　總之，皇太極要效法契丹耶律阿保機、女眞完顏阿骨打、蒙古成吉思汗，建元稱帝，進軍中原，推翻朱明，一統天下！皇太極在這個總戰略思想之下，適值獲得故元傳國寶璽的機會，於天聰十年（1636年）四月十一日，建號大清，改元崇德。皇太極懷著雄心，部署戰略，要同明帝崇禎，爭奪國統。

二、建立大清

　　皇太極建立大清得有個理由，這個理由是什麼？這就是從林丹可汗遺孀那裡得到了「傳國玉璽」。事情經過是這樣的：

　　天聰九年，皇太極命多爾袞等統軍三征察哈爾部。林丹汗的繼承人、其子額哲率部民1000戶歸降，並獻上傳國玉璽。據說這顆印璽，從漢朝傳到元朝，元順帝北逃時還帶在身邊。他死之後，玉璽失落。200年後，一個牧羊人見一隻羊3天不吃草，還用蹄子不停地刨地。牧羊人好奇，挖地竟得到寶璽。後來寶璽到了林丹汗手中，他死後，由其妻蘇泰福晉、子額哲收藏。皇太極得到「一統萬年之瑞」，如同自己的統治地位得到上天的認可，自然大喜過望。親自拜天，並告祭太祖福陵。他認爲這是上天的眷

白玉「大清受命之寶」

佑，要他做一統天下的君主。於是，皇太極在眾臣的擁戴下，於天聰十年四月十一日，舉行隆重典禮，宣布即皇帝位，正式改國號「金」為「清」，改年號「天聰」為「崇德」。

祭告天地大典。十一日黎明，皇太極率諸貝勒及滿洲、蒙古、漢官，出德盛門，至天壇下馬，由滿、漢兩名導引官引領至壇前，向上帝神位立，上香，率諸大臣行三跪九叩頭禮，獻帛，奉酒。然後，皇太極率諸大臣跪，讀祝官捧祝文至壇上，北向跪，讀祝文，其文曰：「維丙子年四月十一日，滿洲國皇帝臣皇太極敢昭告於皇天后土之神曰：勉徇群情，踐天子位，建國號曰大清，改元為崇德元年。」（《清太宗實錄》，卷二十八）接著進行一系列莊嚴隆重的禮儀，祭告天地之禮完畢。同日，舉行上尊號、建國、改元大典。

舉行尊號大典。大典在天壇之東設壇舉行。皇太極由中階升壇，御金椅，諸貝勒大臣按左右序列站畢，開始奏樂，眾行兩遍三跪九叩頭禮。

左班和碩墨爾根戴青貝勒多爾袞、科爾沁貝勒土謝圖濟農巴達禮、和碩額爾克楚虎爾貝勒多鐸、和碩貝勒豪格，右班和碩貝勒岳託、察哈爾汗之子額駙額爾克孔果爾額哲、貝勒杜度、都元帥孔有德，分別捧寶，按順序跪獻。皇太極受寶，交給內院官，放置在寶盒內。同時，進儀仗列於皇太極左右，眾再行兩次三跪九叩頭禮。

代善代表滿洲、額哲代表蒙古、孔有德代表漢官，捧滿、蒙、漢三種文體的表文，宣示曰：「我皇上應天順人，聿修厥德，收服朝鮮，統一蒙古，更得玉璽，符瑞昭應，鴻名偉業，丕揚天下。是以內外諸貝勒大臣，

同心推戴，敬上尊號曰『寬溫仁聖皇帝』，建國號曰『大清』，改元為『崇德』元年。」宣諭結束，又行兩次三跪九叩頭禮。大家注意，用三種文體宣示不僅是語言形式問題，更是一種政治象徵，說明皇太極不僅代表滿洲利益，也代表蒙古利益，還代表漢人的利益。也就是說，崇德皇帝不僅是滿洲的皇帝，也是蒙古的皇帝，還是漢人的皇帝。總之，皇太極是滿洲、蒙古、漢人天下的共主，和當年努爾哈赤已大不一樣。

爾後，祭告祖陵，追尊先祖，大封功臣。十二日，皇太極分敘諸兄弟子侄的軍功：冊封大貝勒代善為和碩禮親王、貝勒濟爾哈朗為和碩鄭親王、貝勒多爾袞為和碩睿親王、貝勒多鐸為和碩豫親王、貝勒豪格為和碩肅親王、岳託為和碩成親王等六大親王。又分敘外藩蒙古諸貝勒的軍功。

改大汗為皇帝。「汗」即「可汗」的簡稱，為蒙古語，漢譯意為「王」或「帝」。東北地區的女真族與蒙古族相鄰，受蒙古文化影響很深，故努爾哈赤建國即位之後，稱「汗」。但努爾哈赤在一些對明朝或朝鮮的文書中，稱「大金國汗」或「大金國皇帝」。實際上「汗」即「帝」，萬曆皇帝在滿文中就是「萬曆汗」。皇太極繼位後仍稱「汗」，在滿文中，凡大金國皇帝處，「帝」仍用「汗」。皇太極與袁崇煥議和時，漢文書信中所寫的「大金國皇帝」字樣，曾被袁崇煥指責為議和的障礙。皇太極對此做出讓步，曾聲明不稱「帝」而稱「汗」。這是因為在明朝人看來，只有明朝皇帝才能稱「皇帝」，「帝」與「汗」是不同等級的尊稱。在天

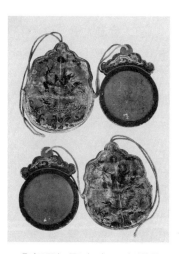

「寬溫仁聖皇帝」字樣的
皇太極信牌

滿、蒙、漢三體「皇帝之寶」信牌

聰時，許多漢官給皇太極上奏疏，多稱皇太極為「汗」。

隨著金國軍政勢力逐漸發展與強大，皇太極的尊稱由「大汗」向「皇帝」提升，實屬必然。因為在女真族的概念中，雖然「汗」即「帝」，但「皇帝」一詞，在漢文化中是比少數民族的「汗」為更尊貴的稱謂。皇太極在綏服蒙古、戰敗朝鮮、南攻明朝、北征索倫，屢次取得勝利之後，自然不想僅做「大汗」，而要做「皇帝」。

皇太極在建號大清的同時，接受了滿、蒙、漢群臣恭上「寬溫仁聖皇帝」的尊號。皇太極稱「皇帝」，而把出於蒙古語的「汗」，封賜給外藩蒙古的王公。

改大金為大清。皇太極不僅將尊號「大汗」改稱「皇帝」，而且將國號「金」改為「清」。努爾哈赤把國號定為「金」，意在表明自己是中國歷史上女真人所建立金朝的後繼者。因為金朝是女真人在歷史上的輝煌時期，用「金」作為國號，既有繼承金國事業之旨，也有團聚女真各部之義。努爾哈赤和皇太極父子，都崇拜金朝的太祖、世宗。皇太極喜讀《金史》，並命將漢文《金史》譯成滿文。天聰三年，皇太極率兵遠襲北京時，還派貝勒阿巴泰、薩哈廉到北京西南房山金太祖完顏旻、世宗完顏雍兩帝陵去祭奠。皇太極改「金」為「清」，其原因自己沒做說明，文獻資料如《太宗皇帝實錄》、《滿文老檔》等也無記載。因此後人有不少推測。先講一個傳說：一次努爾哈赤逃難時騎了匹大青馬，因跑得太急，馬勞累至死。努爾哈赤對馬很有感情，說：「大青啊，你是為我而死的，將來我得了天下，國號就叫大青。」「清」跟「青」是諧音。那麼到底

「清」是什麼意思？學者至
少有五種解釋：

北京房山金朝皇帝陵舊影

其一，有人從字面上做
附會，說「金」與「清」的
漢字語音相近。

其二，有人從歷史上做
說明，說因為「清」字以往
皇朝沒有用過。

其三，有人從陰陽五行加以詮釋，說「明」為「火」，「清」為
「水」，水能克火。

其四，有人從薩滿文化做解釋，「清」就是「青」，兩字同音，青天
通天，吉祥。

其五，更有人從民族方面去解釋──皇太極聲明過，他們不是金國的
後裔，當然這裡面也包含如果沿用歷史上的「金」為國號，有刺激漢族
「以宋為鑑」的禁忌。

這五種解釋仁者見仁，智者見智。清朝為什麼叫「清」，還是一個歷
史之謎。

應當說，皇太極把國號由「金」改為「清」，主要是由於當時形勢發
展，他本人已不僅是滿洲的「大汗」，也不僅是滿洲和蒙古的「大汗」，
而是滿、蒙、漢的「共主」，是天下的「共主」。因此，皇太極要建立一
個新的皇朝，改換一個新的國號，以同明朝抗衡，並且取而代之。

從中國皇朝史來看，當朝的皇帝，改年號多見，改國號卻僅見。只是
在改朝換代之際，才出現新皇朝的國號。所以，皇太極改國號、改年號，
具有政治家之氣魄與膽略，也具有改革家之更制與維新。

改天聰為崇德。在清代12位皇帝中，除皇太極有兩個年號(天聰、崇

德)外，其餘十一帝都是一個皇帝一個年號。這同明朝一樣，在明代16位皇帝中，除朱祁鎮有兩個年號(正統、天順)外，其餘十五帝也都是一個皇帝一個年號。

在這裡，附帶回答一個問題：清朝到底有多少年？根據不同情況，清朝年代有三種演算法：

第一種是296年，從天命元年(1616年)到宣統三年(1911年)。講清史的時候，當然要從天命元年說起到宣統退位，這是296年。

第二種是276年，從崇德元年(1636年)到宣統三年。因為崇德元年皇太極改年號為清，這樣來算就是276年。

第三種是268年，從順治元年(1644年)到宣統三年。這是通史的一種演算法，因為前面那段時間明朝已經算過了，不能重複計算。

三、清承明制

人們常說明清史不分家，明清之間有密切的關係，不了解明史就不能很好地研究清史。努爾哈赤時期，清朝政權結構主要是借用蒙古的範式，也參照了一些漢族的經驗。皇太極時期，特別是崇德以後，改革和完善國家組織的特點是，以滿洲政權組織為基礎，參酌蒙古歷史經驗，借鑑明朝模式，架構清的國家組織形式。在進行政權體制改革時，皇太極告諭廷臣「凡事都照《大明會典》行」。天聰朝逐步形成內三院、六部、都察院和理藩院所謂「三院六部二衙門」的政府架構，基本完善了政府組織。

設內三院。仿照明朝內閣，設內三院。

——內國史院記注皇帝起居詔令，收藏御制文字，凡皇帝用兵行政事宜，編纂史書，撰擬郊天告廟祝文，及升殿宣讀慶賀表文，纂修歷代祖宗實錄，撰擬壙志文，編纂一切機密文移，及各官章奏，掌記官員升降文

冊，撰擬功臣母妻誥命、印文，追贈諸貝勒冊文，凡六部所辦事宜，可入史冊者，選擇記載。一應鄰國遠方往來書箚，俱編爲史冊。

——內秘書院撰擬與外國往來書箚，掌錄各衙門奏疏，及辯冤詞狀，皇帝敕諭，文武各官敕書，並告祭文廟、諭祭文武各官文。

——內弘文院注釋歷代行事善惡，進講御前，侍講皇子，並教親王，頒行制度。

內三院的官員參預國家機密，成爲皇太極處理政務的得力助手。內三院設大學士、學士，分別由滿、漢官員擔任。這是清代設大學士之始。清承明制，不設宰相，大學士參與議商軍國之大政。內三院是「參漢酌金」，即參酌明朝翰林院和內閣的體制，並加以變通而建立的。

設立六部。仿照明朝，設立吏、戶、禮、兵、刑、工六部，分部管理國家行政事務。六部的官員，每部以貝勒一人掌管部事，下設承政（相當於明朝的尚書）、參政（相當於明朝的侍郎）、啓心郎（承擔部分明廷六科給事中的職能）等，分司其職。天聰五年即崇禎四年(1631年)七月初八日，天聰汗任命六部官員：除吏部設滿、蒙、漢承政各一人外，其餘各部皆設滿承政兩人，蒙、漢承政各一人，是爲其六部機構的一個明顯的民族特徵，也是清入關後政權組織的滿、蒙、漢三元重職的經始。清入關之後，六部的尚書是二元制，一滿一漢。

皇太極設立的六部，既是「參漢酌金」，也是「清承明制」。但在「參漢」與「承明」時，清朝對明朝的典章制度，既要「使去因循之習」，又要「漸就中國之制」。最終制定出一部《會典》，那是清朝定鼎燕京後的事情。雖然清初六部同八旗制度並存，但已逐步取代先前八旗制所行使的國家權力。

設都察院。崇德元年即崇禎九年(1636年)五月，皇太極在三院六部之外，仿照明制，設置監察機關——都察院。其職掌是參加議奏、會審案

件、稽察衙門、監察考試等，「凡有政事背謬，及貝勒大臣有驕肆慢上，貪酷不法，無禮妄行者，許都察院直言無隱。即所參奏涉虛，亦不坐罪」（《光緒會典》，卷九九八）。崇德帝規定都察院的職能是：其一，督察皇帝，如有過錯，直諫無隱。其二，督察諸王貝勒大臣，如有荒怠政務、貪酒淫樂等九項過錯者，據實察奏。其三，督察六部，如刑部或斷案不公，或拖延過久等，稽查奏報。其四，自身防檢。鑑於明朝吏治，貪污行賄，都察院也不能免，指令其官，互相檢查。皇太極特別指出：都察院官員爲言官，「所言非，亦不加罪」（《清太宗實錄》，卷二十九），即說錯了也不犯罪，用我們今天話來說就是「言者無罪」，這是給言官的一個特殊待遇。但實際上也不是這樣，言官要眞說錯了，觸怒了皇帝，照樣免官。

創理藩院。這是清朝爲管理蒙古事務而建立的機構。明朝對少數民族事務的管理，由禮部主客清吏司分掌朝貢、嗣封、敕印、接待、賞賚、通譯等事宜，還設立四夷館訓練通事和翻譯文書。清朝則不同。崇德元年六月十三日，皇太極命都察院承政尼堪爲蒙古衙門承政，負責管理蒙古諸部事務，這是《清太宗實錄》中首見蒙古衙門的記載。官制只分承政、參政二等，每等各有三、四員。崇德三年(1638年)七月二十九日，「更定蒙古衙門爲理藩院」（《清太宗實錄》，卷四十二），蒙古衙門成爲清朝八大衙門之一。

清內三院、六部、都察院和理藩院，合稱「三院六部二衙門」，是在後金原有體制機構的基礎上，參酌明制而建立的比較完整的國家中央機構。這是清初政治體制改革的一件大事。它一方面表明，滿洲定都瀋陽，建立起能夠管理滿洲、蒙古、漢民的中央行政機構；另一方面則顯示，瀋陽政權是清的基地，「日後得了蠻子地方，不至於手忙腳亂」，就是爲取得全國政權做了體制上的準備。從這一點來講，皇太極比李自成高明。李自成當時忙於作戰，沒有建立起一個完善政權的架構形式，後來到了北

京，以至手忙腳亂，不知所措，這是其失敗的原因之一。

　　總之，皇太極改國號「金」爲「清」，標誌著原先以女眞－滿洲爲主體的女眞國(金國)，已經發展爲以滿洲爲主體，包含漢族、蒙古族、東北和漠南等地域其他民族在內，民族多元、國家一統的大清帝國，並爲清軍入關後移鼎燕京、入主中原做了政治準備。皇太極下一步要做的就是繼續同明朝爭奪天下，一場重要的戰爭即將發生，這就是松錦大戰。

第四十講
松錦大戰

　　前面講到祖大壽降清，他是明朝在戰場上向清投降的第一位總兵官。這一講要說由此引發的松錦大戰。此戰，從明崇禎十三年即崇德五年(1640年)四月十一日清軍進圍錦州開始，到崇禎十五年四月二十三日杏山失陷為止，共兩年的時間，在錦州到松山地帶進行。這場大戰非同小可，它直接影響到明清爭雄的全局。我們先從錦州被圍說起。

一、錦州被圍

　　皇太極為什麼要圍錦州呢？
　　祖大壽是錦州總兵，在大凌河之戰投降皇太極，並答應回錦州做內應，裡應外合，奪取錦州。但是，祖大壽沒有履行諾言，獻出錦州，而是堅守錦州。皇太極當然很生氣，他的貝勒們也一致要攻下錦州，活捉祖大壽，再取寧遠城，進逼山海關。此時的皇太極，在東邊兩征朝鮮，先結「兄弟之盟」又結「君臣之盟」；在西面征服蒙古察哈爾部，漠南蒙古臣服；在北面已經統一黑龍江流域；可以專注於南面——向明朝關寧錦防線的前茅錦州

皇太極的盔甲

發動進攻。

此時的明朝，已經腐敗到了極點，清內秘書院副理事官張文衡向皇太極奏報說：

> 彼文武大小官員，俱是錢買的。文的無謀，武的無勇。管軍馬者，克軍錢；造器械者，減官錢。軍士日不聊生，器械不堪實用，兵何心用命？每出征時，反趁勤王，一味搶掠。俗語常云：「韃子、流賊是梳子，自家兵馬勝如篦子。」兵馬如此，雖多何益！況太監專權，好財喜諛，賞罰失人心。在事的好官，也作不的事；未任事的好人，又不肯出頭。上下裡外，通同扯謊，事事俱壞極了。（〈張文衡請勿失時機奏〉，《天聰朝臣工奏議》，卷下）

在遼東，孫承宗告老還鄉，又失去了袁崇煥、趙率教、滿桂、何可綱等一批重臣武將，關寧錦防線的防禦能力大為削弱。

皇太極趁著這種形勢，確認：必先破關寧錦防線，占領遼西走廊，奪取山海關。他選擇的突破口，就是錦州。

崇禎十三年四月，洪承疇奉調遼東僅僅一年多一點的時間，松(山)錦(州)之戰就打響了。

皇太極從以前的失敗中明白：關寧錦防線不可強攻，而要智取——圍城、設伏、打援、攻堅。為此，皇太極做了三點部署：

第一步，屯兵義州。義州離錦州90里，皇太極派軍隊屯田種糧，解決後勤供給。

第二步，圍困錦州。仍用當年圍大凌河城的辦法，四面包圍，內外隔絕。

在錦州東南面18里是松山城，松山城偏西南30里是杏山城，而杏山城

西南約20里便是塔山城。這三城護衛著錦州城。在其背後西南120里是寧遠城，爲錦州城之後盾。錦州被圍，糧薪奇缺，外援斷絕，羽書告急。

第三步，圍城打援。錦州城被圍，突圍又不能成功，明朝肯定會派軍隊來救援。遼西走廊是平地，八旗騎兵有優勢，可以乘機殲滅明軍。崇禎帝派洪承疇前去增援，恰中皇太極圍城打援之計。

祖大壽派人突圍，向明廷求援。崇禎帝得報，命薊遼總督洪承疇率領大同總兵王樸、宣府總兵楊國柱、密雲總兵唐通、薊鎮總兵白廣恩、東協總兵曹變蛟、山海關總兵馬科、前屯衛總兵王廷臣、寧遠總兵吳三桂，八總兵及副將以下官員200餘名，步騎13萬，馬4萬匹，剋期出關，火速馳援，擊退敵軍，解圍錦州。七月二十八日，明軍到達松山。明朝以傾國精銳，匯聚於遼西一隅，以解錦州之圍，保關錦防線，護山海關，衛北京城。洪承疇統率的援軍，同皇太極的清軍，在松山遭遇，於是爆發松山激戰。

二、兩雄爭鋒

清崇德時期，明朝與清朝在遼西的爭局，最精彩、最重要的一幕，就是松錦大戰。這場爭戰的兩位統帥———一位是明朝兵部尚書兼總督薊遼軍務的洪承疇；另一位是清崇德帝皇太極。

皇太極(1592-1643年)，自20歲走上戰場，已經近30年，東征西討，南戰北伐，可以說是身經百戰。特別是用「反間計」除掉袁崇煥，顯示出其高明的政治謀略與玄機手段。

洪承疇(1593-1665年)，福建南安人，萬曆進士。他比皇太極小一歲。崇禎十二年即崇德四年(1639年)正月，當西線農民軍一時受挫而轉入低潮時，明廷便把同農民軍作戰有功的三邊總督洪承疇，調到關外，總督薊遼軍務，兼籌糧餉，以加強關外軍事力量。

明朝末年，主要戰場有兩個：一個在西北，主要是農民軍；一個在東北，主要是後金—清軍。崇禎帝在西北戰場剛喘息未定，在東北戰場情勢危急。這個時候的東北戰場：在北方，皇太極統一黑龍江流域諸部及其活動的廣大地域，擴大了兵源、財富和版圖，並解除了後顧之憂；在沿海，皇太極攻取旅順等遼南城鎮，衝破了明軍的海上防線，從海上對京、津、登、萊形成威脅；在東翼，皇太極兩次發兵征朝鮮，終使朝鮮臣服，從而切斷了明朝的右臂；在西翼，皇太極進兵蒙古，擊敗察哈爾部，統一了漠南蒙古，並使之成為藩屬，從而切斷了明朝的左臂；在中原，皇太極連續破塞突入長城，甚至於攻陷濟南，取得重大軍事勝利；在關外，前面講過，皇太極毀大凌河城，初步逼降祖大壽。後祖大壽從大凌河城逃到錦州城。原來明對後金—清朝的弧形包圍，倒轉過來，而變成為後金—清朝對明朝的弧形包圍。皇太極的兵鋒所向，直指明朝遼西關寧錦防線的前茅——錦州城，將錦州城緊緊包圍。

洪承疇中進士的萬曆四十四年(1616年)，努爾哈赤恰在這一年黃衣稱朕，建立後金。明朝受到關外和中原、八旗軍和農民軍兩種力量的攻擊。洪承疇在明萬曆、泰昌、天啟三朝，未見重用。崇禎初，陝北農民軍蜂起，崇禎皇帝以洪承疇懂得軍事，又能帶兵，命他為延綏巡撫、陝西三邊總督。洪承疇率軍作戰，屢屢獲勝。崇禎帝加洪承疇為兵部尚書，兼督河南、山西、陝西、四川、湖廣軍務。洪承疇統率政府軍大敗號稱「闖王」的高迎祥，後俘虜高迎祥。高迎祥部屬李自成繼號「闖王」。「闖王」李自成率軍分道入四川，洪承疇帶兵屢戰屢勝。李自成還走潼關，洪承疇派曹變蛟設伏邀擊，李自成大敗，僅以18騎敗走商洛。這一年是明崇禎十一年即清崇德三年(1638年)。洪承疇能文能武，屢立戰功，深受兵部和崇禎帝的讚賞。這時，明朝在遼東的統帥楊鎬、袁應泰、熊廷弼、孫承宗、袁崇煥，總兵張承胤、杜松、劉綎、滿桂、趙率教、王宣、趙夢麟、馬林等

15員都已死亡，洪承疇成爲明朝當時最優秀的軍事統帥。

皇太極「圍城打援」，洪承疇「率軍救援」。常言道：「狹路相逢勇者勝。」然而，洪承疇與皇太極的爭鋒，在松山決戰中卻是：兩雄爭鋒智者勝。

三、松山決戰

洪承疇的三個前任均戰敗而死：薩爾滸大戰楊鎬入獄被殺；瀋遼大戰統帥袁應泰兵敗自殺；廣寧大戰經略熊廷弼傳首九邊。洪承疇接下解圍錦州的任務後就考慮自己怎麼辦呢？以前我講過，楊鎬爲什麼失敗？總結爲一個字就是：分。兵分東西南北四路，分進合擊，沒合起來；而努爾哈赤則是集中兵力，各個擊破。結果，楊鎬大敗。這個教訓對洪承疇來說太深刻了。所以，洪承疇不敢冒進，他採取了一條措施：合，把13萬軍隊集中起來，抱成一個團，這樣皇太極就不能各個擊破了。

洪承疇率軍從寧遠出發，採取「建立餉道，步步爲營，邊戰邊進，解圍錦州」的策略。但是，洪承疇軍行動遲緩，從受命到出師已經6個月；從寧遠到松山約百里，其間拖延又4個月。洪承疇兵到松山之後，設立大營，以圖進取。起初，雙方軍隊有過幾次小規模的接觸，明軍得勝。洪承疇也很得意，但仍十分謹愼，不敢冒進。

清軍初戰失利，軍報傳到瀋陽。皇太極正患病，鼻衄流血。他接到軍報後，立即出發，用碗接著鼻血，騎

皇太極的馬鞍

馬急進，星夜兼馳，來到前線！皇太極到松山後，沒有休息，立即登山，視察形勢。他見明軍大眾集前，後隊頗弱。猛然省悟道：「此陣有前權，而無後守，可破也！」(計六奇，《明季北略》，卷十八)

我解釋一下，「權」是個軍事術語，「有前權，而無後守」就是說把重點集中在前頭，而後面的防備薄弱，通俗來說就叫「虎頭蛇尾」。這是因為洪承疇要把兵力集中起來逐步往前推進，他考慮後金軍隊前頭打援，就把重點部署在前面。一個優秀的軍事統帥在指揮這樣重大的戰役時，中軍、前權要強，後守也不能弱，左翼和右翼要並重，前、後、左、右、中都要有部署。洪承疇是接受了楊鎬失敗的教訓，不分兵、前權布置是其優勢，但他沒有意識到，後守薄弱就是其弱點。人以長取勝，以短取敗。三國時，關羽善待士卒而驕於士大夫，結果以驕傲取敗；張飛善待士大夫而鞭打士卒，結果被部下所殺。《三國志》評論說「以短取敗，理數之常也」。洪承疇的長處很明顯，就是不分兵，前權布置得很好，但是後守是薄弱環節。

皇太極召集諸王貝勒會議，定下對策：

第一，包圍主力。明軍以步兵在松山城北和乳峰山之間設立七個營，以騎兵駐松山東、西、北三面，合步騎兵，號十三萬，部署嚴整。於是，皇太極將主力部隊部署在松山與杏山間，烏欣河南山至海邊，「橫截大路，綿亙駐營」。並於錦州至海之間，掘三道大壕，各深八尺、寬丈餘，包圍松山明軍，並切斷其松山、杏山之間的聯繫。

第二，前鋒打援。皇太極之作戰部署是：圍錦打援——將原重點圍困錦州的兵力，轉移到重點打擊錦明軍。這就由松山、錦州明軍對清軍的包圍，轉變為清軍對明軍的反包圍，即將洪承疇率領的13萬大軍，包圍在松山一帶，使錦州、松山、寧遠，彼此孤立，無法互援。清軍由被動轉向主動。

第三，斷敵糧道。洪承疇統率13萬大軍的糧道被清軍切斷。這引起明軍的恐慌。

第四，退路設伏。派精兵伏於杏山、連山、塔山及沿海諸要路。特別是在明軍退往寧遠必經之路——高橋，預設伏兵，等待退敵。

洪承疇率領13萬大軍，環松山立營，圖進解錦州之圍，卻退無迴旋之地——自斷與後方杏山、塔山、寧遠等城的聯絡。皇太極觀察洪承疇陣勢，決定掘長壕，斷糧道，使之陷於絕境。

洪承疇針對皇太極的作戰部署，立即召開軍事會議。洪承疇沒有採納馬紹愉「乘銳出奇擊之」、張斗「防其抄襲我後」的用兵建議。他還說：「我十二年老督師，若書生，何知耶！」(《崇禎實錄》，卷十四)就是說，我已經做了12年的督師，你們這些書生，懂得什麼！

洪承疇見清軍「環松山而營，大懼。欲戰，則力不支；欲守，則糧已竭。遂合謀退遁」(《清太宗實錄》，卷五十七)。當夜，洪承疇等欲收縮兵力，企圖聚兵，突破重圍。

崇德六年即崇禎十四年(1641年)八月二十日，明清兩軍，列陣大戰。接戰良久，矢飛砲鳴，殺傷相當，未分勝負。皇太極先派阿濟格率軍進攻塔山，奪取了明軍在筆架山的12堆儲糧。其時，明軍糧食被搶奪，退路被截斷，因為無糧秣，而氣挫勢窮。洪承疇擔心明軍步、騎兵被分割，將步騎數萬之眾，收縮在松山城內。

二十一日，洪承疇見形勢嚴峻，召開會議，共謀對策。他對八總兵等諸將說：「當各敕屬本部，與之力鬥。余身執枹鼓以從事，解圍制勝，在此一舉矣！」(《明史紀事本末·補遺》，卷五)但是諸將意見不一。洪承疇又對諸將說：「守亦死，不戰亦死，若戰或可幸萬一，不肖決意孤注，明天望諸君悉力。」(談遷，《國榷》，卷九十七)明軍面臨強敵，又缺乏糧食，多主張「回寧遠就食」，以圖再戰。於是，洪承疇放棄解錦州之圍的計畫，

決定分兵兩路，半夜突圍。

當夜，明總兵王樸「怯甚」，尚未到約定突圍時間，率領部眾，已先逃遁，以致明軍大亂。唐通、馬科、吳三桂、白廣恩、李輔明等，馬步爭馳，自相踐踏，弓甲遍野，屍橫滿地。洪承疇等人突圍未成，退守松山城。衝殺出去的明軍，遭到截擊，傷亡慘重。總兵吳三桂、王樸等逃入杏山；總兵馬科、李輔明等奔入塔山。當吳三桂、王樸等沿海邊逃跑時，清軍迎頭截擊。數萬明軍，東有大海，後有追兵，盔甲遍野，潰不成軍，「赴海死者，不可勝計」(《清太宗實錄》，卷五十七)。當時正趕上潮水大漲，全軍盡沒，只有200餘人逃脫。後僅白廣恩、曹變蛟、王廷臣敗入松山，與洪承疇及其萬餘殘卒，共守松山城。

二十四日，皇太極命設伏於高橋大路。逃入杏山城的吳三桂、王樸等，率殘部逃出，向寧遠奔遁，遭到清軍追擊，敗奔至高橋。吳三桂、王樸恰中皇太極的預算——清軍多鐸等伏兵四起，阻截前路，追兵躡後。吳三桂、王樸和眾士卒，手足無措，伏兵合力進擊，各路潰竄。吳三桂、王樸，僅以身免，逃回寧遠。後王樸下獄被殺。

松山激戰，歷時十天，明軍大敗，清軍獲勝，明軍被殺53783人，損失馬匹7444匹、駝66隻、甲胄9346副。另外「赴海死者，以數萬計，浮屍水面，如乘潮雁鶩，與波上下」(高士奇，《扈從東巡日錄》，卷上)。明軍投海死者及丟棄馬匹、甲胄數以萬計。

爾後，皇太極大規模進兵松山，必欲破城，擒洪總督。松山城內，缺糧短薪：「米糧有限，主客聚食，三月之後，恐不可支。」明

清崇德年造「神威大將軍」火砲

朝兵部認為：松山城內，兩萬士卒，堅守時間，不能久待——「非餓死，則殺死」。

松山被圍，斷絕外援，情狀危急，明方奏報：「內無糧草，外無援兵，封疆誠岌岌危矣！」（《明清史料》，乙編，第四本）總兵曹變蛟，為明驍將，曾經轉戰千里，27晝夜不解盔甲。九月，洪承疇、曹變蛟等盡率城中馬步兵，突圍失敗。十二月，洪承疇以兵6000人，夜衝清軍大營。清軍還擊，斬400餘人。明軍退入城內，緊閉城門。關內援兵，竟駐寧遠，蜷縮城內，不敢前進。洪承疇「欲戰則力不支，欲守則糧已竭，欲遁又未敢成隊而出」（蔣良騏，《東華錄》，卷三）。松山明軍，坐困城中。

崇德七年即崇禎十五年(1642年)初，松山城內，兩萬士卒，軍民飢困，「闔城食盡」（夏燮，《明通鑑》，卷八十八）。洪承疇派人執密箚求援，結果未得粒米寸薪。城中嚴重缺糧，殺馬充飢，後至人相食。朝廷先派順天巡撫楊繩武督師救承疇，但兵不敢出戰；又派副將焦埏赴援，出山海關敗沒。副將楊振請行，至呂洪山遇伏，軍沒被俘。清軍令楊振往松山說降。接近松山城時，楊振就地向南坐，對從官李祿說道：「為我告城中人堅守，援軍即日至矣！」隨後，楊振、李祿皆被殺害。時「松山城內，糧糗罄絕，人皆相食」。（《清太宗實錄》，卷六十）

松山副將夏承德，不甘坐以待斃，遣人密約降清，許諾為內應。二月十八日夜，清軍應約攻城，由南城牆登梯而入，松山城陷落。次日晨，夏承德率部生擒洪承疇及巡撫丘民仰、總兵王廷相、曹變蛟、祖大樂等。然後進行全城大搜殺，誅斬明巡撫丘民仰及總兵曹變蛟、王廷臣等官員百餘人，兵丁3063人等。夏承德部下俘獲男婦幼稚3113人，獲准免死。清軍獲甲胄軍械15267件，各種火器3273位，金銀珠寶15000多件，綢緞衣服等15900有餘。皇太極下令把洪承疇及祖大樂等送往瀋陽，將松山城夷為平地。

攻破松山城後，清軍集中打錦州城。此時錦州城也沒有吃的，也是殺人相食，祖大壽沒有別的辦法，只有剃髮投降。這是祖大壽第二次降清。

松錦大戰，皇太極的兵略是：圍城打援，斷糧阻截；洪承疇的兵略是：合兵前權，穩進穩援。他吸取楊鎬分兵失敗的教訓，而採取「合兵」與「穩進」的戰術。結果：兵是合了，前權重了，穩當進了，就是沒有做到一個「援」字，全軍覆沒，自己被俘。皇太極的關鍵是「打援」，而「援」怎樣打法？皇太極高明之處在於：第一，斷敵糧道，逼其後撤；第二，設伏截擊，攻其不備；第三，外攻內應，陷其四城；第四，擒獲主帥，誘其投降。

松錦大戰於明清興亡，具有重大的歷史意義。此役以清軍殲滅洪承疇援錦大軍與奪占遼西錦州、松山、杏山、塔山四城而告終結，並為爾後入主中原奠定基礎。後乾隆帝說：「我太宗大破明師十三萬，擒洪承疇，式廓皇圖，永定帝業。」嘉慶皇帝也說：「太祖一戰(薩爾滸大戰)而王基開，太宗一戰(松錦大戰)而帝業定。」(顒琰，〈太宗皇帝大破明師於松山之戰書事文〉)總之，薩爾滸大戰、瀋遼大戰、松錦大戰是清朝開國史上的三塊

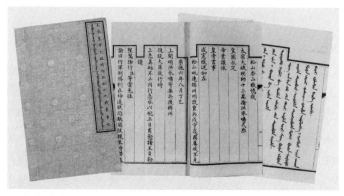

嘉慶皇帝撰，〈太宗皇帝大破明師於松山之戰書事文〉。

里程碑，反映了清朝崛興史三次重大的歷史轉折。明朝與後金—清自萬曆四十六年即天命三年(1618年)撫順第一次交鋒，至崇禎十七年即順治元年(1644年)清軍入關前，在近30年間，曾發生大小百餘次爭戰，但對明清興亡產生極其深遠影響的主要是上述這三大戰役。薩爾滸大戰是明清重大軍事衝突的開端，標誌著雙方軍事態勢的轉化——明遼軍由進攻轉為防禦，後金軍由防禦轉為進攻：瀋遼大戰是明清激烈軍事衝突的高潮，標誌著雙方政治形勢的轉化——明朝在遼東統治的終結，後金在遼東統治的確立；松錦大戰是明清遼東軍事衝突的結束，標誌著雙方遼西軍事僵局的打破——明軍頓失關外的軍事憑藉，清軍轉入新的戰略進攻，為破山海關、定鼎燕京、入主中原，準備條件，奠下基礎。

　　松錦之戰，是皇太極一生軍事藝術中最精彩的傑作，也是中國軍事史上圍城打援的範例。洪承疇的錯誤兵略，使明軍喪失遼左四城，損失約15萬軍隊。

　　松錦之敗，使明朝損失了在遼西最大的一支精銳軍隊，也是明朝在關外最後一支精銳軍隊，以後再也集中不起來這麼多軍隊了，這是明清在遼西戰場的最後一仗。從此，結束了雙方長達20年之久的遼西軍事僵局，清軍開始新的戰略進攻。

　　洪承疇被俘以後，皇太極把他帶到盛京瀋陽，堂堂大明兵部尚書、薊遼總督剃髮投降。

第四十一講
總督降清

松錦大戰的一個後果，是明朝總督洪承疇剃髮降清。

一、歷史笑柄

當明朝總督洪承疇已經在清朝的都城盛京跪拜於大清皇帝皇太極膝前剃髮降順時，明朝的崇禎皇帝卻在北京為他舉行盛大的祭奠典禮，成為一個歷史的笑柄。

事情是這樣的：清軍於崇禎十五年即崇德七年(1642年)二月十八日占領松山城後，三月初十日，占領錦州城。四月初九日，又攻占塔山城。最後，四月二十二日，再奪占杏山城。後將松山、塔山、杏山三城毀掉。至此，在兩個多月時間裡，松山、錦州、塔山、杏山四城，均被清軍占領，明軍關寧錦防線北段崩潰。最後清軍俘獲明薊遼總督洪承疇、遼東巡撫丘民仰等人。五月初五日，明總督洪承疇等跪在大清門外，向清投降，剃髮稱臣。

降清後的洪承疇像

　　但是，松山城陷的敗報傳到北京，卻說總督洪承疇、巡撫丘民仰殉難，舉朝震驚。崇禎帝驚悼不已，設壇賜祭：洪承疇十六壇，丘民仰六壇。按明朝的禮制，一品官賜祭九壇，十六壇爲最高的榮典。對洪承疇的祭奠，一壇一壇地祭，當祭到第九壇的時候，傳來消息，說洪承疇降清了！這對於大明的皇帝、官員，簡直是一道晴天霹靂！本來崇禎帝已經下旨，爲洪承疇等在北京城外建祠，祠建成後崇禎皇帝要親臨祭奠。洪承疇投降的消息傳來，建祠、祭奠的活動戛然而止。

　　有一文件叫〈家主盡節松山奏本〉，是洪承疇家人向朝廷的奏報。這份奏報這樣記述事情的經過：

> 八月，因輕戰撓潰，（安）臣家主坐困松城，內乏糧糗，外杳求援，殺戰馬以飼軍，馬盡而軍多餓斃。軍士畢感平日恩信，聯結忍飢苦守，以死爲期，毫無叛志。乃逆將夏成德，見糧斷援絕，開門獻城。（安）臣家主被執，義不受辱，罵賊不屈。惟西向庭闕叩頭，口稱「天王聖明，臣力已竭，願爲屬鬼殺賊」等語。奴恨數年戰守，經碎體而亡。從來死節之慘，就義之正，未有如（安）臣家主者也。
> （李光濤，〈洪承疇背明始末〉）

洪承疇於松山千戶所城被俘，這是該城城牆遺址舊影。

　　當時洪承疇是否「殉節」，遼東「塘報」互異。《明清史料》中的〈兵部行「確察洪承疇等殉節塘報互異」稿〉，可爲當時互異「塘報」的史證。但是，巡撫丘民仰，城陷死難，「塘

報」確實。崇禎帝命為丘民仰設壇、建祠。崇禎帝將要親祭洪承疇時，「聞承疇降，乃止」(《明史·丘民仰傳》)。

關於此事，還有以下記載：

> 莊烈帝(崇禎)初聞承疇死，予祭十六壇，建祠都城外，與丘民仰並列。莊烈帝將親臨奠，俄聞承疇降，乃止。(《清史稿·洪承疇傳》)
>
> 北京正陽門東月城有觀音大士廟。其觀音廟，崇禎中敕建。以祀經略洪承疇。後知洪生降，改祠大士焉。(劉獻廷，《廣陽雜記》)

這座觀音大士廟，20世紀50年代還存在。

在長期圍困戰中，皇太極先後諭書薊遼總督洪承疇、錦州守將祖大壽，對松山、錦州、塔山、杏山守城官兵進行多次勸降。後來洪承疇被擒降清，皇太極親自到洪館看望與勸說，對洪承疇剃髮降清起了重大作用。那麼，洪承疇最後是怎樣決定降清的呢？有的書上說是莊妃勸降的。

二、「莊妃勸降」

有一本叫《大清后妃》的書說：

> 大明經略洪承疇被俘獲後，以絕食誓言寧死不降之志。大玉兒(莊妃)夜入囚所勸降，洪承疇不予理會，仍昏昏欲睡。俄爾，忽見房內燈火輝煌，一陣香氣撲向鼻內，洪承疇定神一看，那美人正睡在他的被窩裡。大玉兒身許言勸，打出皇后底牌，終於降服了洪承疇。

莊妃像

這本書又說皇太極與莊妃共同勸降了洪承疇：

一日，快成「大明忠魂」的洪承疇，正在囚所內面壁守節，恍惚間聽見一聲門響，知又是勸降使者，於是合目假寐，不理不睬。隨著一聲輕柔的歎息，一股異香飄入洪承疇日漸趨微的鼻息中。洪承疇心神一震，四肢酥軟，不禁側目張望，來人竟是一位身著漢族服飾的美麗少婦。洪承疇剛烈則剛烈矣，卻有好色之奇癖。此時，他目光癡癡地呆望著眼前這位攝人魂魄的北地胭脂，固守的防線頃刻鬆軟下來。那少婦並不勸降，只問大將軍家眷如何。一句話勾起了洪承疇思母念妻的兒女情腸，霎時淚如雨下，飲泣不止。少婦見狀，一掬同情之淚，露出暗中帶進的一小壺人參湯，將壺嘴緩緩遞入洪承疇嘴中。洪承疇恍惚間喝下一口，慢慢止住了飲泣。少婦見洪承疇並不推拒，又將參湯餵於洪承疇口中。

連日的勸慰，洪承疇雖嚴辭拒食，但對少婦進獻的參湯卻連飲不輟。皇太極見火候已到，不惜屈尊來到囚室。時正值天寒地凍，饒是洪承疇剛烈無比，但畢竟血肉之軀，難抵刺骨的風寒，皇太極將貂裘輕輕披在洪承疇身上，和顏悅色地問道：「先生，很冷吧？」洪承疇木然呆坐良久，終於發出一聲歎息：「世主啊！」於是俯首歸順大清。

有的書說：「這位風華絕代、卓有才識的三十歲的莊妃，多方探明洪承疇的嗜好後，不惜裝扮成漢女模樣，對洪承疇婉言相勸，極盡溫柔動人之情，終於使皇太極死棋活走，為大清帝國入主中原神器、平定九州風雨立下不朽功勳。這位才貌超卓的莊妃，就是日後赫赫有名的孝莊。」又說：「皇太極這一成功的妙招大半應歸於誘勸洪承疇降清的美麗少婦——永福宮莊妃布木布泰。」

果真是莊妃誘降洪承疇的嗎？其實這種說法根本不可信，純屬編造。因為：

第一，沒有文獻記載。現在已經看到的漢文、滿文、朝鮮文的文獻、檔案，沒有一條材料記載明朝總督洪承疇被俘後，是被莊妃勸降的。儘管金梁《光宣小紀》說盛京大清門內有三官廟，離皇宮內院很近，相傳洪承疇曾被拘在這裡，妃侍或去探視，而有莊妃勸降一說，蓋不足信。可以說，這種說法沒有一條史料做依據。

第二，違反後宮制度。國有國法，宮有宮規。雖然皇太極時期宮廷制度不夠完善，但后妃是不可以隨意出入後宮的。有人說三官廟離後宮近，莊妃到這裡不算出宮。但據考證，當年三官廟不在這裡，是乾隆年間因建太廟才移建的。一個後宮的妃子，隻身到外面進行政治活動，還在囚室過夜，是不可想像的，也是完全不可能的。

第三，安全沒有保障。莊妃在崇德三年(1638年)生下皇九子福臨，就是後來的順治帝。莊妃出入宮廷的安全需有保證。洪承疇已經被俘且據說是絕食要死之人，皇太極派他的愛妃獨身一人進入洪承疇的拘室，是要冒著多大的人身風險！

第四，「身許」更屬荒謬。皇太極為了招降一個漢官，可以封官爵、賞金銀，絕不會、也不可能讓自己的愛妃以「身許」做代價，來換取洪承疇的投降。在清初有招降漢官為額駙者，如撫順降將李永芳。然而，「招

駙馬則可，謂以妃蠱人則過矣」（孟森，〈洪承疇章奏文冊彙輯跋〉）。所以，此爲戲說，違背常理，毫無根據，不值一笑。

第五，雙方語言不通。莊妃是蒙古族人，蒙古語是她的母語；嫁給皇太極之後，又學會了滿語。當時皇太極與莊妃的語言交流，在宮裡應當是以滿語爲主，兼說蒙古語；莊妃根本不說漢語。至於洪承疇，沒有資料說明他會滿洲語或蒙古語。說兩人單獨幽會、私言密語、色情交易，他們語言不通，怎樣對話？所以說，清崇德帝皇太極派自己的愛妃，用「色相」、以「身許」去勸降洪承疇，雖然此說流傳很廣、也很久，但係子虛烏有，純屬戲說。

那麼，洪承疇到底是怎樣降清的呢？

三、承疇降清

明崇禎帝命洪承疇爲兵部尚書、總督薊遼，調集8總兵、13萬步騎、4萬匹馬，並足支一年軍糧馬料於寧遠，以解祖大壽錦州之圍。明軍與清軍展開松錦會戰，皇太極帶病親臨前線指揮。結果——洪承疇兵敗被俘，皇太極獲得全勝。清軍俘獲明總督洪承疇、遼東巡撫丘民仰、東協總兵曹變蛟、遼東總兵王廷臣等。皇太極命殺丘民仰、曹變蛟、王廷臣，以警告祖大壽；而不殺洪承疇，是想招降祖大壽以及吳三桂等漢官。因而洪承疇被押送到盛京瀋陽。

洪承疇的結局，跟他的前任比較是怎樣的呢？

前面我講過，明亡清興60年間，在遼東先後發生四場大戰。大戰是什麼意思？我說明清雙方兵力在20萬人以上的爭戰，可以稱之爲「大戰」。那麼，有哪四場大戰呢？

一是薩爾滸大戰。明萬曆四十七年即後金天命四年(1619年)三月，明

軍統帥爲遼東經略楊鎬，後金軍統帥爲天命汗努爾哈赤。楊鎬的兵略是：
兵分四路，分進合擊──結果是，路也分了，兵也進了，軍也擊了，就是
沒合，因而大敗，後來楊鎬被殺。

　　二是瀋遼大戰。明天啓元年即後金天命六年(1621年)三月，在瀋陽與
遼陽之間進行。明軍統帥爲遼東經略袁應泰，後金軍統帥爲天命汗努爾哈
赤。努爾哈赤的兵略是：誘敵出城，外攻內應。袁應泰的兵略是：出城拚
殺，城上堅守。結果明軍大敗，袁應泰自殺。

　　三是廣寧大戰。明天啓二年即後金天命七年正月，在廣寧地區進行。
明軍統帥是遼東經略熊廷弼，後金軍統帥爲天命汗努爾哈赤。努爾哈赤的
兵略是：圍城打援，招降內應。熊廷弼的兵略是：三方布置，分兵阻擊。
結果明軍又大敗，熊廷弼被「傳首九邊」。

　　四是松錦大戰。後金軍統帥崇德帝皇太極的兵略是：圍城打援，斷糧
阻截。明軍主帥洪承疇的兵略是：合兵前權，頓軍緩援。結果，洪承疇大
敗被俘。

　　洪承疇被押到瀋陽後，皇太極要收降洪承疇，以爲己用。清國史館
〈貳臣傳〉和《清史稿・洪承疇傳》對勸降經過都有記載。後者曰：

> 　　上欲收承疇爲用，命(范)文程諭降。承疇方科跣謾罵，文程徐與
> 語，泛及今古事，梁間塵偶落，著承疇衣，承疇拂去之。文程遽
> 歸，告上曰：「承疇必不死，惜其衣，況其身乎？」
> 　　上自臨視，解所御貂裘衣之，曰：「先生得無寒乎？」承疇瞠視
> 久，歎曰：「眞命世之主也！」乃叩頭請降。上大悅，即日賞賚
> 無算，置酒陳百戲。
> 　　諸將或不悅，曰：「上何待承疇之重也！」上進諸將曰：「吾曹
> 櫛風沐雨數十年，將欲何爲？」諸將曰：「欲得中原耳！」上笑

曰：「譬諸行道，吾等皆瞽。今獲一導者，吾安得不樂！」

　　洪承疇投降清朝原因很複雜。他對明朝內部的腐敗很了解；在同農民軍作戰中，對農民軍也比較了解；他又同清軍作戰，對清朝又有新的認識——比較這三方，洪承疇看出，最有希望統一全國的是大清。這是他投降清朝的根本原因。皇太極親自勸降，更增加了他對清朝的信心。《清史稿·洪承疇傳》的上述記載，主要是歌頌皇太極的；但也說明皇太極招降納叛、廣羅人才，這是清興的一個重要原因。

　　洪承疇是自從有遼事22年以來，明朝第一位兵部尚書兼總督薊遼軍務的大官降清。洪承疇降清，對以後的局勢影響很大。

　　第一，招降漢官。洪承疇在明朝文武官員中已稱老輩，清朝用他樹立風聲，召降大量官員。祖大壽的三個弟弟都在洪承疇軍中，後來他們勸降祖大壽，祖大壽投降。吳三桂曾是洪承疇的部下，後來吳三桂降清也受了洪承疇的影響。

　　第二，用兵江南。清軍入關後，洪承疇任「招撫南方總督軍務大學士」、內翰林弘文院大學士、經略大學士等。兵發江南，攻城陷地，剿殺南明眾將，戮滅朱明後裔。清用洪承疇為督撫、為經略，定江南、湖廣、雲貴。他效命疆場20餘年，至死方休。

北京洪承疇祠原址

　　第三，定鼎北京。清軍入關後，定鼎北京，在制度、規章、法制等方面需要有高層人物來指點，其中洪承疇起了很重要的作用。因為洪承疇是萬

曆四十四年的進士，官至兵部尚書兼薊遼總督，統兵南征北戰，屢戰屢勝，在文武兩個方面積累了很多知識和經驗。《清史稿・洪承疇傳》論道：「國初諸大政，皆定自太祖、太宗朝。世謂承疇實成之！」這種評價，顯然誇大，但有一定道理。

洪承疇的歷史地位與歷史評價，學術界始終存在爭論。至今，尚未得到一致的結論。這留待學者們去討論吧！

話說回來，皇太極時期向明朝用兵，主要有八次：其中關外三次——寧錦之戰敗於袁崇煥、大凌河之戰和松錦之戰逼降祖大壽和洪承疇（前面已經講過）。另外還有關內五次，進行擄掠；就是說皇太極的軍隊，攻破長城，五入中原。這對於皇太極來說，是擴大政治影響，取得軍事勝利，擄掠中原財富；對崇禎帝、對中原百姓來說，則是一場可悲的災難。

第四十二講
中原悲歌

上一講說到，皇太極時期向明朝用兵，主要有八次，其中關外三次，關內五次。皇太極的軍隊，攻破長城，五入中原，大肆擄掠，給中原帶來可悲的災難。

皇太極爲什麼要攻掠中原？事情要從大凌河之戰說起。大凌河之戰結束後，後金的高層進行總結，通過這次戰役究竟得到了什麼。降祖大壽？但祖大壽降而復叛；得大凌河城？大凌河城是一座空城；獲得降人？一萬

明《宣大山西三鎮圖說》之「宣府鎮總圖」

多降人還要管他們飯吃，使後金本來緊缺的糧食更加緊缺。對此，貝勒阿濟格等諸將抱怨說：「部下士卒，及新附蒙古等，一無所獲，皆以爲徒勞。」(《清太宗實錄》，卷十四)後金糧食危機並沒有因大凌河之勝而緩和，反倒更加嚴重。於是，皇太極改變在關外作戰的策略，而把擄掠目標鎖定中原。

皇太極在關內的五次擄掠是：第一次，崇禎二年即天聰三年(1629年)，皇太極親自帶領大軍，繞道蒙古地區，圍攻北京城，翌年回軍(前面已經講過)。第二次是崇禎七年即天聰八年，皇太極親統大軍，蹂躪宣府、大同一帶。本次規模較小，不列題講述。餘下三次，將分列題目，加以敘述——第三次：耀兵京畿；第四次：高陽悲歌；第五次：高官被殺。

一、耀兵京畿

崇禎九年即崇德元年(1636年)，皇太極第三次派軍入塞，由英親王阿濟格等率軍，往北京西北，而正北，而西南，而東南，再東北，耀兵京畿，入塞擄掠。清軍圍繞明朝首都，蹂躪京畿，攻陷城堡，焚毀村莊，擄掠財物，屠殺官民。轉向東北，準備回師。九月初一日，清軍攜帶所掠取的大批人畜物資，從容出冷口(今河北遷安東北)東歸。此役，總共爲117天，即四個月左右的時間。明朝總監高起潛不敢邀戰而陰縱之歸。清軍阿濟格奏報：凡56戰皆捷，共克16城，俘獲人畜17萬。他們凱旋時，「豔服乘騎，奏樂凱歸」，還砍木書寫「各官免送」四個大字，以戲藐大明皇朝。《國榷》記載：

> 建虜出冷口。掠我子女，俱豔飾乘騎，奏樂凱歸。斫塞上木白而書曰：「各官免送！」凡四日，乃盡。

　　清軍在耀武揚威，明朝方面卻是總兵剃髮投降，總督一籌莫展，尚書日服大黃。下面講幾個故事。

　　總兵剃髮投降。清軍攻打昌平前，阿濟格將曾被召降的2000人釋放，讓他們詐稱逃歸，以作內應。明守陵太監王希忠及御史王肇坤，未察其謀，開門引入。清軍合20旗攻城，火砲併發，摧毀城樓。圖爾格率兵登城，城裡內應，攻陷昌平。明御史王肇坤激眾抵禦，城破，身「被四矢兩刃而死」(《明史·王肇坤傳》)。守陵太監王希忠、通判王佐禹及其子等皆死。戶部主事王桂(又作王一桂)因督餉昌平，分守城門，城陷被執，不屈死之，他的妻妾子女等27人都跳井而死。但是，總兵巢丕昌出城投降。明朝的很多高官，像總督、巡撫、總兵等，沒有氣節，剃髮投降，但是一些官員及百姓，在清軍進攻面前，卻表現出不屈的精神。

　　鹿善繼抗清軍。清軍兩黃、兩紅、鑲藍、蒙古等共10旗兵，合攻定興(今河北定興縣)。當時辭職家住江村(今西江村)的前太常寺少卿鹿善繼等，由村進城，登城堅守，堅持七個晝夜，最後城破(《明史·鹿善繼傳》)。清兵「提刀索衣」，以力脅降。鹿善繼不屈從，破口大罵道：「天朝鹿太常衣，肯覆羯狗奴耶！」清兵大怒，連砍三刀，又射一箭。

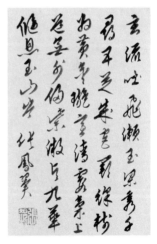

　　鹿善繼仍罵不絕口，傷重而死，年62歲(〈鹿公墓誌銘〉)。時「中原士大夫，非望風而走，則髡髮以降」；鹿善繼等儘管「捧一簣以塞潰川，挽杯水以澆烈焰」(計六奇，《明季北略》，卷十二)，卻表現出志士仁人的可貴骨氣。

　　總督一籌莫展。總督宣大、兵部右侍郎梁

張鳳翼，〈五言詩〉。

廷棟，萬曆進士，留心邊務，喜好談兵。梁廷棟以兵部右侍郎兼右都御史，總督宣府、大同、山西軍務。這次清軍由間道而入，逾天壽山(明十三陵)，克昌平，逼京師。天壽山後的地域，爲梁廷棟軍事防區。崇禎帝命梁廷棟戴罪入援。梁廷棟出兵禦敵，一籌莫展，「踵之不擊」，就是跟在阿濟格軍隊的後面不敢開戰，最後鬱悶而死。當年曾上〈請斬袁崇煥疏〉的兵部尚書梁廷棟，今日卻被法司定罪。梁廷棟坐死罪，但人已死，不予追究。

尚書日服大黃。兵部尚書張鳳翼，萬曆進士，歷官主事、參政、巡撫、尚書等。先是，孫承宗曾上疏斥他「才鄙而怯，識暗而狡，工於趨利，巧於避患」(《明史‧張鳳翼傳》)。此時，張鳳翼見清軍打到北京城郊，自請督師立功。但令軍隊緊隨清軍之後，不敢攻擊。他屯駐遷安的五

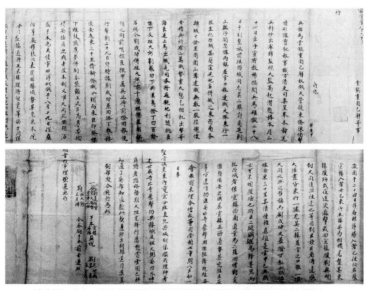

崇禎七年，寧錦監軍高起潛關於雲鎮重圍已解的題本。

重安，固壘自守，「經旬不出」(《崇禎實錄》，卷九)。我前面講過，兵部尚書王洽曾因敵兵攻到北京城下而下獄論死，復坐大辟。王洽前鑑，鳳翼自知。「鳳翼知不免，日服大黃藥，病已殆，猶治軍書不休。至八月末，都城解嚴，鳳翼即以九月初一日卒。或曰：懼罪飲藥也。」(《明史·張鳳翼傳》)

總監高起潛、督師張鳳翼、尚書梁廷棟三人，身負重任，畏敵如虎，臨陣怯戰，起潛降清。

此役，明朝順天府屬5州、22縣，或被蹂躪，或遭殘毀，城鎮村莊，官民百姓，全遭劫難，幾無倖免。甚且波及保定府所屬安肅、定興、雄縣，以及延慶州、保安州等。總之，京畿地區，東西南北，鐵騎踐踏，似無完土。這是自己巳之後，北京受到的最嚴重騷擾。

二、高陽悲歌

崇禎十一年即崇德三年(1638年)八月，皇太極命和碩睿親王多爾袞、貝勒岳託爲大將軍，統領八旗大軍入邊，是爲第四次擄掠中原。

醉將迎敵。岳託捉獲明軍哨卒，得知：長城的牆子嶺堅固不可入，且密雲總督可能率兵來援；惟嶺東西兩旁高處可以越入。岳託決定，分兵四路，同時前進。牆子嶺屬薊鎮，在密雲東北，設有關城，洪武年間建。雖地勢開闊，道路平漫；卻關城堅固，重兵防守。關城兩側，高山突兀，陡壁斷立，地形險隘。清軍登山涉險，蟻附而上。牆子嶺路的守將爲明總兵吳國俊，當時正與薊遼總督吳阿衡等，給監視內監鄧希詔賀壽，交觥飲酒，毫無戒備。得到軍報，總兵吳國俊倉卒而回，調禦失措，敗走密雲。總督薊遼、兵部右侍郎吳阿衡，酒醉未醒，提兵應援。見清軍入邊，率數百人，退入牆子嶺堡內。吳阿衡將馬步兵，分爲三隊，依嶺立寨，都爲清

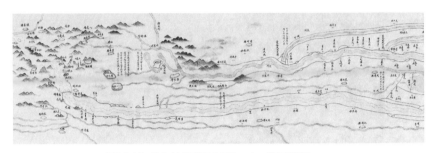

清人繪「京杭運河全圖」之「京津段」

軍所敗。吳阿衡被崇禎帝處死。內監鄧希詔也沒有好下場，後被殺。

清兵兩路大軍，在京郊通州會師。然後沿京城北部，迂回到涿州。清軍以「寬正面、大縱深」之勢，分兵八路，橫行南下：東路沿京杭大運河，西路沿太行山東麓，其餘六路，在山河間，由北向南，縱兵並進。北京以西，太行以東，燕山之南，空曠原野，千里平川，八路騎兵，揚鞭馳突，沿途所過，六府城鎮，皆被攻掠。但也有慷慨悲歌。清軍分東、西兩線，先說西線。

高陽抗清。清西線軍沿太行山東麓，進圍高陽(今河北高陽)。縣令雷之渤，聞警先逃。辭官告老還鄉的原明大學士、天啓帝師、兵部尚書、督師孫承宗，本來沒有守土之責，卻督率全家兒孫和全城鄉民，登城守禦，誓死不降。他們拆房梁作滾木、搬石階作礌石，以秫秸裹火藥，阻擊清軍登城。但寡不敵眾，高陽城破，承宗被俘，拒不降清。他對勸降的清官道：「我天朝大臣，城亡與亡，死耳，無多言！」說罷「望闕叩頭，投繯而死，年七十有六」(《明史‧孫承宗傳》)。其子孫20人及其婦孺共30餘人，都不屈而死；惟其長子孫銓因在外地做官，六齡孫之瀁因棲於草叢而倖免於死。吳橋訓導劉廷訓，時清軍近城，知縣李篯隆縋城逃走，廷訓登城同兵民泣守，堅持三晝夜。「廷訓中流矢，束胸力戰，又中六矢，乃死」

（《明史・劉廷訓傳》）。一派群英，可歌可泣！

鉅鹿抗敵。盧象昇，江蘇宜興人，天啓二年(1622年)進士。雖文士，善騎射，讀兵書，嫻將略。募兵訓練，號「天雄軍」。臨陣衝殺，身先士卒。同農民軍作戰，屢出奇制勝。被任命爲宣府、大同、山西總督。時遭父喪，身著麻衣，奉詔督師。召宣府、大同、山西三總兵楊國柱、王樸、虎大威入衛，由象昇督率援兵。由於大學士、掌兵部事楊嗣昌主和作梗，盧象昇作戰方略難以實現。象昇在只有疲卒五千、援師西隔、事由中制、大敵西衝、食盡

盧象昇像

力窮的困境下，在鉅鹿南賈莊，晨出帳，身戴孝，披麻衣，拜將士，誓言道：「吾與爾輩並受國恩，患不得死，勿患不得生！」(《明史紀事本末・補遺》)五千將士，失聲號泣。於是，盧象昇下令拔寨進兵，與清兵相遇。總兵王樸先逃，盧象昇將中軍，虎大威率左翼，楊國柱率右翼，與清兵展開激戰。半夜以後，氣氛悲壯。清騎兵至，連圍三重。盧象昇軍「刃必見血，人必帶傷，馬必喘汗」(談遷，《國榷》，卷九十六)，麾兵迎戰，聲動天地。交鋒六時，砲盡矢絕。虎大威撓其馬，想突圍衝出。盧象昇道：「虎將軍，今吾效命之秋也！」招後騎衝進，奮力督戰。清軍圍攻益急，象昇身中四矢、三刃，仍手擊數十人。後因馬蹶，仆地遇害，年39歲。屬下楊陸凱恐清兵殘其屍，而伏其上，背負24矢而死。象昇中軍，全部覆沒。虎大威、楊國柱等，潰圍逃脫。

濟南府城陷落。崇禎十二年即崇德四年(1639年)正月，清兵自順德(今

河北邢台市)、大名轉到山東。先是，明兵部尚書楊嗣昌錯估形勢，認為清軍必經德州，便自濟南調兵援德州，而濟南空虛，疏於戒備。多爾袞卻繞開德州，經臨清，渡運河，急馳南下，直指濟南。濟南城守官告急，楊嗣昌無以應，大將祖寬觀望，山東總兵倪寵援抵德州而返，巡撫羅繼祖則奉命移德州。清兵猝至，濟南被圍。清兵梯城而上，明軍驚駭逃潰。初二日，濟南陷。清兵攻下濟南後，明左布政使張秉文、巡按御史宋學朱(《明史・張秉文傳附宋學朱傳》)、知府苟好善等死之，德王朱由樞被執。副使周之訓見城破，「望闕再拜，與妻劉偕死，闔門殉之」。參議鄧謙戰死於城上，其「族戚僳從死者四十餘人」。府城濟南，慘遭焚劫。史載：濟南城內外積屍達13萬具(《明史紀事本末・補遺》)。

時督師大學士劉宇亮與陳新甲率各鎮勤王兵，只尾隨清軍而行。

皇太極發動的第四次入關征明的戰爭，入關5個月，轉掠2000里，東逼燕京，西迫大同，南破濟南，席捲直隸大部和山東西部。兩路大軍共敗明軍57陣，攻陷九府所屬州縣，焚掠殺傷，不可勝計。《清太宗實錄》統計，共計攻克1府、3州、55縣、2關，擒明親王1、郡王1、將軍1、總理太監1，殺郡王5、將軍6、總督2。其所俘獲：人畜計462303人頭；右翼軍掠獲黃金4039兩、白銀977406兩；左翼軍掠獲金銀等數字不詳。數額之大，不可勝計。而清軍克勤郡王岳託(代善長子)，與其弟輔國公馬瞻(又

宣府鎮朔樓

作瑪占，代善第六子），以及大將、公和爾本都死於軍。殺明總督兩名及守備以上官員百餘人，生擒德王朱由樞、郡王朱慈顴、奉國將軍朱慈賞、監軍太監馮允升等，加上事後崇禎帝誅文武失事諸臣巡撫張其平、顏繼祖，總兵倪寵、陳國威，內監鄧希詔、孫茂霖等32人。明朝損失，創巨痛深。中原地區，蒙難深重。史載：八旗軍所過，「遍蹂畿內，民多殘破」；「一望荊棘，四郊瓦礫」；「畿南郡邑，民亡什九」；「荒草寒林，無人行蹤」。

三、高官被殺

崇禎十五年即崇德七年(1642年)十月，皇太極命多羅饒餘貝勒阿巴泰為奉命大將軍，率八旗滿洲、蒙古、漢軍，迂道入塞，是為第五次擄掠中原。

清軍將入長城，明軍拒戰。清軍以護軍和騎兵，兩路夾擊，打敗明軍，獲馬433匹。清軍左右兩翼兵，初十日，向薊州進發。打敗明軍，占領薊州城。清軍乘勝分陷遷安、三河。攻平谷，受抵禦，分道一趨通州，另一趨天津。初九日，京師戒嚴，勳戚大臣，分守九門。後清軍攻陷薊州，並分往真定、河間、香河等地。明援兵多畏怯，觀望而不敢戰。遼東總督范志完入援，膽小無謀，不敢一戰。他率軍走到哪裡，該處州縣多被攻破。

臨清巷戰。清軍分兵向臨清。臨清被圍，力拒數日，援兵不至，城被攻破。臨清兵民，進行巷戰。天津參將賀秉鉞扶父靈柩到臨清，城破「巷戰終日，矢盡，被執死」(《明史‧張焜芳傳》)。清軍占領臨清，明總兵劉源清兵敗，自經而死。明前宣大總督、兵部右侍郎張宗衡、戶部郎中陳興言、原太常寺少卿張振秀等都遭殺害。時河間府知府顏胤紹知城必破，先

集全家老少於室中，積柴堆繞，而身往城上指揮，城破，「趨歸官舍，舉火焚室，衣冠北向再拜，躍入火中同死」（《明史·顏胤紹傳》）。清兵自臨清分五路進兵。他們在館陶城下受到當地兵民的阻擊。原來，該縣城防守嚴密：在城上每一垛口，用兵民五人把守——鉤丁兩把、砍刀三把。當清兵爬梯登城，靠近城垛口時，守城兵民持鉤者，將上城的清兵鉤住；持刀者，向登城清兵亂砍。清軍攻城，一天未破，死傷很多。據明方奏報，守城兵民用鉤子鉤住清軍一個頭目，砍下他的頭，並將其屍身擲下城去，嚇得清軍不敢再攻，便棄城而走。

十二月，清兵抵青州，入臨淄。知縣文昌時「闔室自焚死」（《崇禎實錄》，卷十五）。清軍進抵兗州，知府鄧藩錫見清兵來攻，往告魯王朱以派，請「王誠散積儲以鼓士氣，城猶可存。不然，大事一去，悔無及矣！」（《明史·鄧藩錫傳》）魯王不允。鄧藩錫與監軍參議王維新、副將丁文明等分門死守。清軍攻城猛烈，守軍力不能支。城破，副將丁文明戰死，鄧藩錫拒降被殺，王維新身被二十一創而亡。魯王朱以派被俘，清兵索金，金盡，自經（談遷，《國榷》，卷九十八）。時滕縣知縣吳良能見城將破，「盡殺家屬，拜母出，力戰死」（《明史·邢國璽傳附吳良能傳》）。

濰縣壯舉。崇禎十六年即崇德八年(1643年)正月，清軍克開州、趨東昌。二月，清軍掠壽光。又攻德州，陷武定、萊陽，殺原工部右侍郎宋玫、吏部郎中宋應亨、知縣張宏等。二十八日，清軍進攻萊州、登州，兩軍會師。先是，上月初九日夜，清軍直抵濰縣，列營插帳，奮勇攻城。城上兵民，發砲下擊。清軍穴城，挖成六洞，城角忽陷，豎梯登城，飛矢如蝗。原任巡撫張爾忠以病軀支床，臥當矢石；黎民百姓，齊心抗敵：「在城老幼男婦，竭力一心，未字閨秀、青衿內室，及氂夫幼子，悉運磚石柴束。又如方欲舉火，而聞城上欲以鐵作砲子，即各碎食鍋以酬急。」（《明清史料》，乙編)堅守七晝夜，濰城終未陷。

三月初二日，清軍陷順德，知府吉孔嘉等被殺。初四日，清軍攻德州不克；初七日，攻樂陵；初九日，掠慶雲。十二日，陷南宮。時春草滿野，嘉禾遍地，清軍解鞍牧馬，縱掠財富。而其信使，略經化裝，南北驛路，任意往來。而明軍諸哨卡，竟無盤詰之者。後清軍取道彰德、順德北走。三十日，清軍至保定，明命各省督撫會剿。

四月，清軍北退。先是，清兵分大軍爲二路：一過山東萊州、登州，直抵海州；一渡黃河回至莒州、沂州。清軍北返後，明朝判斷清兵軍事意圖，崇禎帝下詔薊遼總督趙光抃、關外督師范志完會師平原，準備堵截。清軍來時，明援軍在河間觀望不戰，然後又調兵北向。清軍解鞍縱牧月餘後，再分爲左右兩翼：「左翼大軍沿青州府、德州、滄州、天津衛，至燕京城南，過三河縣，歷三月，抵密雲；右翼大軍沿東昌府、廣平府、彰德府、眞定府、保定府，過燕京迤北，歷三月，亦抵密雲。」

此時，明朝方面在做什麼？先是，崇禎帝曾於正旦，東向揖拜周延儒道：「朕以天下聽先生！」在清軍北返逼近京畿時，崇禎帝很擔憂。首輔周延儒自請督師，崇禎帝允其請，降手敕、賜章服、給金帛。周延儒「朝受命，夕啓行」。延儒駐通州，卻不敢戰，「惟與幕下客飲酒娛樂，而日騰章奏捷」（《明史·周延儒傳》）。清兵在北返途中，十八日，於密雲螺山，與明將趙光抃、唐通、白廣恩等八鎮兵交戰，「八鎮皆逃，惟步營兩監軍御史在，御史蔣拱宸飾功報捷」。自請督師的首輔周延儒也編造「斬百餘級」的捷報，上奏崇禎帝。其實，「時邊城既隳，子女玉帛捆載出入如織，卒無一矢加遺也」（《明史紀事本末·補遺》）。於是，清軍「兩翼合攻牆子嶺，斬關而出」。清軍統帥阿巴泰始率軍從南方北返，其車駄成隊，長30餘里者，十有餘起，渡蘆溝橋，旬日未畢。明勤王之師，屯駐於通州，無敢出而阻截之者。清軍得以徐徐安轡，出口以歸。

後崇禎帝命周延儒自盡，又命將趙光抃與范志完「同日斬西市」。

（《明史・趙光抃傳》）

清軍此次用兵，歷時8個多月，南去北返，如入無人之境。明軍此次遭到的慘重失敗，則超過了前四次。清軍第五次迂道入塞，殘毀擄掠，綜述如下：與明軍作戰，共39次。生擒明總兵5員、兵道5員、郎中1員、科臣1員、副將5員、參將8員、游擊4員，共29員，全部處死。先後攻克兗州、順德、河間3府、18州、67縣，共88座城鎮。投降者1州、5縣。擒斬明兗州府魯王朱以派、樂陵郡王朱以泛、陽信郡王朱弘福、東原郡王朱以源、安丘郡王朱弘櫃和滋陽王及宗室等數千人。所獲而點交於皇太極的財物，計黃金12250兩，白銀2205277兩，珍珠4440兩，綢緞52230匹，緞衣、皮衣13840件，貂、狐、豹等皮500多張。俘獲369260餘人，牲畜551040餘頭。其沒有上交的，不知有多少（《清太宗實錄》，卷六十四）。

對中原的擄掠，對皇太極來說，擴大了政治影響，打擊了明朝的軍事勢力，擄掠了大量財富；對明朝來說，是一場空前浩劫，給中原人民造成巨大災難，從而加劇官民矛盾，使中原民變形勢更為嚴峻，加速了明朝的滅亡。

第四十三講
睿王攝政

　　睿王，就是睿親王多爾袞。清朝歷史上，曾經有兩個人，雖然不是皇帝，但是實際有皇帝的地位並行使皇帝的權力。這兩個人是，清朝前期的睿親王多爾袞，後期的慈禧太后葉赫那拉氏。多爾袞對滿洲內部，主要是處理兄弟、叔侄和叔嫂三個關係。

一、兩次爭位

　　睿親王多爾袞(1612-1650年)，是清太祖努爾哈赤第十四子，清太宗皇太極的同父異母弟，清世祖順治帝的皇叔。比努爾哈赤小53歲，比皇太極小20歲，比豪格小3歲，比順治帝(1638-1661年)大26歲。初封貝勒。天聰二年(1628年)，隨太宗皇太極伐察哈爾多羅特部，有功，賜號墨爾根代青(睿智的意思)。九年(1635年)，命偕岳託等將萬人招察哈爾林丹汗之子額哲，得傳國玉璽。崇德元年(1636年)，進封睿親王。崇禎十三

多爾袞像

年即崇德五年(1640年)圍錦州，多爾袞移營離開錦州城30里，又令部分將士先歸，被皇太極降為郡王，罰銀萬兩，奪二牛彔。崇德七年(1642年)，下松山，俘獲洪承疇，克錦州，復授親王。

崇德八年(1643年)，太宗皇太極死，多爾袞與諸王、貝勒等奉順治即位。鄭親王濟爾哈朗與多爾袞共同輔政。不久，多爾袞專政。

順治元年(1644年)四月初八日，被授予奉命大將軍印，並御用纛蓋，敕便宜行事，率武英郡王阿濟格、豫郡王多鐸及孔有德等攻山海關。九月，福臨至京師，封多爾袞為叔父攝政王。十月初一日，順治帝在北京即皇帝位，以多爾袞功高，命禮部建碑紀績。

順治五年(1648年)十一月，南郊禮成，下詔曰：「叔父攝政王治安天下，有大勳勞，宜加殊禮，以崇功德，尊為皇父攝政王。凡詔疏皆書之。」

多爾袞酒色過度，淫樂放縱，一向身體有病，常出去圍獵。順治七年(1650年)五月，他率領諸王貝勒到山海關打獵，並迎娶朝鮮送來的美女，在連山成婚。七月，他加派直隸等9省地丁銀249萬兩，修建供他避暑與遊樂的喀喇城。八月，多爾袞尊生母太祖妃烏喇納拉氏(阿巴亥)為孝烈恭敏獻哲仁和贊天儷聖武皇后，祔太廟。十二月，多爾袞又到塞外圍獵。初九日，病故於塞外喀喇城，年39歲。多爾袞無子，由其弟多鐸之子多爾博為後，襲親王，俸祿為諸王的3倍，留護衛80員。

多爾袞曾經有兩次機會，來爭奪皇位。

第一次，是其汗父努爾哈赤死後。努爾哈赤晚年在汗位繼承問題上非常苦惱，他沒有指定繼承人，而是宣布〈汗諭〉：實行八和碩貝勒共議推舉新汗和廢黜大汗的制度。所以，他死之後，屍骨未寒，汗位之爭，非常慘烈。當時在諸貝勒中，以四大貝勒的權勢最大，地位最高。四大貝勒是：大貝勒代善、二貝勒阿敏、三貝勒莽古爾泰、四貝勒皇太極。此外，還有多爾袞、多鐸。

努爾哈赤臨死前，陪伴在他身邊的是大福晉阿巴亥。她是阿濟格、多爾袞、多鐸的生母，也稱爲大妃。阿巴亥13歲嫁給努爾哈赤，共同生活25年。她當時37歲，正值盛年，丰姿饒豔。三個兒子：阿濟格22歲、多爾袞15歲、多鐸13歲。這兄弟三人在爭奪汗位中也是一支力量。

皇太極位居四大貝勒之末，還面臨多爾袞弟兄的威脅，各方面均處於不利的地位，於是不得不暗設機關。這裡面有一個歷史故事：有人說皇太極指使努爾哈赤小福晉德因澤，向天命汗告訐大福晉兩次備佳餚送給大貝勒代善，大貝勒接受並吃了；又送給四貝勒皇太極，四貝勒接受而沒吃。大福晉經常派人去大貝勒家，還在深夜外出宮院。努爾哈赤派人調查，情況屬實。他不願家醜外揚，便藉故懲處了大福晉。通過這件事，皇太極達到了一石二鳥的目的，既使大貝勒代善聲名狼藉，無法參與汗位爭奪，又使大福晉遭到休離，她的兒子多爾袞弟兄自然也受到牽連。但是，大福晉在這次事件中受了點「傷」，並沒有「死」，不久又得到努爾哈赤的寵愛。努爾哈赤死後，皇太極和幾個貝勒說先汗有遺言，讓大福晉殉葬。在皇太極等四大貝勒的威逼下，她自縊而死(一說被用弓弦勒死)。阿巴亥死後，多爾袞、多鐸年幼，失去依靠，再沒有力量同皇太極爭奪大位。

但事實上，多爾袞兄弟對皇太極繼承汗位是懷有不滿的。多爾袞曾說：「太宗文皇帝之繼位，原係奪立。」這在他死後成爲一大罪狀。據《清史稿·索尼傳》記載，多鐸曾說：「當立我，我名在太祖遺詔。」據說，努爾哈赤曾留下遺言：九王子(多爾袞)當立而年幼，由代善攝位。由此看來，努爾哈赤生前或有類似的遺言或遺詔，可是至今找不出來。總之，第一次爭奪大位，皇太極比較順利地就勝出，多爾袞不僅失敗了，而且還賠上了他的母親。

第二次，是其皇兄皇太極死後。清崇德八年八月初九日(1643年9月21日)夜，皇太極猝死。皇太極白天還在處理政務，夜裡就離開人世。他死

之前，沒有留下任何遺言，也沒有交代由誰繼位。

當時，最有希望奪得大位的是35歲的肅親王豪格和32歲的睿親王多爾袞。

從雙方條件對比來看，兩人可以說是勢均力敵：第一，豪格為皇太極長子，多爾袞為努爾哈赤第十四子，皇太極之弟，都是天潢貴冑；第二，豪格時年35歲，多爾袞32歲，都是正值壯年；第三，都是戰火中拚殺出來的出眾人才。史稱：豪格「容貌不凡，有弓馬才」、「英毅、多智略」，久經戰陣，屢立軍功；多爾袞則多次統軍出征，「倡謀出奇，攻城必克，野戰必勝」，屢立大功。第四，正黃、鑲黃和正藍三旗大臣擁護豪格繼位，尤其是兩黃旗貝勒大臣更是誓死效忠。多爾袞兄弟為正白旗和鑲白旗的旗主貝勒，這兩個旗支持多爾袞，他還有兩位同母兄弟阿濟格和多鐸的支持，在七位親王、郡王中占了三個席位。

在豪格與多爾袞兩派勢力劍拔弩張、互不相讓的緊要關頭，表面憨厚而內心機敏的鄭親王濟爾哈朗，提出一個折衷方案：讓既是皇子、又不是豪格的福臨繼位。於是，多爾袞權衡利弊：如果自己強行繼位，勢必引起兩白旗與兩黃旗的火拚，其後果可能是兩敗俱傷；讓豪格登基，自己既不甘心，還怕遭到豪格報復；而讓年幼的福臨繼位，則可收到一石三鳥之利——打擊豪格，自己攝政，避免內訌。所以，多爾袞說：「我贊成由皇子繼位，皇子當中豪格提出他不繼位，那就請福臨繼位。福臨年紀小，鄭親王濟爾哈朗和我輔政。」

於是，6歲的福臨意外地坐上了大清國皇帝的寶座，而多爾袞則與皇位失之交臂。但他有得有失，雖然沒有繼承大位，但做了攝政王，實際擁有皇帝的權力和地位。

多爾袞做了攝政王後，開始擔起輔佐順治皇帝的重任。

二、攝政功過

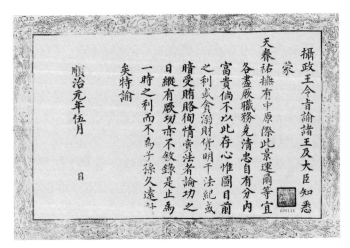

順治元年五月二十四日，攝政王諭諸王大臣令旨。

攝政睿親王多爾袞輔佐年幼的順治皇帝，把握歷史機遇，適時入關，移都北京，定鼎中原，建立清朝統治，立下卓越的歷史功勳。從他個人來說，也從未磨滅對權力的欲望，把攝政王做到登峰造極的地步。

多爾袞在宣誓輔政之後，就一步一步地將朝政大權掌握在自己的手中。

第一步，抬高地位。他先取消了軍國大事由八旗貝勒共議的制度，而由兩位攝政王決斷。這樣一來，兩位攝政王就凌駕於諸親王、貝勒之上。

第二步，獨攬大權。另一位攝政王濟爾哈朗，召集內三院、六部、都察院等官，諭告他們以後各衙門辦理的事務，有啓白睿、鄭二王的，均先啓知睿親王，而自居其次。這樣一來，多爾袞實際上成了「首席攝政

王」。

第三步，分化黃旗。順治元年(1644年)四月初一日，多爾袞利用都統何洛會等訐告豪格，經過會鞫，加以定罪，將豪格幽禁於高牆。後多爾袞對豪格「姑置不究，廢爲庶人，奪其牛彔，罰銀五千」，擒而故縱，以示寬大。但對豪格的親信則以知情不舉爲由，或處以死刑，或籍沒家產。而對首先訐告者升官、晉爵。這就嚴重地分化並打擊了兩黃旗。

第四步，整死豪格。豪格的存在，對於多爾袞來說，是最大的政治威脅。先是，儘管豪格被廢爲庶人，但在清軍入關用人之際，多爾袞還是讓豪格隨軍從征。豪格作戰勇敢，立下大功。順治在北京登基，分封諸王大臣，復封豪格爲和碩肅親王。不久，派豪格西征。豪格下西安，平陝西；又擊敗大西軍，射死張獻忠，平定了四川。順治五年(1648年)二月，豪格凱旋歸京，即被訐告───是屬下兩員小官冒功未予審理，二是欲將吉賽升補護軍統領。多爾袞藉此上綱，定豪格罪名，下豪格於獄。三月，豪格猝死，年39歲。一說是豪格被多爾袞謀害死的。《清史稿·諸王傳》「論曰」記述：多爾袞加害肅親王豪格，「相傳謂因師還賜宴拉殺之；又或謂還至郊外遇伏死，死處即今葬地。傳聞未敢信，然其殘酷可概見矣！」總之，豪格之死是個歷史之謎，而且同多爾袞有直接關係。豪格死後，他的嫡福晉被其叔父多爾袞逼納爲妃。多爾袞殺侄娶妃，道德有虧。後來，順治帝懲處多爾袞後，給豪格平反，重新恢復肅親王的名號，並一直延續下來。

攝政睿親王多爾袞經過幾年謀劃，施盡權術，拉攏親信，排除異己，終於將皇權掌握在自己的手中。

順治七年十二月，多爾袞病逝。有人說，是被害死的，但從史料來看是病死的。前面講過，多爾袞的身體本來就不好，又日夜操勞，再加上好色，縱淫無度，最終英年早逝。

對多爾袞的死，順治帝表示震悼。多爾袞遺體運京，順治帝親到東直門外迎祭。接著，又命喪儀按照帝禮辦理，詔追尊多爾袞爲義皇帝，廟號成宗。多爾袞死後9天，頒詔評價攝政睿親王的功績是：「太宗文皇帝升遐，諸王大臣籲戴攝政王。王固懷讓，扶立朕躬，平定中原，至德豐功，千古無二。」其中的「扶立朕躬，平定中原」八個字，是公正的；「至德豐功，千古無二」八個字，則是誇大的。這個評價反映多爾袞黨羽的意志，並不代表順治皇帝本人的意願。

其實，福臨早就對多爾袞不滿。多爾袞的尊號從「叔父攝政王」到「皇父攝政王」，成了名義上的「太上皇」，實際上的皇帝。他驕縱跋扈，獨攬朝政，根本不把小皇帝放在眼裡。而小皇帝只有仰人鼻息，任人擺布，連與母親會面都受到限制。鬱積已久的不滿與怨恨，就像沉睡多年的火山一樣，多爾袞一死，便噴發出來！

順治帝追懲多爾袞，先拿他的同母兄弟開刀。其弟多鐸在兩年前患痘症死去，僅活了35歲；還剩下其胞兄阿濟格。阿濟格當年同多鐸一唱一和，要擁戴多爾袞繼承皇位。要不是兩黃旗大臣的冒死反對，恐怕福臨不要說做皇帝，還要落得個同長兄豪格一樣慘死的下場。他愈想愈氣，迫不及待，在順治八年(1651年)正月初六日，以「和碩英親王阿濟格謀亂」罪，將阿濟格幽禁；同年十月，將阿濟格賜死。

順治八年二月十五日，也就是福臨親政一個月零三天，就定多爾袞十大罪狀：

第一，睿王私制御用服飾八補黃袍、黑貂褂、大東珠等件，潛置棺內。

第二，欲率兩旗移駐永平，陰謀篡逆。

第三，構陷威逼，使肅親王豪格不得其死，遂納其妃，並收其財產。

第四，獨擅威權，不令攝政鄭親王濟爾哈朗預政，遂以胞弟多鐸爲輔

政叔王。

第五，背誓肆行，妄自尊大，獨專威權，自稱皇父攝政王。

第六，儀仗、音樂、侍從、府第，僭擬至尊。

第七，任意揮霍府庫之財，擅用織造緞匹、庫貯珍寶。

第八，將皇上所屬牛彔人丁收入自己旗下。

第九，將其生母悖理入祔太廟。

第十，擅稱「太宗皇太極之即位，原係奪立，以挾制中外」。

順治帝命將多爾袞削其爵號，撤其廟享，黜其宗室，籍其財產，沒其府第，毀其陵墓，繼子多爾博歸宗。耶穌會士衛匡國在《韃靼戰記》中記載：多爾袞死後被毀挖墳墓，掘出屍體，用棍子打，以鞭子抽，砍掉腦袋，暴屍示眾。其黨羽何洛會等分別被凌遲、處斬。事過十年後，彭長庚、許爾安各上疏頌揚多爾袞的功績，請復其爵號。廷議兩人論死，流放寧古塔。可見這時福臨對多爾袞的怒氣仍未消。

後來乾隆帝為多爾袞平反，他說：「朕念王果萌異志，兵權在握，何事不可為？乃不於彼時因利乘便，直至身後始以殮服僭用龍袞，證為覬覦，有是理乎！」於是，乾隆帝命給多爾袞平反：復還睿親王封號，配享太廟；按親王陵寢規制，修其塋墓；多爾博仍還為親王後等。

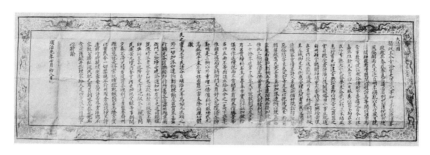

順治元年七月初八日，攝政王諭官吏軍民人等令旨。

對多爾袞攝政的七年，應當怎樣評價？可以說，多爾袞有功亦有過，功大過也大。

其功——乾隆三十八年(1773年)，即多爾袞死後123年，乾隆帝給睿親王比較公正的歷史評價：「定鼎之初，王實統眾入關，肅清京輦，檄定中原，前勞未可盡泯。」但指出他「攝政有年，威福自尊」。多爾袞的主要歷史功績在於，抓住時機，統軍入關，定鼎北京，統一中原。

順治朝十八年，前七年為多爾袞攝政時期，後十年為福臨親政時期。多爾袞攝政七年，有六大功績：

第一，文武兼長，屢立戰功。多爾袞能文能武，多次親自指揮重要戰役，取得重大戰果。

第二，皇位繼承，能識大體。兩次皇位的手奪，特別是第二次皇位爭奪，多爾袞以滿洲整體利益為重，顧全大局，避免內訌，否則清軍大概很難入關。

第三，善抓時機，統兵入關。在闖王進京、崇禎自縊的重大歷史關頭，多爾袞採納大學士范文程等的建議，抓住時機，統兵進關，逐鹿中原，底定天下。

第四，安定官民，廢除三餉。多爾袞進關後，宣布「官仍其職、民復其業、錄其賢能、恤其無告」（《清世祖實錄》，卷四)和「廢除三餉」等重大政策。

第五，定鼎北京，保護故宮。力排眾議，遷都北京，保護並利用故明皇宮。在中國皇朝歷史上，大一統皇朝利用前朝宮殿，僅此一例。

第六，重用漢官，統一中原。對投降的漢族官員，加以任用，迅速穩定政局。

其過——我概括為六過：「六大弊政」，即剃髮、易服、圈地、占房、投充、逋逃，擾亂社會秩序，破壞中原經濟，挫傷漢人情感，帶來嚴

重後果。所謂「揚州十日」、「嘉定三屠」，殺人數字可能有出入，但多爾袞違背皇太極對漢人的政策，殺人過多，是其重大錯誤。200多年後，辛亥革命提出「驅除韃虜，恢復中華」的口號，就是對這些政策的不滿與反抗。

總之，多爾袞一生的功過是非，很難用簡單的幾句話概括，他複雜的人生經歷給後人留下很多謎團和疑案，也留下很多傳說，其中最著名的就是太后下嫁的傳說。那麼，孝莊太后是否下嫁多爾袞？這是我們要講的第三個問題。

三、太后「下嫁」

孝莊太后，博爾濟吉特氏，是順治帝的生母，她13歲嫁給皇太極，皇太極登基為天聰汗時，她才14歲。後被封為莊妃。夫君死得太早，剛滿30周歲就守寡，是她的不幸；但她的大幸卻是兒子做了皇帝，自己則做了皇太后。

多爾袞與莊妃的關係，是近百年來清史研究中的一個懸案。民國初年出版的《清朝野史大觀》中有三條專記太后下嫁之事(《清朝野史大觀》，卷一)。民國八年署名「古稀老人」編寫的《多爾袞軼事》則更像是親聞目睹，說「當時朝廷情勢，危於累卵」，「太后時尚年少，美冠後宮，性尤機警，……故寧犧牲一身，以成大業」。而多爾袞本來就好女色，此時更以陳奏機密為由，出入宮禁。至今仍有人認為所謂「太后下嫁」確有其事，並提出種種理由。歸納起來，大致有九說：

第一，「青梅竹馬」說。莊妃與多爾袞「青梅竹馬」，自小時候就相戀，後來竟成為夫妻。但是，莊妃出生在蒙古科爾沁，多爾袞則出生在滿洲赫圖阿拉，兩地相距甚遠，兩人並無「青梅竹馬」的機會。

第二，「保兒皇位」說。這點前面已經講過，順治帝繼位是多種政治勢力複雜鬥爭和相互妥協的結果，而不是由多爾袞一人決定。更沒有莊妃以「色情」做交換的史實依據。

第三，「弟娶其嫂」說。滿洲確實有「兄死弟娶其嫂」的習俗，漢族也有這種習俗。但有這樣的習俗，並不能證明多爾袞就一定娶了他的嫂子。

第四，「尊稱皇父」說。多爾袞被稱為「皇父攝政王」。這是尊稱，如同光緒稱慈禧為「皇阿瑪」一樣。

昭陵圖

第五，「皇宮內院」說。蔣良騏《東華錄》記載多爾袞的一條罪狀是「又親到皇宮內院」，朝鮮《李朝大王實錄》也做了相同的記載。在後來修的《清世祖實錄》裡卻刪掉了這段話。這說明多爾袞到「皇宮內院」確有其事。而刪掉這句話，恰表明事有隱衷。高陽先生說：「極有可能孝莊與多爾袞相戀的事實。」孝莊太后與睿王多爾袞相戀的事，可能有，也可能無，即使是相戀，也不等於下嫁。

孝莊文皇后的昭西陵

第六，「未葬昭陵」說。孝莊死後沒有埋在瀋陽昭陵，卻被埋在清東陵風水牆外。孝莊太后和康熙皇帝都做過解釋：太皇太后不願意驚動太宗的亡靈，而願意同兒孫在一起。反之，如果因此

而不入葬瀋陽北陵，不是更加欲蓋彌彰嗎？

第七，「下嫁詔書」說。有人說見過〈太后下嫁詔〉。歷史不能憑某人一說，至今沒有見到當時人的記載，也沒有所謂「太后下嫁詔」的文件，可以說這根本沒有任何證據。

第八，「朝鮮史證」說。至今還沒有見到一條關於「太后下嫁」的史證。特別是當時作爲清朝屬國朝鮮的《李朝大王實錄》沒有「太后下嫁」頒詔告諭的記載，而像這樣的大事如果有，照例是應當詔諭屬國的。

第九，「建夷宮詞」說。有張煌言〈建夷宮詞〉爲證。〈建夷宮詞〉曰：

> 上壽觴爲合卺樽，慈寧宮裡爛盈門。
> 春官昨進新儀注，大禮恭逢太后婚。（《張蒼水全集》）

張煌言(蒼水)是浙江寧波人，這個時候他在江南抗清，南明勢力和清朝是對立的。孟森先生早就指出：「遠道之傳聞，鄰敵之口語，未敢據此孤證爲論定也！」(《明清論著集刊》上)所以出在敵人之口，記在異地之文，不能成爲歷史的證據。而且是詩詞，詩詞也不能直接作爲歷史的證據，因爲詩可以誇張，也可以比賦。也有人認爲是多爾袞納娶肅親王豪格王妃的誤傳。

有人推測：皇太后與多爾袞或有曖昧關係，這同皇太后年輕寡居，同多爾袞喜好女色，同滿洲兄死弟娶其嫂舊習，也同皇太后委求小叔子護佑寡母幼帝，當是不無關係。然而，宮闈隱祕，外人難知。孝莊皇太后是否名媒正娶地嫁給了多爾袞？這沒有史料證明。孝莊皇太后下嫁多爾袞，既無文獻根據，也缺文件依據，只能是一個歷史之謎！

我認爲：孝莊皇太后同睿親王多爾袞的情愫可能有，「太后下嫁」的

事情確實無。不管下嫁與否，孝莊太后出於母子命運和大清江山的考慮，盡量籠絡多爾袞，倒是不用懷疑的。

《清史稿・諸王傳》論曰：清「以攝政始，以攝政終。論者謂：『有天焉？誠一代之失也！』」這個論斷，值得思考。

第四十四講
闖王進京

為什麼要講闖王進京？因為在明亡清興的歷史進程中，除明、清之外，還有一支重要的政治力量，就是明末農民起義軍，它的傑出代表之一就是闖王李自成。大明、大清、大順三股力量角逐爭鬥，縱橫捭闔，最後，大順推翻大明，大清滅亡大順。

一、星火燎原

李自成，萬曆三十四年(1606年)八月二十一日出生在陝西米脂縣雙泉里的一個農戶家裡，家境貧寒。幼年曾經被捨入寺廟，後來又到地主家放羊。成年之後，到驛站做驛卒。崇禎初年裁減驛遞經費，李自成被迫離開驛站。當時，災荒嚴重，李自成帶領本村一群走投無路的農民，走上民變的道路。康熙《米脂縣志》說：「明末李自成，銀川驛之一馬夫耳。因裁驛站、饑荒，無所得食，奮臂一呼，卒至土崩不可救。」

實際上，李自成的經歷，是當時社會矛盾

李自成像

激化的縮影。

明朝後期政治腐敗，土地高度集中，國家財政瀕臨破產，稅餉加派，連年災荒，瘟疫流行，軍隊渙散，勤王軍譁變，裁撤驛遞驛卒。

第一，遼事。後金坐大，成了氣候。朝鮮和蒙古先後與大清結盟。而皇明肌體，病入膏肓，明朝在東北已經由優勢轉爲劣勢。連年戰爭，支出浩大，明朝財政危機，幾至破產。而「三餉」——遼餉、練餉、剿餉，一再加派，加深了社會的矛盾和危機。舉個例子：明萬曆末年合九邊餉止280萬，後加派遼餉900萬兩，剿餉330萬兩，練餉730餘萬兩，共1960多萬兩。「自古有一年而括二千萬以輸京師，又括京師二千萬以輸邊者乎？」（《明史‧食貨志》）

第二，天災。當時，「明國三年饑饉，禾稼不登，人皆相食，或食草根、樹皮，餓死者什之九，兼以流賊縱橫，土寇劫掠，百姓皆棄田土而去。榛蕪遍野，其城堡鄉村，居民甚少」（《清太宗實錄》，卷六十五）。陝西饑饉，飢民流竄。崇禎十四、十五、十六連續三年，京師地區發生瘟疫。崇禎十五年(1642年)，文獻記載：「北京甚疫，死亡晝夜相繼，闔城驚悼。」（《崇禎實錄》，卷十四）「京師大疫，死亡日以萬計。」（《崇禎實錄》，卷十六)死亡人數過多，竟然無人收斂。「有闔家喪亡，竟無收斂者。」（康熙《通州志‧祲祥》)

第三，軍亂。邊軍缺餉，士兵譁變，轉而爲盜。山西的5000勁卒，在巡撫耿如杞督率入援京師之際，疲於奔命，又缺糧餉，軍紀混亂，肆行搶掠。及事發後，耿如杞被逮，其5000勁卒，潰散而叛亂，影響很大。延綏、甘肅等鎮官兵，相繼潰散。明軍戰鬥力的下降，使農民軍得以乘虛而起。

馬懋才〈備陳災變疏〉詳細描述了崇禎元年(1628年)延安地區天災人禍的情況：

臣鄉延安府，自去歲一年無雨，草木枯焦。八九月間，民爭採山間蓬草而食，其粒類糠皮，其味苦而澀，食之僅可延以不死。至十月以後而蓬盡矣，則剝樹皮而食。諸樹惟榆樹差善，雜他樹皮以為食，亦可稍緩其死。迨年終而樹皮又盡矣，則又掘山中石塊而食。其石名青葉，味腥而膩，少食輒飽，不數日則腹脹下墜而死。民有不甘於食石以死者，始相聚為盜。而一二稍有積貯之民遂為所劫，而搶掠無遺矣。有司亦不能禁治。

最可憫者，如安塞城西有糞場一處，每晨必棄二三嬰兒於其中，有涕泣者，有叫號者，有呼其父母者，有食其糞土者。至次晨則所棄之子已無一生，而又有棄之者矣。

更可異者，童稚輩及獨行者一出城外，更無蹤影。後見門外之人炊人骨以為薪，煮人肉以為食，始知前之人皆為其所食。而食人之人亦不數日面目赤腫，內發燥熱而死矣。於是，死者枕藉，臭氣熏天。縣城外掘數坑，每坑可容數百人，用以掩其遺骸。臣來之時，已滿三坑有餘，而數里以外不及掩者又不知幾起矣。小縣如此，大縣可知；一處如此，他處可知。

第四，民變。人民沒有飯吃，再加官員逼迫，最後只有一條道路，就是「官逼民反」。史載：

國初，每十戶編為一甲，十甲編為一里。今之里甲寥落，戶口蕭條，已不復如其初矣。況當九死一生之際，即不蠲不免，民亦有呼之而不應者。官司束於功令之嚴，不得不嚴為催科。如一戶止有一二人，勢必令此一二人而賠一戶之錢糧；一里只有一二戶，勢必令此一二戶而賠一甲之錢糧。等而上之，一里一縣，無不皆

然。則見在之民，止有抱恨而逃，漂流異地，棲泊無依，恆產既亡，懷資易盡，夢斷鄉關之路，魂消溝壑之填，又安得不相率而為盜者乎！此處逃亡於彼，彼處復逃之於此，轉相逃則轉相為盜。此盜之所以遍秦中也。(吳應箕，《樓山堂集》，卷二)

　　他們為什麼要鋌而走險？有史書記載曰：「死於飢與死於盜等耳，與其坐而飢死，何若為盜而死，猶得為飽鬼也！」就是說：飢餓而死，為餓死鬼；搶盜而死，為飽死鬼！於是，餓民強者，群起為盜！

　　如此民不聊生，官府又不賑濟，官員逼交錢糧，安有不反之理！

　　天啟七年(1627年)，農民起義在陝西澄城縣拉開序幕。到崇禎十七年(1644年)，農民軍大致上經歷了初起、發展、低潮、再起、高潮等幾個發展階段，先後轉戰於陝西、山西、河南、安徽、四川、湖北、湖南、江西等省。先後湧現出李自成、張獻忠等著名的義軍首領。崇禎十六年(1643年)十月十一日，李自成軍占領西安。崇禎十七年正月初一日，李自成在西安建立政權，國號大順，年號永昌。正月初八日，李自成率大順軍，從西安出發，進軍北京。

李自成政權的「金鄉縣契」印

李自成政權的「遼州之契」印

此時，崇禎帝採取什麼對策呢？

二、崇禎五招

崇禎帝當時面臨兩個軍事一政治集團的巨大壓力：一個是後金一清政權，皇太極的八旗軍五入中原，還進行了松錦大戰；另一個是農民軍。崇禎帝要在內線與外線，兩面作戰。他的外線作戰，我在前面已經講過，特別是松錦大戰，明軍原先同李自成作戰的統帥洪承疇，13萬軍隊全軍覆沒，洪承疇自己也投降清朝；他的內線作戰主要是阻擋李自成大順軍對北京的軍事威脅。

得知大順軍進軍北京的消息，崇禎帝先後採取了五招：

第一，派官「代朕親征」。崇禎帝派大學士李建泰代表自己親征。李建泰並不是馭將之才，但他的老家是山西曲沃，有萬貫家財。崇禎帝是想利用他的家產來解決兵餉。正月二十六日，崇禎為李建泰舉行遣將禮，命他為督師輔臣。

李建泰取道保定南下。「李至一縣，縣人漫視不為禮。李從者飢，求食。縣人曰：汝官為大明乎？為大順乎？詭對曰：大順。乃為設食甚豐，飽餐而去。」（劉尚友，《定思小記》）李建泰到邯鄲時，得知大順軍左營劉芳亮部即將前來，嚇得向北撤退，兵遂潰，所過之處恣意劫殺。「至定興，城門閉不納。留三日，攻破之，笞其長吏。」（《明史·李建泰傳》）將縣城搶劫後繼續北逃。最後，只剩下數百名親軍跟隨李建泰進了保定，不久就在保定投降大順將領劉芳亮。這次「代朕親征」至此結束。

第二，抽調官兵勤王。正月十九日，崇禎帝召對大臣，提出抽調5000精兵隨寧遠總兵吳三桂前往山西助剿。但是，崇禎帝不願意承擔放棄關外的責任，大臣們當然也不願意承擔，於是開始扯皮。直到三月初六日明廷

才正式下令放棄寧遠，命薊遼總督王永吉、寧遠總兵吳三桂統兵入衛京師。同時調薊鎮總兵唐通、山東總兵劉澤清率部勤王。吳三桂接到詔令後，動作緩慢，直到北京已經被大順軍攻占，也還沒到達。劉澤清謊稱自己墜馬負傷，不能行動。倒是唐通率領8000士卒到達北京，朱由檢賜宴、賞銀。但是他為了控制這支隊伍，派太監杜之秩監軍，惹惱了唐通。唐通說：我不敵一奴才也！接著就藉口要到居庸關設險以待，離開了京城。調部勤王之舉宣告流產。

第三，南遷首都之議。崇禎帝的本意是自己逃到南京，但又要顧全面子，要大臣襄贊。但是朝臣也是各有各的想法，當年好多提正確建議的大臣，一個一個都被殺了，所以這個時候誰也不敢說真話，就等崇禎帝自己說，然後再附和。「帝欲大臣一言主之，大臣畏帝不敢言，慮駕行屬其留守，或駕行後京師不能守，帝必罪主之者。遂無人決策。」（李長祥，《天問閣集》，卷上，〈甲申廷臣傳〉）甚至有人提出皇上守社稷，讓太子到南京去監國。南遷之議就這樣拖了下來。後來，崇禎帝得知大順軍是分三路，分別從北、東南、西南三個方向包圍京師，也就知道自己是無法逃到南京了。

第四，詔令百官助餉。崇禎帝既不捨得拿出內帑補充軍餉，又要解決軍餉困難，便下詔命勳戚、百官、太監捐銀助餉。崇禎帝派太監密諭周皇后的父親周奎，讓他納銀12萬兩，帶個頭。周奎表示只能納1萬兩，朱由檢讓他至少拿出2萬兩。周奎就向女兒周皇后求援，周皇后悄悄送去5000兩，周奎扣下2000兩，只納了3000兩。朱由檢乾脆搞起攤派，先按照衙門攤派，又按照官員的籍貫攤派，還讓大臣推舉各省「堪輸者」，勒逼捐銀。太監也被逼著納銀。這樣一共弄到20萬兩銀子。後來，大順軍僅從周奎家搜出現銀就達53萬兩。這反映了當時明朝皇親貴戚、官僚貴族對崇禎帝、對明朝政權的「忠誠」態度。

第五，派遣太監監軍。由於各地官將多有投靠大順政權的，崇禎帝對各地文武官員不信任，便派出親信太監到各鎮監督。兵部認爲這樣事權無法統一，請求收回成命，但遭到崇禎帝拒絕。最後，派太監王承恩提督北京城的守衛，結果無濟於事。後來這批親信太監大部分隨同所監督的文官武將一起投降了大順。居庸關監督太監杜之秩投降就是一例，北京城門也是被太監曹化淳等打開迎降的(下面講)。

在危機關頭，崇禎的五招，招招落空，民變烽火，愈燃愈烈，終於燒到北京，崇禎帝逃脫不了亡國之君的命運。

三、闖王進京

崇禎十七年即順治元年(1644年)，是中國歷史大變動的一年。這一年，明朝、清朝、大順三方，三個代表人物——李自成38歲，朱由檢35歲，多爾袞33歲，都是正當盛年，在政治場上三個人激烈搏鬥。

崇禎十七年三月十五日，大順軍進抵京城西北的居庸關。防守居庸關的總兵唐通和監軍太監杜之秩投降。

三月十六日，昌平陷，明皇陵享殿被焚，當晚大順軍先頭部隊到達京城北側的土城。

三月十七日，大順軍開始攻

起義軍攻占北京圖(17世紀法國繪畫)

城。分別進攻平則門(阜成門)、彰義門(今廣安門)、西直門。京營官兵，不戰潰散。

三月十八日，北京外城陷落。守城太監曹化淳等按事先擬定的「開門迎賊」公約，首先打開廣寧門。外攻內應，北京城陷。

三月十九日，崇禎帝看到外城已經陷落，就召集大臣商量怎麼保衛內城，但是沒有一個文武大臣到他身邊來。於是他到後宮先逼皇后自殺，然後用寶劍砍傷自己親生的女兒。最後，孤家寡人到了煤山自縊而死，年35歲。明朝滅亡。史書記載，崇禎帝死之前「自去冠冕，以髮披面」，就是他上吊之前把帽子、皇冠等都統統去掉，用頭髮把臉蒙起來。爲什麼呢？他沒有臉面去見列祖列宗，也沒有臉面對京城的民眾。旁邊陪伴他的只有太監王承恩，可以說此時的崇禎皇帝眞正是四面楚歌，孤家寡人。

李自成進京後，住紫禁城，故明妃嬪、宮女自盡者、被掠者有之。爲了補充經費，令其部下拷勒在京官員，規定每人交銀子：內閣10萬兩，京

崇禎皇帝自縊圖（17世紀法國繪畫）

崇禎皇帝自縊處(傳)

卿、錦衣衛官7萬兩或5萬兩，給事中、御史、吏部、翰林等1-5萬兩，勳戚沒有定數。大學士魏藻德繳納1萬兩，嫌少，「酷刑五日夜，腦裂而死」。又逮其子追徵，訴說：家裡已經罄盡，父親在，猶可以請求諸門生朋友，今已死，怎麼去借貸？於是，「賊揮刃斬之」（《明史·魏藻德傳》）。這同當年明軍攻占大都(今北京)情景相反：「封府庫，籍圖書寶物，令指揮張勝以兵千人守宮殿門，使宦者護視諸宮人、妃(嬪)、(公)主，禁士卒勿所侵暴。吏民安居，市不易肆。」（《明史·徐達傳》）

大順軍殺的不是大學士魏藻德一個人，他是明朝官員的代表，拷掠、搶奪搞得人心惶惶，這和多爾袞宣布「官仍其職、民復其業」恰恰相反。李自成最後失敗，這也是原因之一。

闖王李自成在北京共41天。四月十三日，李自成率軍奔向山海關，進行山海關大戰(後面講)。二十六日，李自成敗回到北京。二十九日，李自成在武英殿舉行即皇帝位典禮。典禮草草結束，放火焚毀部分宮殿和部分城樓，撤離北京。多爾袞到皇宮後，在武英殿辦公。順治元年(1644年)十月初一日，順治皇帝在北京舉行登基大典，沒有在皇極殿(太和殿)，而是在皇極門(太和門)設御座。一種解釋是皇極殿(太和殿)不存在了！這使人們想起當年項羽攻下咸陽，「燒秦宮室，火三月不滅！」（《史記·項羽本紀》）

李自成進京後，部下軍紀很差，特別是大將劉宗敏掠取吳三桂的愛妾陳圓圓，成為後來吳三桂降清的一個口實。

第四十五講
三桂降清

崇禎十七年即順治元年，是中國歷史上具有劃時代意義的一年。歷史的長河在這裡急速拐彎，上演了富有戲劇性的一幕。大明、大清、大順三方的角鬥白熱化，各方的目光不約而同聚焦於一個人物，就是吳三桂。這個吳三桂爲何許人？我先從他的身世講起。

一、將門虎子

吳三桂，字長伯，原籍江南高郵(今江蘇高郵)，出身將門，寄籍遼東。

萬曆四十年(1612年)生，比袁崇煥小30歲，比崇禎皇帝小3歲，比李自成小6歲，與多爾袞同歲。吳三桂出身於遼東將門望族。他的父親吳襄，自幼習武，善於騎射，在遼軍中任參將、副將；明崇禎初，吳襄在遼東任總兵。吳襄耳聞目睹了明

吳三桂像

朝在天啓二年即天命七年(1622年)如何丟失廣寧，遼東經略熊廷弼如何被傳首九邊，遼東巡撫王化貞如何被下獄而死，這些刻骨銘心的事件。崇禎十七年(1644年)正月，吳襄奉調進京，擔當提督御營的要職。吳三桂10歲這年，是吳襄人生的一個轉捩點，他娶了祖大壽的妹妹為妻──吳祖氏。這位吳祖氏的哥哥祖大壽官至明平遼將軍、先鋒總兵，而祖家是世居遼東的望族。吳襄成為祖大壽的妹夫，吳三桂成了祖大壽的外甥。祖、吳兩家聯姻，使吳襄、吳三桂父子找到了堅強的靠山，也使祖氏家族的勢力更加壯大。

　　吳三桂在父親吳襄和舅舅祖大壽等教誨和影響下，從小既學文，頗通音律；又習武，嫻熟騎射，不到20歲就考中武舉。從此跟隨父親吳襄和舅舅祖大壽，開始他的軍旅生涯。

　　崇禎四年即天聰五年(1631年)大凌河之戰中，團練總兵吳襄、山海總兵宋偉，率馬步兵4萬餘，由錦州城出，往援大凌河城，欲解祖大壽之圍。結果吳襄臨陣先逃，被削職。第二年六月，為平息山東登州參將孔有德等兵變，吳襄隨副將祖大弼等出征山東。這次援山東之戰，持續了將近一年，孔有德從登州乘船渡海，投奔後金，崇德元年(1636年)成為清初「三順王」(孔有德為恭順王、耿仲明為懷順王、尚可喜為智順王)之一。而吳三桂的父親吳襄則恢復了總兵官職務。

　　隨著吳襄官復原職，吳三桂也在當年任游擊，時年20歲。崇禎八年即天聰九年(1635年)，吳三桂被擢為前鋒右營參將，時年23歲；崇禎十一年即崇德三年(1638年)九月，任前鋒右營副將，相當於副總兵，時年26歲。

　　崇禎十二年即崇德四年(1639年)薊遼總督洪承疇、遼東巡撫方一藻、總督關寧兩鎮御馬監太監高起潛，報請朝廷批准，吳三桂被擢為寧遠團練總兵，時年27歲。

　　吳三桂從游擊、參將到副將，再到總兵，升遷之快，超乎常規。為什

麼呢？這當然和他懂文習武，能說會道有關，也和他父親吳襄及舅舅祖大壽是總兵有關，還有一個關鍵因素就是吳三桂拜御馬監太監高起潛爲義父。

薊遼總督洪承疇於年初調到遼東，他發現遼軍缺乏訓練，影響戰鬥力，用吳三桂爲署練兵總兵官，負責練兵。後來吳三桂率兵參加過幾次戰鬥：

杏山戰鬥。崇禎十三年即崇德五年五月，明清雙方在杏山附近遭遇。總兵吳三桂、劉肇基奉命赴援，「三桂受圍，肇基救出之」（《崇禎實錄》，卷十三）。然而，總兵吳三桂卻奏報：「與賊血戰，大獲全勝。」（「明檔」）

松山戰鬥。崇禎十四年(1641年)四月，吳三桂在洪承疇指揮的松山周邊乳峰山的戰鬥中，表現突出。洪承疇上奏說：「吳三桂英略獨擅，兩年來，以廉勇振飭遼兵，戰氣倍嘗，此番斬獲功多。」請求給予加升一級。

松錦大戰。崇禎十四年八月，督師洪承疇統8總兵、13萬大軍，增援錦州，吳三桂爲其一。結果明軍反被清軍截斷餉道，陷入困境。洪承疇二十一日召集會議決定，於二十二日初更，分兩路突圍。但是當夜還沒到預定時間，大同總兵王樸先率人馬突圍而逃，吳三桂隨即率部乘夜逃跑，先逃到杏山，又從杏山逃回寧遠。一路上，官兵死的死，傷的傷，散的散，所部人馬損失殆盡，吳三桂「僅以身免」，官印也被奪（《清太宗實錄》，卷六十)，幾乎是隻身逃回寧遠。明軍陣亂，八鎮總兵，只有曹變蛟、王廷臣兩位突圍不成，退到松山城，與洪承疇共同守城。後來，松山破，承疇降，曹、王兩位總兵被殺。

松山敗後，臨陣脫逃的六位總兵，只有王樸以「首逃」之罪被捕下獄（《明史·王樸傳》)，其餘五人僅被降級。吳三桂坐罪，僅降三級，仍守寧遠。

從以上履歷可以看出，吳三桂既表現出智慧勇敢的品格，又暴露出怕

死投機的秉性。這種性格的兩面性決定了吳三桂的命運。

崇禎十五年即崇德七年(1642年)三月，祖大壽在錦州降清。這時，明朝在山海關外只剩下寧遠、前屯、中前、中後四城。四月，原兵部左侍郎范志完趕往寧遠，任總督遼東寧錦軍務兼巡撫。招兵買馬，儲備糧草，以寧遠為最重。

時間很快到了崇禎十六年即崇德八年，在這明亡清興關鍵的一年，吳三桂遇到了四件大事：

第一件事。正月，已經投降清朝的祖大壽在瀋陽突然接到吳三桂的來信。原來，早在祖大壽剛剛降清時，皇太極便決心招降吳三桂，先後多次寫信給吳三桂，並讓吳三桂的親屬和朋友也給吳三桂寫信、勸降。這時，吳三桂所依靠的祖家，祖大壽等三位舅舅、十多位表兄弟，還有姨夫裴國珍、姨表兄胡弘先等，都已經投降清朝，而且受到禮遇。現在，祖大壽突然接到吳三桂的回信，立即轉交給皇太極。皇太極回信道：「爾遣使遺爾舅祖總兵書，朕已洞悉。將軍之心，猶豫未決。朕恐將軍失此機會，殊可惜耳。」(《清太宗實錄》，卷六十四)可以看出，吳三桂正在動搖之中，雖然沒有降清，但是給自己留出了降清的後路。

第二件事。春天，吳三桂奉命入關，馳援京師，抵禦第五次迂道入塞的清軍。因行軍遲緩，到了北京後，清軍已撤退，但是崇禎皇帝還是很器重他，也感激他來北京勤王。五月十五日，崇禎帝在皇宮武英殿宴請前來勤王的吳三桂等，還賜吳三桂尚方劍。吳三桂「慷慨受命，以忠貞自詡也」(《國

陳圓圓像

權》，卷九十九)。這是吳三桂唯一一次進入紫禁城內，覲見崇禎帝。就是這次進京，吳三桂意外地得到一次豔遇。

第三件事。覲見崇禎帝後不久，吳三桂應邀到國丈田弘遇家做客。田弘遇有一位養女，是崇禎帝的田貴妃，很受寵愛。田弘遇因此被封爲右都督，所以他是皇親，也是富翁。這時，田貴妃已經病逝，田弘遇感到無助。他見吳三桂年輕有爲，受到皇上重用，便想巴結吳三桂，於是就邀請他來家做客。就在這一次，吳三桂在田宅見到了陳圓圓(後面講)。

第四件事。九月，清軍繞過寧遠，先打中後所；十月，再打前屯衛，又打中前所。前後不過七、八天，三座城池，全部失陷，明朝損失總兵、游擊以下官兵1.5萬人，以及大量糧秣武器。這樣，吳三桂的寧遠，成爲山海關外一座孤城。這時的寧遠，已經失去了戰略意義，只是明朝在關外的一種象徵而已。

此時已到了崇禎十六年底，第二年明朝即告滅亡，吳三桂正陷於大明、大清、大順的夾縫之中，徘徊不定。

二、三面徘徊

崇禎十七年即順治元年(1644年)，大明、大清、大順三者的關係發生戲劇性的變化。吳三桂在複雜的政局面前，徘徊不定。

第一，入關勤王。崇禎十七年即順治元年初，李自成自西安東進，三路大軍，直指京師。崇禎帝感到大明江山危在旦夕，於是詔徵天下兵勤王，命府部大臣各條陳戰守事宜。先是，吏科給事中吳麟徵奏請：「棄山海關外寧遠、前屯二城，徙吳三桂入關，屯宿近郊，以衛京師。」(《明史紀事本末》，卷七十九)三月初四日，明廷封吳三桂爲平西伯，隨後命他火速領兵入衛北京。吳三桂「被命，遷延不即發，簡閱步騎，攜挈人民，徙五

十萬眾，日行數十里」（《四王全傳・平西王吳三桂傳》）。自寧遠至山海關200里路程，正常行軍日行100里，二日便可到達。可是吳三桂六日啟程，十六日才到達山海關，整整走了11天。

三月十五日，李自成在居庸關收明降將唐通。李自成以唐通與吳三桂為舊部同僚，於是命令他帶著4萬兩白銀、財物前去招撫吳三桂。唐通「遺書三桂，盛誇新主禮賢，啖以父子封侯」。但是，「三桂不答」（彭孫貽，《流寇志》，卷十一）。

十九日，崇禎帝盼望的遼軍剛剛離開山海關，北京就被李自成率領農民軍攻下，崇禎帝自縊。在京居住的吳三桂的父親吳襄、愛妾陳圓圓等全家30多口，都落入闖王之手。

二十日，吳三桂率軍至豐潤一帶，猶豫觀望，停止不進，待機而動。當吳三桂得知京師陷落、帝后殉難的消息時，何去何從，猶豫不定。

第二，歸降大順。李自成率領農民軍攻入北京後，京畿各鎮將領，大多投降。但李自成認為吳三桂是一員驍將，應當招之投降。他的部將顧君恩指出：南方立藩王皆不足有為，惟山海關外不可不慮。於是，李自成加緊招撫吳三桂，以利用吳三桂遏制清軍入關。李自成為了招降吳三桂，採取多種辦法：一是令諸降將分別發書招三桂；二是命吳三桂的父親吳襄寫信勸子投降；三是派遣巡撫李甲、兵備道陳乙等，持檄招降吳三桂，條件是「爾來不失封侯之位」，並犒賞吳軍官兵白銀4萬兩。吳三桂的態度是：「大喜，忻然受命。」（《甲申傳信錄》，卷八）

吳三桂立即召開祕密軍事會議。吳三桂說：「都城失守，先帝賓天，三桂受國厚恩，宜以死報國。然非藉將士力，不能以破敵，進將若之何？」

眾將態度，「皆默然，三問不敢應」。因為不知吳三桂的意圖，不敢表態，只有默然。

吳三桂接著說：「闖王勢大，唐通、姜瓖皆降，我孤軍不能自立。今闖王使至，其斬之乎？抑迎之乎？」

眾將答道：「今日死生，唯將軍命！」眾將領知道他的意圖，表示願意聽命。

於是，「三桂乃報使於自成，卷甲入朝」，歸降大順(彭孫貽，《流寇志》，卷十一)。吳三桂將山海關交給已

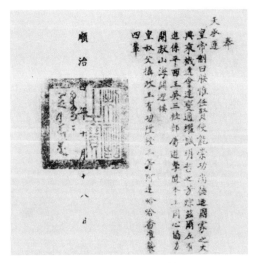

順治皇帝封吳三桂部將誥敕

經投降大順的原明密雲總兵唐通所部駐守，親率所部，向北京進發，要入京朝見李自成。沿途大張告示：本鎮率所部朝見新主，所過秋毫無犯，爾民不必驚恐(《吳三桂紀略》)。

四月初五日，吳三桂行進到永平西沙河驛，見到從北京逃出來的家人，得知其父吳襄爲闖王部下刑掠，三桂憤怒，但考慮到自己與清軍結下深仇，歸北很難，而「李害父陷於不知，不必仇」(《吳三桂紀略》)，待到北京後再辯明。接著，吳三桂又聽說自己的愛妾陳圓圓被劉宗敏搶占，「衝冠一怒爲紅顏」(吳偉業，〈圓圓曲〉)。由是，吳三桂改變投降李自成的初衷，而尋找新的主子。

第三，剃髮降清。吳三桂爲什麼又投降清朝呢？這同「衝冠一怒爲紅顏」有關嗎？

三、衝冠一怒

明末清初著名詩人吳偉業說吳三桂「衝冠一怒爲紅顏」。這句出自
〈圓圓曲〉，其詩句爲：

> 鼎湖當日棄人間，破敵收京下玉關。
> 痛哭六軍皆縞素，衝冠一怒爲紅顏。

上文的「鼎湖」典故，出自《史記·封禪書》，原意是皇帝升天的地
方，後世指爲帝王死亡。上詩說的是吳三桂爲了愛妾陳圓圓，而剃髮降
清。

吳三桂剃髮降清，人們說原因有二：

其一，吳三桂愛妾陳圓圓被李自成大將劉宗敏霸占。所以，吳三桂
「衝冠一怒爲紅顏」，背叛李自成農民軍，投降多爾袞。

其二，李自成軍在北京開始大肆「編拿百官，拘繫追贓，酷刑拷打，
呼號遍地」(張岱，《石匱書後集》，卷六十三)。吳三桂的父親也未能免。

先說陳圓圓。

陳圓圓，名沅(或元)，字畹芬，江蘇武進縣金牛里(今奔牛鎮)人，其
父親是貨郎，喜好唱小曲，日夜謳歌。陳圓圓受父親影響，從小就會唱
歌。父死家貧，落寞蘇州，隸籍梨園。陳圓圓「蕙心紈質，澹秀天然」，
獨冠一時，豔名遠播。有一句話形容她：「聲甲天下之聲，色甲天下之
色。」(《虞初新志·圓圓傳》，卷十一)國丈田弘遇在蘇州用重金將陳圓圓買
下，帶到北京，養在府裡，成爲歌伎。原來，田貴妃死後，崇禎帝很悲
傷。此時，田弘遇想女兒死後肯定會影響皇帝對他的信任，他想繼續討好

皇上，於是花重金買了陳圓圓，打算獻給崇禎帝。之所以沒有成功，一說是崇禎帝看了陳圓圓後不太喜歡，還有一種說法就是田弘遇先探了探崇禎帝的口風，因皇上不太喜歡就沒有送。

吳三桂到田府見到陳圓圓，一見鍾情。田弘遇便將陳圓圓送給吳三桂，「吳欲之，而故卻也」，互相推來讓去，最後田弘遇「強而可」。因吳三桂在遼東已經娶妻，生有兒子應熊，還懼內；同時崇禎帝也催促吳三桂出關。因此，吳三桂沒有來得及迎娶，留下千兩銀子為聘禮，急忙返回寧遠，便把陳圓圓暫時留在田家。第二年正月，吳襄奉命進京任職，便把陳圓圓接到府中。三月，闖王進京，大將劉宗敏住進田府。劉宗敏「繫襄索沅，拷掠酷甚」，「遍索綠珠圍內第，強呼絳樹出雕欄」，陳圓圓終於落到劉宗敏手中。

聽說愛妾被霸占，吳三桂大怒道：「不滅李賊，不殺權將軍(劉宗敏)，此仇不可忘，此恨亦不可釋。」(《吳三桂紀略》)並拔劍斷案，拂袖而起，說：「大丈夫不能保一女子，何面目見人耶！」(劉健，《庭聞錄》，卷一)

四月初八日，吳三桂率軍返回，進攻山海關。守將唐通所部大敗，潰逃。李自成得知吳三桂降而復叛，立即派明降將白廣恩等率軍增援唐通，也被吳三桂全殲。

吳三桂重占山海關後，立即殺掉李自成的使臣李甲，並用李甲的頭顱祭旗；還割去陳乙的雙耳，然後縱之。吳三桂遠近傳檄，發表文告，號召士民，討伐李自成農民軍。吳三桂招兵買馬，兵力擴充到五、六萬人。

十一日，李自成派遣使臣攜帶吳襄手書和大量金銀前往山海關，勸降吳三桂。十三日，李自成統領6萬大軍，號稱10萬或20萬，宋獻策、劉宗敏、李過等將領從之，並帶著吳襄、明朝太子朱慈烺等，出齊化門(今朝陽門)，直指山海關。李自成打算對吳三桂先勸降，如果不成就以武力消

滅之，以控制山海關，阻斷清軍南下的通道。

　　李自成大軍壓境，吳三桂將何去何從？清朝的攝政睿親王多爾袞又有怎樣的行動？

　　先是，四月初四日，清內秘書院大學士范文程，向攝政睿親王多爾袞進諫：

> 蓋明之勁敵，惟在我國，而流寇復蹂躪中原，正爲秦失其鹿，楚漢逐之。我國雖與明爭天下，實與流寇角也。爲今日計，我當任賢以撫眾，使近悅遠來；蠢滋流孽，亦將進而臣屬於我。彼明之君，知我規模非復往昔，言歸於好，亦未可知。倘不此之務，是徒勞我國之力，反爲流寇驅民也。夫舉已成之局而置之，後乃與流寇爭，非長策也。(《清世祖實錄》，卷四)

　　多爾袞接受了范文程的建議，於四月初九日統領10餘萬大軍，擬破邊牆而入，與李自成爭占北京。

　　四月十五日，多爾袞率師抵翁後(今遼寧阜新境內)，遇見吳三桂派遣的使臣楊珅、郭雲龍兩人，帶來吳三桂的求援信。吳三桂在信中寫道：

> 王以蓋世英雄，值此摧枯拉朽之會，誠難再得之時也，乞念亡國孤臣忠義之言，速選精兵，直入中協、西協，三桂自率所部，合兵以抵都門，滅流寇於宮廷，示大義於中國。則我朝之報北朝者，豈惟財帛，將裂地以酬。(《清世祖實錄》，卷四)

　　眞是喜從天降，多爾袞立即召見范文程等人商討對策。范文程說：

自闖寇猖狂，中原塗炭，近且傾覆京師，戕厥君后，此必討之賊
也！我國家上下同心，兵甲選練，誠聲罪以臨之。恤其士夫，拯
厥黎庶，兵以義動，何功不成乎？……好生者，天之德也。兵
者，聖人不得已而用之。自古未有嗜殺而得天下者。國家欲統一
區夏，非乂安百姓不可。（《欽定八旗通志‧范文程傳》）

多爾袞對吳三桂的信有三條不同意：

其一，吳三桂「泣血求助」，而不是歸降；

其二，吳三桂要清軍「直入中協、西協」，就是從長城其他隘口進
入，而未許清軍從山海關進京。

其三，將「裂地以酬」，就是割一塊土地相酬謝。

多爾袞是一位有帝王韜略的攝政王，怎肯這樣答應吳三桂呢！他採取
了幾項行動：一是回信給吳三桂，同意出兵；二是提出條件，要吳三桂投
降，許諾如率眾來歸，將封土晉王；三是派降清漢將一人往山海關，送去
給吳三桂的回信；四是立即改變原來的路線，直趨山海關，迫使吳三桂投
降，以控制山海關。

十六日，多爾袞復書道：「今伯(明平西伯吳三桂)若率眾來歸，必封
以故土，晉為藩王，一則國仇得報，一則身家得保，世世子孫，常享富
貴，如河山之永也！」（《清世祖實錄》，卷四）

吳三桂則兩面忙活：送走了前往大清請兵的使臣，又對李自成行緩兵
之計。當李自成使臣來勸降時，吳三桂表示「願一見東宮而即降」，以麻
痺李自成，爭取時間，等待援兵。很快，吳三桂接到了多爾袞的回信，積
極進行戰前準備。十九日，他在演武堂「合關遼兩鎮諸將並紳衿，誓師拒
寇」(光緒《臨榆縣志》，卷九)。二十日，他在較場與諸將歃血同盟，祭旗興
兵，進行布防。

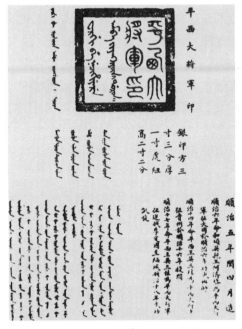

吳三桂「平西大將軍印」印文

就在這一天，多爾袞率軍進至連山(今遼寧葫蘆島市連山區)，會見吳三桂派出的使臣郭雲龍和孫文煥。吳三桂在信中明確表示請多爾袞「直入山海」，與自己首尾夾攻大順軍。並就歸降一事含糊地表示「民心服而財土亦得，何事不成哉！」(《清世祖實錄》，卷四)

李自成行軍速度很慢，從北京到山海關700里，如果急行軍三、四天就可到達，但是大順軍整整走了8天。二十一日晨，大順軍在石河西岸與吳三桂軍對陣。

同日晨，多爾袞率領清軍也從連山到了山海關外。連山至山海關200里。多爾袞命大軍日夜疾馳，「黃埃漲天，夜色如漆，人莫開眼，咫尺不辨。……經過中後所、前屯衛、中前所，至關外十五里許，日已昏黑，屯兵不進，一晝夜之間行二百里矣！」(《沈館錄》，卷七)

大順和大清雙方此時爭奪的焦點就是吳三桂，吳三桂最終的選擇是棄順降清。

有人問：吳三桂降清是真降，還是假降？清史界有不同的看法。一種意見是，吳三桂是真降，從順治元年(1644年)到康熙十二年(1673年)長達30年的時間，一直死心塌地效忠清朝。另一種意見是，吳三桂是假降，證

據是「我朝之報北朝者，豈惟財帛，將裂地以酬」，後來反清說明他是韜晦、是假降。

又有人問：吳三桂的歷史地位怎樣評價？清史界也有不同的看法。一種意見是，肯定吳三桂的歷史貢獻，主要是為明末清初中國重新統一做出了貢獻。另一種意見是，吳三桂官於明而叛明，叛明而降李自成，再叛李而降清，最後到老年又反清叛亂，是一個喪失大節的人。

不管怎樣評價吳三桂，他引清兵入關，直接的一個後果是：爆發山海關大戰。

第四十六講
山海關大戰

　　山海關大戰前，在山海關內外，主要有三股軍事勢力——李自成的農民軍、多爾袞的八旗軍和吳三桂的關寧軍。三股勢力的分合、激戰、勝敗、謀略，直接影響當時中國局勢的走向，也影響或決定大順、大明、大清的命運。

一、三股勢力

　　第一股勢力：吳三桂的關寧軍。前面講過，吳三桂已經投降李自成。但是，當他知道父親吳襄被拷掠、愛妾陳圓圓被強占的時候，則對李自成採取了兩面策略——明著不同李自成決裂，暗著卻另找新主子。

　　吳三桂於崇禎十七年三月二十九日收到其父吳襄的勸降信後，這種同李自成決裂的態度變得明朗而堅決，他復信說：「父既不能為忠臣，兒亦安能為孝子乎？兒與父訣，請自今日。父不早圖，賊雖置父鼎俎旁以誘，三桂不顧也。」(顧公燮，《丹午筆記·三桂絕父書》)李自成得知吳三桂堅決不降，令白廣恩、王則堯帶著犒師銀兩，星夜赴永平(今河北盧龍)，增援唐通並繼續招降吳三桂，結果反被吳三桂擊潰。吳三桂縱兵大掠而東，頓兵山海關，並觀望局勢，以圖再舉。當時，吳三桂約有關寧5萬之眾(一說8萬)。

山海關關門舊影

第二股勢力：李自成的農民軍。崇禎十七年即順治元年四月十三日，李自成親率劉宗敏等將士6萬人，號稱10萬或20萬，開始東征。李自成派明降官去山海關招降吳三桂，但使者被扣留。李自成分析形勢，認為成敗決於一戰，於是令大軍連營並進，直逼山海關。700里路，慢慢吞吞，行軍8天，方才到達。這就給吳三桂與多爾袞的聯合提供了時間。

第三股勢力：多爾袞的八旗軍。四月初九日，睿親王多爾袞率軍10萬向山海關挺進。原想繞過榆關，破牆而入，爭奪北京。四月十五日，清軍師抵翁後，吳三桂派出的使者副將楊珅、游擊郭雲龍持吳三桂書前來乞師。吳三桂乞師信稱：「欲興師問罪，以慰人心。奈京東地小，兵力未集，特泣血求助。」（《清世祖實錄》，卷四）多爾袞遣官持復書到山海關，一則探聽虛實，二則要吳三桂降清。多爾袞本想進一步觀察吳三桂的真實動機，恰在此時，得報李自成所率大軍已離永平，急馳山海關。為防貽誤戰機，多爾袞遂命清軍星夜前進，從連山到山海關，200里路，急行一晝夜，屯兵到山海關外15里，觀察形勢。

這樣，李自成的大順軍、多爾袞的八旗軍、吳三桂的關寧軍就在山海關交會，由此引發了一場大戰，就是山海關大戰。這個大戰的戰場集中在山海關關門。

二、關門大戰

山海關以關城為中心，四面有四座輔城——東羅城、西羅城、南翼城、北翼城，加上長城、關隘、敵樓、台堡等，形成相互連結、彼此相依的防衛體系。

山海關上的明代鐵砲

南翼城面向大海，敵軍無從通過。西羅城面向關內，前有石河，成為關城的天然屏障，而河西則為開闊地，成為山海關大戰的一個重要戰場。

清攝政王多爾袞採納洪承疇、祖大壽等人的建議，對入關做了如下部署：以英郡王阿濟格率萬騎為左翼，入西水關；以豫郡王多鐸率萬騎為右翼，入東水關；自將3萬騎為主力，從正面主攻，餘為預備隊。但是，清軍於二十一日進至歡喜嶺後，並未立即投入戰鬥，而是觀變待機，僅於當天派兵擊敗一片石之唐通部，使李自成從關外打擊吳三桂並切斷吳軍與清軍聯絡的計畫未能實現。李自成四月二十一日清晨到山海關後，也進行緊急部署：李自成除南翼城面向大海無法布陣外，在東羅城、西羅城、北翼城，分別攻城；其次，李自成命唐通率兵由離關城西北30多里的一片石（今遼寧綏中縣九門口）北出到關外，以防止吳三桂退往遼東，與清軍會合。九門口這個地方非常險要，山之間一條河，河上九個拱門，有水的時候放水，沒有水的時候九門的門閘同時放下來，就進不去城了；其三，在西羅城外，從北山到大海，沿石河布成「一」字形戰線，與吳三桂軍對陣。從李自成部署來看，是要把吳三桂圍而殲之。雖李自成志在必勝，卻在攻城與野戰上分散了兵力。

　　李自成軍先攻西羅城，復集中兵力攻打北翼城。雙方交戰，十分激烈。石河一線，極爲慘烈。大順軍「鱗次相搏，前者死，後者復進」。吳三桂軍東馳西突，企圖突圍，屢次遭堵，未能成功。至下午，李自成軍奮勇攻城，北翼城、西羅城危急。

　　二十二日，晨，吳三桂形勢危急，而清軍屢請不至。睿親王多爾袞率軍來到離關城兩里的威遠台，「高張旗幟，休息士卒，遣使往三桂營覘之。三桂復遣使往請，九王(多爾袞)猶未信。請之者三，九王始信，而兵猶未即行。三桂遣使者相望於道，凡往返八次，而全軍始至」(計六奇，《明季北略‧吳三桂請兵始末》)。吳三桂派人「往返八次」請多爾袞，但多爾袞不相信。吳三桂只好帶領5名縉紳和200名親兵，在砲火掩護下，突圍出城，到威遠台，往見多爾袞。當時的情景，據記載：

　　多爾袞問：汝約我來，我來，爲何用砲擊？

　　吳三桂答：非也，闖兵圍關三面，甚固，又以萬騎逾邊牆東遏歸路，故用砲擊之使開，可得間道東出也。

　　多爾袞說：是也，然無誓盟，不可信。且闖兵重眾，關內兵幾與闖同，必若兵亦薙髮殊異之，則我兵與若俱無憚矣。就是說，不剃髮如何區分？不盟誓如何相信？

　　吳三桂說：然我固非怯也，徒以兵少止數千。使我有萬騎，則內不患寇，外猶可以東制遼瀋，我何用借兵於若爲？今兵少固然，薙髮亦決勝之道也。

　　於是，吳三桂與多爾袞「共歃血，三桂即　其首，以從」(《甲申傳信錄》，卷八)。

　　多爾袞與吳三桂在歡喜嶺威遠台，歃血盟誓，吳三桂剃髮稱臣，雙方決定合攻李自成軍。

　　《山海關志》記載：「多爾袞對吳三桂說：『汝等欲爲故主復仇，大

義可嘉，予領兵來成全其美。先帝時事在今日不必言，亦不忍言，但昔爲敵國，今爲一家。我兵進關若動人一株草、一顆粒，定以軍法處死。汝等分諭大小居民，勿得驚慌。』」（余一元，《山海關志·兵警》）

這時，忽然得到探報，北翼城部分吳軍譁變，投奔李自成軍。多爾袞命吳三桂先行，並對他說：「爾回可令爾兵以白布繫肩爲號，不然同係漢人，以何爲辨，恐致誤殺。」（《清世祖實錄》，卷四）三桂立即返回關城，令全體官兵剃髮，來不及剃髮的，就用白布繫肩，以示區別。然後，在關門上豎白旗，率諸將十數員，甲數百騎，出城迎降。清軍三路分別從南水門、北水門、關中門，進入山海關城。多爾袞受拜於軍陣中，進兵城中（《沈館錄》，卷七）。

李自成知道山海關易守難攻，想誘吳三桂軍出關城野戰。令沿石河列陣，自北山橫亙至海，成「一」字形陣，包圍吳三桂軍。吳軍則布列於右翼邊緣，準備集中兵力，向李自成軍突擊。時值大風揚塵，咫尺不見，清軍隱蔽在關城之下。多爾袞告誡眾貝勒大臣說：「吾嘗三圍彼都，不能克。自成一舉破之，其智勇必有大過人者。」（計六奇，《明季北略》，卷二十）因此「爾等毋得越伍躁進，此兵不可輕擊，須各努力，破此，則大業可成！」（《清世祖實錄》，卷四）

多爾袞不肯先同李自成軍輕戰，而是命吳三桂爲前鋒，其目的是：一則觀察吳三桂投降的眞僞；二則觀察李自成的強弱；三則吳、李交戰，兩敗俱傷，坐收漁人之利。

中午，吳三桂首先出動全部精銳與李自成軍交戰，陷入包圍之中，處境十分困難。吳三桂軍與李自成軍「死戰，自辰至酉，連殺數十餘陣」，就是從上午八點到下午六點，歷十小時，戰數十合，互相衝突，異常激烈。據彭孫貽記載：「自成、宗敏知邊兵勁，成敗決一戰，驅眾死鬥。三桂悉銳鏖戰，無不一當百。自成益驅群賊連營進，大呼，伐鼓，震百里。

三桂兵左右奮擊，殺賊數千。賊鱗次相搏，前者死，後者復進。賊眾兵寡，三面圍之。自成挾太子登廟觀戰，關寧兵東西馳突，賊以其旗左縈而右拂之，陣數十交，圍開復合。」（《流寇志》，卷十二）吳軍拚命突圍，圍開復合，死傷慘重。清軍按兵不動，靜觀事態發展。李自成軍英勇陷陣，肉搏廝殺。雙方死傷慘重，已經精疲力竭。吳三桂已陷入重圍，曾多次突圍未成，面臨全軍覆滅的危險。

多爾袞見時機已到，決定集中兵力，突破李自成自北山至大海的沿石河「一」字形陣線。他說：我軍可向海擊彼陣尾，鱗次布列，逐層推進；三桂兵可分列右翼之末（《清世祖實錄》，卷四）。多爾袞選擇關城以南石河口一帶爲突破口，這裡離李自成中軍大帳最遠，最薄弱，而且這裡東南臨海，又是開闊地，便於清軍發揮騎兵的優勢。多爾袞令阿濟格、多鐸率正白旗、鑲白旗兩萬騎兵爲先鋒，突襲李自成的陣尾；同時，吳三桂軍從陣右（北山附近）切入。李自成軍反而陷於清軍和吳三桂軍的首尾夾擊當中。戰局立即發生重大變化。八旗軍直衝李自成軍主力，「白旗所至，風卷潮湧，皆披靡莫能當」。

當時，李自成騎馬立於高岡之上，「見白旗一軍，繞出三桂右，萬馬奔騰，不可止。自成麾後軍，益進」（《流寇志》，卷十二），準備火速馳援。但是，據說他身邊一僧人告訴他：「此非吳兵，必爲東兵也，宜急避之。」就是說，這不是吳三桂的兵，而是滿洲兵也！李自成從未同八旗兵交過鋒，驚詫道：「此滿洲兵也！」策馬下岡走，自成兵奪氣，奔潰。（《清史稿·吳三桂傳》）李自成既沒有預先做防備清軍的準備，也沒有料到吳三桂可能降清，所以面對清、吳聯軍的進攻，慌了手腳。

多爾袞與吳三桂聯軍，把李自成軍壓向海邊，「一食之頃，戰場空虛，積屍相枕，彌滿大野，騎賊之奔北者，追逐二十里，至城東海口，盡爲斬殺之，投水溺死者，亦不知其幾矣」（《沈館錄》，卷七）。有的書記

載：「是日，戰初合，滿兵蓄銳不發，苦戰至日昃，三桂軍幾不支，滿兵乃分左右翼，鼓勇而前，以逸擊勞，遂大克捷。」(劉健，《庭聞錄》，卷一)李自成軍以分對合，劉宗敏「亦中流矢，負重傷而回」(馮夢龍，《燕都日記》)。李自成見敗局已定，率精騎數千，急促撤退。

　　當日，多爾袞晉吳三桂爵為平西王，分馬步兵一萬隸屬，並令吳三桂前進，追擊李自成軍。

　　二十三日，李自成退到永平。命將吳三桂的父親吳襄斬首示眾，然後帶領大順軍殘部向北京撤退。

　　二十六日，李自成回到北京，下令屠吳襄家。

　　這時，北京還有農民軍40萬，李自成沒有組織軍隊對抗吳清聯軍，而是急著操辦即位典禮。

　　二十九日，李自成在北京紫禁城武英殿舉行即皇帝位典禮。

　　三十日，李自成倉促棄京西走(《清世祖實錄》，卷四)。

　　實際上，在李自成此次征討吳三桂時，大順軍已經表現出士氣不足。當時就有人私下裡占卜算卦，問李闖王是否有可能成功，問出師會不會被吳三桂打敗，等等。結果：「得卜不吉，多泣涕。」(《平寇志》，卷十)有的「馬廐、炊丁亦人懷重寶，皆有歸志」(《甲申紀事》)。當李自成軍臨陣突然發現清軍時，便驚慌失措，咸驚呼「虜至矣！虜至矣！拉然崩潰」(談遷，《國榷》，卷一○一)。

　　山海關大戰，既是李自成、多爾袞、吳三桂三方軍事與政治實力的較量，也是李自成、多爾袞、吳三桂三人智慧與謀略的較量。

　　──李自成的軍隊，既有豪氣(攻占北京)，又有驕氣；既有勇氣，又有惰氣(因勝而懶惰)；既有銳氣，又有怨氣(人懷重賂，各思西歸)。李自成的指揮，關內與關外、四面圍城、石河列陣，分散兵力，以分對合。這是他犯的一個致命錯誤。同時，對清軍估計不足，沒有想到多爾袞會率領

軍隊到山海關，並且和吳三桂聯合，共同對付他。

——吳三桂當時可有三種選擇：閉門死守，如寧遠例，但崇禎帝已死，社稷無主；出城迎戰，以弱對強，以寡擊眾，必然失敗；聯合清軍，以合對分，可能勝利。

——多爾袞也有三種選擇：孤軍深入，攻打北京；兩拳並出，雙打李、吳；聯吳擊李，以合對分——顯然，後者是上策。

最後，山海關大戰就三方指揮來說，多爾袞和吳三桂對李自成，合者勝，分者敗。這也是歷史的經驗。

三、清軍進京

清攝政睿親王多爾袞率軍取得山海關大戰的勝利。接著，清軍進入山海關內，勢如雷霆，乘勝追擊，「自山海以西各城堡文武將吏，皆爭先率表迎降」(朝鮮《沈館錄》，卷七)。

二十五日，進抵撫寧。

二十六日，師次昌黎。

二十七日，到達灤州。

二十八日，師至開平。

二十九日，進抵玉田。

五月初一日，抵達通州。

五月初二日，到達北京。睿親王多爾袞率領清軍到達北京，「京內官民，開門迎降」(《明清史料》，甲編，第一本)，「都民處處屯聚以迎軍兵，或持名帖來呈者有之，或閭外瓶花焚香以迎者亦有之矣」(《沈館錄》，卷七)。

這種情形和李自成進北京後大不一樣，原因很多。其中一個原因就是

李自成在北京四十幾天，拷掠太嚴重了。我看了查繼佐的《罪惟錄》，說拷掠的人是數以千計，這數字也可能誇大。點名大學士、六部尚書、侍郎等等官員，包括太監，每人要交多少錢，不然就拷打；交了說你沒交徹底，還要打；一些人被活活打死了。多爾袞比李自成聰明的一點就是，八個字──官仍其職，民復其業。「官仍其職」即所有做官的官復原職，吏部尚書做吏部尚書，戶部尚書做戶部尚書，各衙門照常辦公；「民復其業」即老百姓你該做什麼還做什麼。這樣一下就把北京城秩序基本穩定下來了。

山海關大戰的中心人物吳三桂，並沒有隨著多爾袞進入北京，而是奉命跟隨阿濟格，逐自成至慶都，屢戰皆勝。

順治帝定鼎京師，授吳三桂平西王冊印，賜銀萬兩、馬三匹。

這時，南明福王朱由崧在南京稱帝，也遣使封吳三桂為薊國公，又遣沈廷揚自海道運米10萬、銀5萬犒師，吳三桂不受。這表明吳三桂決心追隨清朝。

吳三桂先後率部征戰於西北和西南地區，為清朝統一立下汗馬功勞。而他本人也被封為王，鎮守雲南，成為藩王。他的兒子吳應熊尚公主，為和碩額駙。康熙十二年(1673年)，吳三桂又上演了一齣「三藩之亂」的鬧劇，經過八年，叛亂平息。此是後話。

清軍入關，是富有戲劇性的歷史一幕。

當農民軍風起雲湧之時，皇太極曾經積極聯絡農民軍，試圖共同對付明朝，但是沒有得到李自成及其他農民軍首領的回應。直到當年的正月二十七日，多爾袞還曾經派人給李自成送過一封信：「茲者致書，欲與諸公協謀同力，並取中原，倘混一區宇，富貴共之矣。不知尊意何如耳？惟速馳書使，傾懷以告，是誠至願也。」(《明清史料》，丙編，第一本)這封信輾轉送到大順軍榆林守將王良智手上，此時李自成已經率領大軍進軍北京

了。當李自成得知信的內容後，他對清政權的建議採取了不予理睬的態度。

很快，多爾袞就見到了吳三桂的使者，並在吳三桂的引領下進入山海關。而在此之前，後金—清軍即使打到北京城下，都從來沒有走進山海關城。

當李自成攻下北京之後，他只看到降而復叛的吳三桂，而對吳三桂身後的大清卻視而不見，根本沒有採取任何防範措施。

大順軍利用明清對峙，順利攻占京城，推翻明朝統治。清軍則利用吳三桂與李自成的矛盾，順利入關，奪占大順果實。在這場三方角逐中，清朝是贏家。

山海關大戰，是一場決定中國命運的決戰，它改變了當時中國政治力量的格局，影響中華歷史的進程。清朝勢力終於通過山海關，定鼎北京。可謂「定鼎燕都，一統之基，實始於石河一戰」(乾隆《臨榆縣志·原序》)。

大順先覆滅大明，大清又覆滅大順，最後政權落到了清朝的手裡。有人問，這是必然的還是偶然的？我認為是偶然中有必然，必然中也有偶然。說必然就是明朝氣數已盡，這是歷史必然；但是也有偶然，吳三桂若投降了李自成，山海關一戰怎麼個打法，則是另外一種情況。吳三桂和多爾袞聯合起來共同對付李自成，戰爭又是一種結果。所以，歷史發展有其偶然性也有其必然性，它就是在偶然必然之間來發展。

此後，睿親王多爾袞輔佐順治皇帝遷都北京，入主中原，統一華夏。從此，開啟了268年的清朝歷史。

第四十七講
順治遷都

　　清朝定都北京，無論在中華歷史上，還是在世界歷史上，都是一件大事。本講分做三個小題目：一、定都之爭，二、都城三遷，三、文化融合。

一、定都之爭

　　清順治元年即崇禎十七年(1644年)五月，睿親王多爾袞率清軍占領北京。於是，定都問題成了一件大事。多爾袞建議遷都北京，但他的胞兄英親王阿濟格表示反對：

> 初得遼東，不行殺戮，故清人多爲遼民所殺。今宜乘此兵威，大肆屠戮，留置諸王，以鎮燕都。而大兵則或還守瀋陽，或退保山海，可無後患。

　　上述建議如被採納，那麼，燕京宮殿必遭殘毀，北京皇家園林無從談起。然而，多爾袞主張遷都北京。他給順治皇帝奏言：

> 燕京勢踞形勝，乃自古興王之地，有明建都之所。今既蒙天眷，

順治皇帝像

皇上遷都於此，以定天下。則宅中圖治，宇內朝宗，無不通達。可以慰天下仰望之心，可以錫四方和恆之福。(《清世祖實錄》，卷五)

在這個奏摺裡，多爾袞說了九個意思：

第一，「燕京勢踞形勝」，就是說燕京右擁太行，左居滄海，南襟中原，北連朔漠，勢踞形勝。

第二，歷朝在這裡建都，如遼、金、元等。

第三，「有明建都之所」，即明朝在這裡建都，有宮殿。

第四，「今既蒙天畀」，即上天把燕京——北京賜給了大清，應該接納。

第五，在燕京定都，可以定天下。

第六，「則宅中圖治」。這個「中」很重要，國都要居中，特別在古代交通不發達的時候更要居中，在南北來說，從黑龍江到珠江，北京居中。這樣一來，「宇內朝宗」。

第七，「無不通達」，即四通八達。

第八，「可以慰天下仰望之心」，天下人都希望把都城設在北京，阿濟格等少數人的意見，要服從天下人的意見。

第九，「可以錫四方和恆之福」。「錫」在古代和「賜」可以通用。這句話是說，這樣一來，四面八方和平、安定的幸福局面就可以得到保障。

多爾袞的意見得到大部分八旗諸王、貝勒的贊成，正式奏報順治皇帝。年方7歲的順治帝，自然採納多爾袞遷都的奏請。同年十月初一日，順治帝因皇極殿(今太和殿)被李自成焚毀，便在皇極門(今太和門)舉行大典，頒詔天下，定鼎燕京。

清朝遷都燕京是一項重大決策。中國從秦始皇到宣統，2000年間，政治中心前1000年主要在西安，後1000年主要在北京。都城變遷呈「十」字形，前1000年，都城變化東西移動，後1000年則南北移動。但是，中國大一統王朝的新政權都要拋棄舊王朝都城與宮殿：周武王滅紂末都朝歌而仍回鎬京，秦始皇統一六國後仍都咸陽，西漢定都長安，東漢奠都洛陽，隋朝都大興，唐朝都長安，北宋東京遷汴梁(今開封)，蒙古成吉思汗焚毀金中都使「可憐一片繁華地，空見春風長綠蒿」，元朝先在上都、後遷大都，明初定都金陵(今南京)、永樂時才遷都北京。縱觀中國歷史上大一統王朝——商、周、秦、漢、隋、唐、宋、元、明，清朝之前，所有大一統王朝興國之君，宸居前朝宮殿，史冊蓋無一例。然而，清攝政睿親王多爾袞卻一反歷代大一統王朝對前朝宮殿焚、毀、拆、棄的做法，對故明燕京紫禁城宮殿下令加以保護、修繕和利用。經過清代興建、修葺的文物，保存至今的故宮、天壇、頤和園、避暑山莊暨外八廟、瀋陽故宮、清朝五陵(永陵、福陵、昭陵、清東陵、清西陵)等如今都被列為世界文化遺產。因此，清朝遷都北京既對文物保護起著重大的作用，也對滿漢文化融合起著積極的作用。

清朝遷都北京，北京成為中國多民族國家的政治和文化中心。而北京大體位置居中，這有利於中國的國家統一、民族協和，特別是對北部、西北、東北版圖的確定和鞏固起了重大的作用。

從明萬曆十一年(1583年)清太祖努爾哈赤起兵，到清順治元年(1644年)定鼎北京，其間整整60年。這60年的特點是：天崩地解、山谷陵替、

戰爭頻仍、社會動盪。由於長時間的社會動盪，中原地區，荒野千里，村無狗吠，家無雞鳴。中國各族人民渴求和平與安定。

清順治元年(1644年)，遷都北京，以明朝都城作爲清朝都城，以明朝宮殿作爲清朝宮殿。作爲新王朝的統治者，他們的國策應當是：和平與安定。

清軍入關前，北京的明朝皇宮，特別是皇極殿、中極殿、建極殿遭到破壞。清順治帝入主紫禁城後，對故明三大殿進行修繕。順治二年(1645年)，將修建後的皇極殿、中極殿、建極殿，依次改名爲太和殿、中和殿、保和殿，突出一個「和」字。北京明清皇宮三大殿的名稱，先後有三：永樂皇帝建三大殿之初，命名爲奉天殿、華蓋殿、謹身殿。特別是奉天殿，突出「天」，就是突出神權。嘉靖重建三大殿後，改名爲皇極殿、中極殿、建極殿，又突出「極」，就是突出皇權。而順治重修三大殿後，再改名爲太和殿、中和殿、保和殿，突出「和」，就是突出國家與民族的和諧。這是殿，還有門。

明代皇城的城門，正門爲承天門，後門爲地載門。順治八年(1651年)，承天門重修竣工，改其名爲「天安門」，突出一個「安」字。第二年，皇城北門重修竣工，改其名爲「地安門」，也突出一個「安」字。再加上皇城的東安門、西安門、長安左門、長安右門。這樣，皇城的城門

順治帝登基詔書(局部)

都突出「安」字。

清代北京皇城城門的名稱突出「安」，皇宮三大殿突出「和」，從一個側面反映出清朝的執政者力求國家安定，民族和諧。

「安」，《說文解字》：「安，靜也，從女在宀下。」《康熙字典》：「安……〈益稷〉：『安，汝止。』」注：「謂止於至善也。又寧也，定也。」

「和」，今《新華字典》、《現代漢語詞典》、《辭海》等都是「禾」為偏旁。但它本來是「口」為偏旁。《說文解字‧和》：「和，相應也，從口，禾聲。」本意是眾口、眾音和諧。《尚書‧堯典》所說「協和萬邦」就是這個意思。

總之，清初遷都北京，執政者力求社會安定、民族和諧。

但北京是後金—清的第四個都城。那麼，它的前三個都城在哪裡？他們又是怎樣遷都的呢？

二、清都三遷

清朝最初的都城是赫圖阿拉。赫圖阿拉在今遼寧省撫順市新賓滿族自治縣永陵鎮老城村。

早在明萬曆三十一年（1603年），努爾哈赤由佛阿拉遷到赫圖阿拉。佛阿拉又作費阿拉，是滿語feala的譯音。"fe"滿語的意思是「舊」或「老」，"ala"滿語的意思是「岡」，合起來就是「舊岡」或「老岡」的意思。漢譯作「舊城」或「老城」。因為努爾哈赤由佛阿拉搬到赫圖阿拉，所以佛阿拉就成為舊城或老城。佛阿拉建在山上，「女真多山城」，這主要是為了軍事防禦。

佛阿拉城現在當然已經毀了，漢文文獻沒有記載，朝鮮申忠一《建州

紀程圖記》留下唯一的記載：

佛阿拉城分爲三重城。第一重爲柵城，以木柵圍築城垣，略呈圓形。它比金太祖阿骨打栽柳禁圍的「皇帝寨」有所進步。柵城內爲努爾哈赤行使權力和住居的地方。柵城內分爲東西兩區。西區主要有六組建築，包括鼓樓、客廳、行廊等。鼓樓建在20餘尺的高台上，爲一層樓式建築，樓頂覆蓋丹青瓦。客廳五間，廳頂蓋草。東區主要有九組建築，除一間便房蓋草外，其餘八組都是瓦房。努爾哈赤的居室比較居中，爲三間樓房，房頂覆丹青瓦，外面圍築高牆。其南有樓一座，建在10餘尺的高台上；其北也有樓一座，三間，蓋瓦。在東區與西區之間，有牆隔開，中開一門。柵內的樓宇、房舍，牆抹石灰，柱橡彩繪。第二重爲內城，周圍2里餘，城牆以木石雜築，有雉堞、望樓。內城中居民百餘戶，由努爾哈赤「親近族類居之」。舒爾哈齊房屋的大門上貼著對聯「跡處青山，身居綠林」。在東區與西區之間，有牆隔開，中開一門。在城東設有堂子。第三重爲外城，周約10里，城牆先以石築，次布椽木，又經石築，又布椽木，高約10餘尺，內外塗黏泥。沒有雉堞、射台、濠溝。城門爲木板，沒有鎖，門閉以後，以木橫張。外城門上設敵樓，上面蓋草。外城中居民300多戶，由努爾哈赤諸將及其族屬居住。城中泉井僅四五處，水不夠用，城裡人冬季要伐河冰，運到城內，朝夕不絕。早晚擊鼓三通，沒有巡更。書中還記載：努爾哈赤長得「不肥不瘦，軀幹壯健，鼻直而大，面鐵而長」。他頭戴貂皮帽，脖子護著貂皮圍巾。身穿貂皮緣飾的五彩龍紋衣。腰繫金絲帶，佩刀子、礪石，腳穿鹿皮靴。

外國一些學者認爲佛阿拉是清朝的第一個都城。但是，那個時候努爾哈赤還沒有建立政權，至少沒有建立年號，所以，只能說佛阿拉是建州衛的一個衛城。

清朝第一個都城是赫圖阿拉。萬曆三十一年，建州政治中心遷到赫圖

阿拉。赫圖阿拉是滿語hetuala的譯音，"hetu"滿語是「橫」的意思，"ala"滿語是「岡」的意思。「赫圖阿拉」就是橫岡的意思。明朝稱其爲「蠻子城」，朝鮮稱其爲「奴酋城」，就是努爾哈赤城。赫圖阿拉城建在蘇克素滸河與加哈河之間開闊小平原中的岡阜上，是中國古代最後一座建在山上的都城。赫圖阿拉位置優越，氣候宜農，河水豐沛，勢踞形勝：「群山拱護，河水縈流。」眞是一塊風水寶地。正如古籍所載：「凡立國都，非於大山之下，必於廣川之上，高毋近旱而水用足，下毋近水而溝防省。因天材，就地利，故城郭不必中規矩，道路不必中準繩。」（《管子・乘馬》）就是過低怕遭水患，過高用水不便。赫圖阿拉經過三次大建，已經具備都城規模，成爲後金—清朝的第一個都城。天命元年即萬曆四十四年(1616年)正月，聰睿貝勒努爾哈赤在赫圖阿拉黃衣稱朕，建立金國，年號天命，國號大金(後金)。從此，赫圖阿拉就成爲後金—清朝的第一個都城，後尊稱爲興京，意思是清朝興起的京城。赫圖阿拉作爲後金—清朝都城六年，後遷都到遼陽。

清朝第二個都城是遼陽。天啓元年即天命六年(1621年)，後金占領瀋陽、遼陽。三月二十一日，天命汗努爾哈赤在攻克遼陽的當天，即決定遷都遼陽。遼陽，又稱東京。遼太宗天顯三年(928年)，升爲南京。會同元年(938年)，改南京爲東京，府日遼陽。金仍爲東京，元改東京爲遼陽路。明設遼東都指揮使司，所轄：「東至鴨綠江，西至山海關，南至旅順海口，北至開原。」後在遼陽設遼東經略衙門。後金遷都遼陽，遂築遼陽新城。努爾哈赤命築城於遼陽城東五里太子河邊，建宮室，遷居之。努爾哈赤建東京新城，目的有四：一是憑河爲障，防明軍東撲；二是駐足不穩，另建新城；三是滿洲聚居，防漢人反抗；四是旗民分住，防滿人漢化。遼陽原有南、北兩城，南城駐遼東都司軍政機構，北城住平民百姓。後金官兵及其眷屬遷入遼陽後，先是「移遼陽官民於北城，南城諸王臣民

居之」。要不要建新城，天命汗同諸貝勒有爭論。天命汗據理說服眾貝勒大臣。貝勒大臣皆曰：「善。」遂定議遷都遼陽(《滿洲實錄》，卷七)。這是在山區與平原結合部建立的都城。

清朝第三個都城是盛京。天命十年即天啓五年(1625年)三月初一日，努爾哈赤決定從遼陽遷都瀋陽。遷都定鼎，社稷大事，歷史上每次定都與遷都，總要伴隨著激烈的論爭。昔劉邦都洛陽或關中，猶疑不能定奪，君臣各有所重。張良曰：「夫關中，左殽、函，右隴、蜀，沃野千里，南有巴蜀之饒，北有胡苑之利，阻三面而守，獨以一面東制諸侯。諸侯安定，河渭漕挽天下，西給京師；諸侯有變，順流而下，足以委輸。此所謂金城千里，天府之國也。」(《史記・留侯世家》)最後劉邦採納了張良的意見。但在廟堂議爭都城的問題上，清太祖與漢高祖不同：漢爲臣諫君，清(後金)則爲君諭臣。努爾哈赤第二次遷都瀋陽，同上次遷都遼陽一樣，又發生一場君臣之爭。

《清太祖實錄》記載：「帝聚諸王臣議，欲遷都瀋陽。」但是，努爾哈赤的意見遭到諸王貝勒的阻諫。諸王大臣諫曰：「邇者築城東京，宮室既建，而民之廬舍，尚未完善。今復遷移，歲荒食匱，又興大役，恐煩苦我國！」也就是說，修建東京(遼陽)官民的宮室廬舍還沒有完工，已經耗費了大量民力，再次遷都，勞民傷財，得不償失。努爾哈赤不許。他爲了說服諸王貝勒，闡述遷都瀋陽的理由：

> 瀋陽形勝之地。西征明，由都爾鼻渡遼河，路直且近。北征蒙古，二三日可至。南征朝鮮，可由清河路以進。且於渾河、蘇克蘇滸河之上流，伐木順流下，以之治宮室，爲薪不可勝用也。時而出獵，山近獸多。河中水族，亦可捕而取之。朕籌此熟矣，汝等寧不計及耶！(《清太祖高皇帝實錄》，卷九)

天命汗遷都瀋陽的〈汗諭〉，長達99字，概述其都城選址瀋陽的道理。但努爾哈赤沒有能說服他的諸王大臣。天命汗最後斷言：「吾籌慮已定，故欲遷都，汝等何故不從！」

努爾哈赤不徇眾見，決然遷都，乃於天命十年即天啓五年(1625年)三月初三日，出東京城，駐虎皮驛；初四日，至瀋陽。從此，瀋陽發展成為東北政治、經濟、文化、軍事和交通的中心。今瀋陽故宮，主要是當年努爾哈赤、皇太極時期的宮殿(後加修建和擴建)，現被列為世界文化遺產。

清朝第四個都城是北京。清遷都北京後，中華文化發生了新的融合。

三、文化融合

順治帝遷都北京，在有清一代，各民族文化既有衝突，也有融合。中華文化在民族文化交會過程中豐富、發展和繁榮。

第一，宮殿滿洲特色。清初對故明宮殿，既加以利用，又進行改造。如坤寧宮仿照瀋陽清寧宮，宮前設索羅竿子，就是滿洲祭神、祭天的竿子。現在這個竿子沒有了，瀋陽清寧宮前面還有，這是滿洲文化一個重要的標誌和象徵。索羅竿子上有個錫斗，擱上米、骨頭等，來祭祀烏鴉。滿洲崇拜烏雀，說烏鴉是神鳥，還傳說烏雀當年救了努爾哈赤，實際上烏鴉是滿洲祭祀的一個圖騰。這個習俗一直延續到清朝末年。還將正門東移，建起圍炕，宮內砌起薩滿教祭祀煮肉的大鍋、大案，為祭祀殺牲用。皇宮內設箭亭、文淵閣前碑亭為盝頂。這都是滿洲牧獵文化在宮廷建築上的表現。雨華閣則體現滿、藏、蒙、漢文化的特色。

明朝人建的皇宮，體現漢族農耕文化的需要。少數民族到北京建立政權，也要把文化帶到北京。譬如說，元大都在北京，宮殿是品字型的，東面大內位置大體相當於現在故宮，西面隆福宮和興盛宮在現在的北海公園

前後，元大都的中心是太液池，就是現在的中南海、北海。所以，我說元大都北京的建築是太液爲主，宮殿爲客。到明朝就變了，主是紫禁城，西苑、中南海、北海是皇帝玩兒的地方。爲什麼有這個變化？就是因爲蒙古是草原文化，以水爲主。漢族是農耕文化，以宮殿爲主，太液爲客。大家知道滿洲有一個人叫蘇麻喇姑，她照顧過康熙皇帝。蘇麻喇姑是蒙古人，她有一個習慣，每年臘月三十的洗腳水不倒掉，澄清之後倒出一小碗喝了，說可以消災。從文化學、民俗學來看，這個習俗體現的就是蒙古對水的重視，因爲牛羊要依靠草，草要依靠水，水是草原文化的生命。元大都還「移沙漠莎草於丹墀」，欄杆也護以青草。這表明蒙古大汗要在紫禁城黃瓦、紅牆、青磚、白石之中，抹上草原文化的綠彩。忽必烈興苑囿太寧宮(今北海公園)，其萬壽山(萬歲山)不僅有綠樹、綠水、綠草，而且殿頂覆綠瓦，山石換綠石，從而形成山綠、水綠、樹綠、草綠、殿綠、石綠，成爲一片綠色世界。這是蒙古草原綠色文化在大都苑林的鮮麗展現。

　　第二，旗民分城居住。八旗官兵及其眷屬到北京後，安排住在內城，漢人等住在外城。內城：兩黃旗居北，兩白旗居東，兩紅旗居西，兩藍旗居南。在八旗駐防地如成都、杭州、廣州、福州、荊州、綏遠、西安、青州等，也都有滿城。其實，早在遼陽，就滿漢分城居住：「移遼陽官民於北城，其南城則帝與諸王臣軍民居之。」(《清太祖武皇帝實錄》，卷三)建遼陽新城後，舊城居漢民，新城則居旗人。這是清朝滿漢分城居住之始。更早則契丹人得遼陽，居住內城，漢人則居住外城，「外城謂之漢城」(《遼史·地理志二》)。這是少數民族居於統治民族時，其族人住居在以漢人爲主體居民城市中的一種文化隔離政策。但兩種文化間的交融是任何城牆所阻隔不了的。

　　第三，興建皇家園林。滿族的先人女眞人的文化爲牧獵文化。順治帝

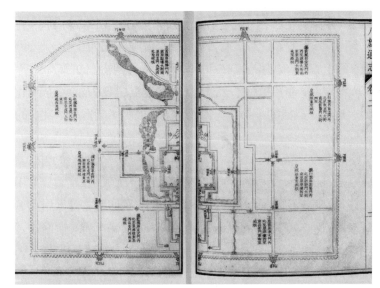

清《八旗通志》之「北京城駐防圖」

遷都北京後，滿洲貴族為了避暑與狩獵，在北京及其附近地區大建皇家園林。如北京的「三山五園」——萬壽山的頤和園（清漪園）、香山的靜宜園、玉泉山的靜明園和暢春園、圓明園，以及熱河的避暑山莊暨外八廟、木蘭圍場等。清代北京皇家園林，兼取南北、中外園林之長，將中國古典園林藝術推向新的高峰。其中頤和園、避暑山莊暨外八廟等現在被列為世界文化遺產。

　　有人說，康雍乾等皇帝用人民的血汗修了皇家園林，是歷史的罪惡。這也有道理；但是有一條，清朝的皇家園林是科學技術人員和人民共同勞動的結晶，我們應該珍視的不是康雍乾他們個人的事情，是珍視我們國家億萬勞動人民辛勤血汗和聰明智慧的結晶。天壇原來不是藍瓦，乾隆時候改成藍瓦，藍是天的象徵，更漂亮了，更具有對上天敬畏的含義。

第四，**中華文化融合**。應當承認，清軍進入北京之後，漢族文化和滿族文化有衝突。有材料記載，有人把孔廟打個洞，來回出入；天安門門前放上砲，晾上衣服，八旗婦女在那裡看著玩兒。科舉考試的時候秩序也不好，有人把硯台、筆給搶跑了。但是，總的歷史趨勢是滿漢各族文化之間的融合。比如，滿族的子弟書、岔曲、太平鼓等，成為中華文化的一部分。

清崇儒重教，滿洲人、蒙古人等參加科舉考試，滿洲麻勒吉、蒙古崇綺成為殿試的狀元。皇宮殿額、門額滿漢文合璧書寫。《清實錄》用滿、漢、蒙三種文字繕寫。雍和宮的滿、漢、蒙、藏四體文碑，用滿、漢、蒙、藏、維五種文字編修的《五體清文鑑》，用滿、漢文編修的《清本紀》、《滿洲實錄》、《玉牒》、《八旗通志》、《皇輿全覽圖》、《滿洲源流考》、《八旗滿洲氏族通譜》、《欽定滿洲祭神祭天典禮》等，用蒙、滿、漢三種文體合繕的《蒙古王公表傳》，敕編的《回部王公表傳》，都是農耕文化與牧獵文化在北京交會的明顯例證。雖然他們各自經歷痛苦磨難、付出巨大代價，但塞外牧獵文化在北京給中原農耕文化輸入了新血液，中原農耕文化又在北京給塞外牧獵文化補充了新營養。

乾隆帝的時候，他做了一些錯事，比如修《四庫全書》毀了一些書；但《四庫全書》的歷史功績也是很大的。當時把《四庫全書》抄成七份，好多書在民間早就找不到了，我們今天從《四庫全書》可以查出來。清朝修書那個認真勁兒真是不得了。

乾隆皇帝寫字像

我查過一本清朝的檔案，叫無圈點檔，是老滿文檔案，乾隆帝說要把它裱糊起來，重新再抄一部，免得散失了，非常嚴格。每天早上，從滿本堂把它調出來，都有借書條；每天抄幾頁有定額，領幾頁紙也有定額，抄錯了要把抄廢的紙交回來，換一張新紙；每天抄錯幾張也有定額，多了要罰俸；晚上要把書退回庫，第二天再借出來抄。每晚都有檢查，抄完一卷後送給乾隆帝親閱，直到把這個書修成，最後審閱人簽名。每一件事情都有嚴格的檔案記載，非常完整。

　　清朝入關之後，定都北京，完成了滿漢文化的融合、對西方文化的吸收，這樣，北京才成為全國的政治和文化中心。這不僅影響到清代，也不僅影響到民國，而且影響到當今，也將影響到後世。

第四十八講
興亡之鑑

　　明朝自洪武元年(1368年)，到崇禎十七年(1644年)，歷16帝，276年。明朝爲什麼滅亡？

　　清朝從萬曆十一年(1583年)努爾哈赤起兵，到順治元年(1644年)清軍入關、定都北京，中間60年。清朝爲什麼興起？

　　明亡清興的歷史，有些什麼基本的經驗與教訓，值得後人思考和借鑑？

　　清初一些學者探討了明朝滅亡的原因。如黃宗羲在《明夷待訪錄》一書中說：「爲天下之大害者，君而已矣！」(黃宗羲，《明夷待訪錄·原君》)明朝君主集權固然是其滅亡的重要原因，但明太祖朱元璋、明成祖朱棣時也是君主高度集權啊！

　　有學者從明朝制度缺失分析其滅亡的原因。他們認爲「由於缺乏宰相制，君主的無能和派系的爭執這兩大古老的難題，在明代越發難解了」(司徒琳，《南明史·引言》)。就是說，「洪武十三年罷丞相」(《明史·職官志一》)，大學士的品級很低，正五品，侍左

明思宗殉國三百年紀念之碑
(1943年立，2004年復立)

右，備顧問。然而，崇禎時大學士官品提升，同樣不能挽救明朝滅亡的命運。所以，這也沒有觸及問題的本質。

還有學者從吏治腐敗去探究其原因。而吏治腐敗，各代都有。

看來，明朝滅亡原因，仍需進行研究。

明朝覆亡，原因複雜。從歷史序列來說，有長、中、短三個層面——長者，要從朱元璋說起，明太祖朱元璋制定的制度、政策彷彿雙刃劍，它一面鞏固了明朝社會秩序，另一面埋下了後世沒落的禍根；中者，要從萬曆說起，萬曆帝的怠政、泰昌帝的短命、天啓帝的閹亂，加速了明朝的滅亡；短者，要從崇禎說起，崇禎帝想做「中興」之主，卻成爲「亡國」之君。

作爲歷史明鑑來說，可以從政治、經濟、文化、軍事、外交、民族、制度等多方面、多角度、多層次分析，每個問題都可以寫專題論文，合起來可以寫一部百萬字的大書。要把複雜問題簡明化，找出其中最基本的教訓是什麼。

我從一個角度、一個側面、一個切入點分析明朝覆亡的原因，將其簡括爲一個「分」字。具體說來，就是民族分、官民分、君臣分；而清朝興起的原因，我簡括爲一個「合」字，具體說來，就是民族合、官民合、君臣合。

一、民族分

明朝滅亡的一個直接、也是基本的原因，就是「民族分」。大家知道，明太祖朱元璋推翻蒙古孛兒只斤氏(博爾濟吉特氏)貴族的統治，建立明朝。明朝以「驅除韃虜」起家，卻最終又被「韃虜」取代。所以，首先值得檢討的是，明朝的民族關係出了問題，特別是北方的民族關係出了問

題。

明朝北方的民族問題，前期主要是蒙古，後期主要是滿洲。

先說滿洲。明朝對女眞—滿洲的政策是「分」，就是使女眞諸部——「各相雄長，不相歸一」(《明經世文編·楊宗伯奏疏》)。具體說來，就是：「分其枝，離其勢，互令爭長仇殺，以貽中國之安。」(《神廟留中奏疏彙要》卷一)明朝對女眞各部，支持一部，打擊另一部，拉此打彼，分而治之。

滿洲先人女眞原來是明朝民族大家庭中的一個成員。努爾哈赤先人是明朝建州衛的朝廷命官，努爾哈赤也是朝廷的命官，曾經受到明朝的信任。他曾先後8次騎著馬到北京，每次往返跋涉4000里，向萬曆皇帝朝貢。他說自己是爲大明「忠順勘邊」，就是爲明朝看守邊疆。那麼努爾哈赤怎麼會變成明朝的敵人呢？又怎麼會成爲明朝帝國大廈的縱火者呢？直接原因是明朝對女眞政策出了問題。萬曆皇帝、李成梁總兵在古勒寨之戰中，誤殺了一個人，這個人就是努爾哈赤的父親塔克世。結果呢？努爾哈赤以此爲藉口，以「十三副遺甲」起兵，隨後發布「七大恨」誓師，攻打撫順，挑戰明朝，從而引發了一系列的後果。

明朝民族政策的一個特點是「分」字，結果眞的就把北方有的民族給分出去了。滿洲的先人女眞人分出去了，諺語云：「女眞滿萬，天下無敵！」後來，女眞—滿洲不僅滿萬，而且組成八旗滿洲，這就是一股很強大的力量。

明朝要是只分滿洲，不分蒙古，和蒙古聯合起來共同對抗努爾哈赤，那麼滿洲的難題也可能有解決的方法；但明朝又把蒙古分了，蒙古又變成了自己的敵人。

次說蒙古。明太祖朱元璋推翻元朝，但他沒有消滅蒙古貴族的軍事力量。爲防止北元蒙古貴族復辟，明朝採取的措施：一是修長城，二是設九

邊，三是北征——洪武年間，五次北征；永樂年間，七次北征。永樂皇帝
甚至死在北征蒙古的榆木川地方。到明朝中期，蒙古瓦剌部首領也先入
塞，正統十四年(1449年)，在土木堡之役俘虜明英宗皇帝。嘉靖年間，蒙
古俺答部兵薄京師，為此北京修建外城。「正統後，邊備廢弛，聲靈不
振。諸部長多以雄傑之姿，迭出與中夏抗。邊境之禍，遂與明終始云。」
(《明史‧韃靼傳》)後來明廷對蒙古實行「撫賞」政策。明以「西靖而東自
寧，虎(林丹汗)不款，而東西並急，因定歲予插(察哈爾林丹汗)金八萬一
千兩，以示羈縻」(《明史‧韃靼傳》)。但是，林丹汗「恃撫金為命，兩年
不得，資用已竭，食盡馬乏，暴骨成莽」(《明史‧韃靼傳》)。漠南蒙古鬧
災，袁崇煥主張以糧食換馬匹，明朝卻不准「市米」，「市米資盜」甚至
成為袁崇煥被處死的一大罪狀。可見，明廷對蒙古始終是敵視的，「撫
賞」交結等等實在是不得已而為之。結果，正如《明史‧韃靼傳》所說：
「明未亡，而插(林丹汗)先斃，諸部皆折入於大清。國計愈困，邊事愈
棘，朝議愈紛，明亦遂不可為矣！」

清則與明相反，皇太極對受災蒙古進行救濟。又採取聯姻、編旗、重
教、封賞等一系列措施，最後同蒙古結盟，共同對付明朝。

在對待蒙古與滿洲的關係上，明朝先是以「東夷制北虜」，後又以
「北虜制東夷」。結果則是「東夷」與「北虜」聯合，出現滿蒙聯盟的局
面。

我們再回顧一下滿洲的歷史。我講過，清朝興起與強盛的一個重要原
因就是「合」。首先是建州女真合，接著是海西女真合，再是東海女真
合、黑龍江女真合，合成滿洲。而且，滿洲同蒙古聯盟，同漢軍聯盟，同
東北達斡爾、錫伯、赫哲、鄂溫克等少數民族合，組成八旗滿洲、八旗蒙
古、八旗漢軍。這樣，八旗滿洲、八旗蒙古、八旗漢軍三隻拳頭合起來打
明朝；顯然，明朝就對付不過了。

二、官民分

明朝滅亡的直接原因是明末農民起義。崇禎十七年(1644年)，李自成率領大順軍攻入北京，崇禎自縊，明朝滅亡。

崇禎皇帝既受到中原農民軍隊的打擊，又受到東北滿洲八旗軍隊的打擊。可以說，明朝是在清軍和農民軍雙重打擊下滅亡的。中原的民變，重要原因在於官民的矛盾，而嚴重自然災害加深與激化了官民的矛盾。舉幾個例子。

崇禎皇帝的思陵

花錢買官。吏部尚書周應秋，公然按官職大小，秤官索價，賣官鬻爵。他「每日勒足萬金，都門有『周日萬』之號」(文秉，《先撥志始》，卷下)。官員花錢買官，做了官之後，就搜刮百姓。吏、兵二部，弊竇最多：「未用一官，先行賄賂，文武俱是一般。近聞選官動借京債若干，一到任所，便要還債。這債出在何人身上，定是剝民了。這樣怎的有好官，肯愛百姓？」(孫承澤，《春明夢餘錄》，卷四十八)這話出自崇禎皇帝之口，可見問題的普遍和嚴重。

兩極分化。官員貪，百姓呢？老百姓的土地被占了，有的地方：「王府有者什七，軍屯什二，民間僅什一而已。」(《明神宗實錄》，卷四二一)簡直就是「惟餘芳草王孫路，不入朱門帝子家」(汪價，《中州雜俎》，卷一)，於是出現這樣一副圖畫：「富者動連阡陌，貧者地鮮立錐。飢寒切身，亂

之生也。」(《明清史料》，甲編，第十本)這樣，貧富兩極分化，社會矛盾尖銳。

災荒嚴重。赤地千里，危機加劇。「亢旱四載，顆粒無收，饑饉薦臻，脅從彌眾」(楊嗣昌，《楊文弱先生集》，卷十)。社會危機，至為嚴重。飢民吃泥土、吃雁糞，甚至易子而食，析骨而爨。鬻人肉於市，醃人肉於家，人剛死而被割，兒剛死而被食。史料記載：

> 臣鄉延安府，自去歲一年無雨，草木枯焦。八九月間，民爭採山間蓬草而食，其粒類糠皮，其味苦而澀，食之僅可延以不死。至十月以後而蓬盡矣，則剝樹皮而食。諸樹惟榆樹差善，雜他樹皮以為食，亦可稍緩其死。迨年終而樹皮又盡矣，則又掘山中石塊而食。石性冷而味腥，少食輒飽，不數日則腹脹下墜而死。民有不甘於食石而死者，始相聚為盜，而一二稍有積貯之民遂為所劫，而搶掠無遺矣。有司亦不能禁治。間有獲者亦恬不知怪，曰：「死於饑與死於盜等耳，與其坐而饑死，何若為盜而死，猶得為飽死鬼也。」(《馬懋才備疏大饑》，載《明季北略》，卷五)

官逼民反。民不聊生，官逼錢糧。財政緊缺，加緊搜刮。這裡有一個生動的故事。

明大學士、首輔劉宇亮自請往前線督察，抵抗李自成為首的農民軍。他率軍隊過安平，得報清軍將到，嚇得面無人色，急往晉州躲避。知州陳宏緒閉門不納，士民也歃血宣誓不讓劉宇亮軍進城。劉宇亮大怒，傳令開城門，否則軍法從事。陳宏緒也傳話給大學士劉宇亮說：「督師之來，以禦敵也！今敵且至，奈何避之？芻糧不繼，責有司；欲入城，不敢聞命！」(《明史·劉宇亮傳》)知州陳宏緒將避敵逃生的大學士、宰相劉宇亮

拒之城外。劉宇亮惱羞成怒，上疏彈劾陳宏緒。「州民詣闕訟冤，願以身代者千計。」（《明史・劉宇亮傳》）

　　李清路過山東恩縣，親見官吏「催比錢糧，血流盈階，可歎！」（李清，《三垣筆記》，卷上）到崇禎帝即位之年（1627年），「秦中大飢，赤地千里」（《鹿樵紀聞》，卷下）。飢民被迫鳩眾墨面，闖入澄城，殺死知縣張斗耀，揭開明末農民大起義的帷幕。有官必有民，有民必有官。官與民，既有利益矛盾，又有利益相同。但是，官民矛盾主要在官。

　　《孟子》說：「仰足以事父母，俯足以畜妻子。」（《孟子・梁惠王上》）反之，假如上不能養父母、中不能養自己、下不能養妻子，這樣的社會必然動盪不安。

　　官民分最突出的表現是，百姓被逼，鋌而走險。老百姓實在活不下去了，就出現「官逼民反」現象。崇禎皇帝在大災之年，沒有採取有效措施緩解官民矛盾，而是加以激化。

　　民族矛盾加深官民矛盾，官民矛盾又加深民族矛盾。它們的背後，則是君臣的矛盾。

三、君臣分

　　甲申之變，明朝滅亡，農民起義與滿洲興起是外在的兩個因素，執政集團內部的君臣分，則是其內在的因素。

　　明朝宦官專權，朋黨相爭，到王朝末期越演越烈，即便是在國家危難之際，朝廷上依然不停地爭吵，致使徒然浪費了許多大好機會。

　　雖然崇禎帝一上台就懲治以魏忠賢為首的閹黨，但僅作為個案處理，而沒有涉及宦官制度。他後來又信任太監，派太監監軍，使萬曆、天啟宦官問題重演。黨爭問題，宦官問題，在明王朝的歷史上幾乎總是或隱或

顯、或急或緩地存在著，由於執政集團內部的君與臣離心離德，從很大程度上消耗了明皇朝的整體實力，慢慢地腐蝕了支撐朱明江山的基礎。因此，與其說是崇禎帝剛愎暴戾導致了甲申之變、朱明覆亡，毋寧說這場鼎革之變是明朝從朱元璋開國以來各種弊端累積的總結果。

明亡清興的60年間，在明朝的政壇上，主要有三位君主──萬曆帝長期怠政，二十幾年不上朝；天啓帝日夜貪玩，委政於魏閹忠賢；崇禎帝雖然勤政，卻剛愎暴戾濫殺。這就使得如張文衡所言：「在事的好官，也作不得事；未任事的好人，又不肯出頭。上下裡外，通同扯謊，事事俱壞極了。」（〈張文衡請勿失時機奏〉，《天聰朝臣工奏議》，卷下）崇禎帝的好殺、濫殺是出了名的。明朝也有能臣，遼東如熊廷弼、孫承宗、袁崇煥，但他們都沒有好下場。

明亡清興的60年間，在清的政壇上，主要有三位君主──天命汗開創基業，兢兢業業地做事；崇德帝長於謀略，文治武功取得成效；睿親王(實際居君主地位)抓住歷史機遇，入關定鼎北京。

僅就個人因素而言，萬曆帝、天啓帝、崇禎帝都不是天命汗、崇德帝、睿親王的對手。

在萬曆朝。明君臣阻隔，彼此不協。萬曆帝二十幾年不上朝，大臣跪在宮門外，幾個時辰得不到接見。後金呢？清鄭親王濟爾哈朗說：「太祖創業之初，日與四大貝勒、五大臣討論政事得失，咨訪士民疾苦，上下交孚，鮮有壅蔽，故能掃清群雄，肇興大業。」（《清史稿·濟爾哈朗傳》）

在天啓朝。明大學士、兵部尚書兼薊遼督師孫承宗想借給天啓帝過生日的機會諫言，卻不能相見。努爾哈赤呢？我舉一個例子。後金開國五大臣之一的額亦都，作戰時「夜薄其城，率驍卒先登，城中兵猝驚起拒，跨堞而戰，飛矢貫股，著於堞，揮刀斷矢，戰益力，被五十餘創，不退，卒拔其城而還」（《清史列傳·額亦都》）。額亦都次子達啓，養育宮中，長爲額

駙，怙寵而驕。一日，額亦都「集諸子宴別墅，酒行，忽起，命執達啓，眾皆愕。額亦都抽刃而言曰：『天下安有父殺子者？顧此子傲慢，及今不治，他日必負國敗門戶，不從者血此刃！』眾乃懼，引達啓入室，以被覆殺之。額亦都詣太祖謝，太祖驚愕久之，乃嗟歎，謂額亦都爲國深慮，不可及也」（《清史稿·額亦都傳》）。

　　在崇禎朝。崇禎朝，17年間共有50名大學士，被稱爲「崇禎五十相」。在50位大學士中，被罷、免、戍、死(非正常死)者27位，占其總數的54%，沒有一位大學士陪伴他始終。共80位九卿(六部尚書加都御史)，13位兵部尚書中王洽、陳新甲、袁崇煥、傅宗龍或被下獄、或被殺。陳新甲，長壽人，萬曆舉人，官做到兵部尚書。兵部尚書陳新甲受崇禎帝命，遣使與清祕密議和。崇禎帝手詔往返者數十。一日，所遣職方司郎中馬紹愉以密語報，新甲看完後放在書案上；他的家僮誤以爲是塘報，就拿出去抄傳。於是官員譁然。崇禎帝很生氣，將新甲下獄；新甲從獄中上書乞宥，不許，遂棄新甲於市(《明史·陳新甲傳》)。8位戶部尚書中有4位下獄，或削職、或殉職。被他殺死的總督、巡撫，有人統計爲19人。而崇禎後期的將領，總兵巢丕昌剃髮投降、兵部尚書張鳳翼日服大黃、總督梁廷棟尾隨清軍而不擊。

　　清朝皇太極呢？范文程掌管軍政機密事，每入對，必漏下數十刻始出；或未及吃飯和休息，又被召入。一次，皇太極請范文程吃飯，有珍味佳餚，文程想念父親

王承恩墓碑

所未嘗，逡巡不下筷。皇太極察其意，即命撤饌以賜他的父親（《清史稿‧范文程傳》）。

崇禎帝在民族分、官民分、君臣分之後，只剩下孤家寡人。何以見得？有三條史料，可以說明問題。

其一，《明史‧莊烈帝本紀》記載：崇禎帝後來對文武大臣全不信任，而派親信宮奴、太監去監軍，去守北京的城門、守居庸關等重要關口，最後派太監王承恩提督北京城的守衛。

其二，《明史‧后妃傳》記載：「帝令后自裁。后入室闔戶，宮人出奏，猶云『皇后領旨』。后遂先帝崩。帝又命袁貴妃自縊，繫絕，久之蘇。帝拔劍斫其肩，又斫所御妃嬪數人，袁妃卒不殊。」（《明史‧后妃傳》）

其三，《明史‧公主傳》記載：「長平公主，年十六，帝選周顯尚主，將婚，以寇警暫停。城陷，帝入壽寧宮，主牽帝衣哭。帝曰：『汝何故生我家！』以劍揮斫之，斷左臂；又斫昭仁公主於昭仁殿。越五日，長平公主復蘇。」（《明史‧公主傳》）

崇禎皇帝最後殺老婆、殺女兒，只剩下孤家寡人，面對崛起的大清和強勢的大順，走上窮途末路。

明末的社會危機，主要是民族分、官民分、君臣分所直接造成的。民族分是外層因素，官民分是內層因素，君臣分則是核心因素。如果沒有君臣分，而是君臣一體，同心籌謀，那麼，民族分的矛盾可以緩和、化解、消除，官民分的矛盾也可以緩和、化解、消除。在民族分、官民分的嚴重局勢面前，再君臣分，那就面臨江山易主、社稷傾覆的嚴重局面。明朝就是在民族分、官民分和君臣分這三種分的局勢下覆亡的。

我要說明一點：我講《明亡清興六十年》，是以明亡與清興放在一個歷史平台上，自然於明著重講衰亡，於清著重講興起；後來，清亡同明亡

走著一條相似的路徑；而且，明亡也好，清興也好，都不是皇帝個人，也都不是滿族或漢族的民族事情，而是中華民族的事情，要有正確歷史觀，而不要有狹隘的民族觀。

總之，明亡清興的歷史啟示：中華民族歷史的漫長演變過程，是漢族和各少數民族在融合中發展，官民在矛盾中協和，君臣在矛盾中統合，不斷發展壯大的一部歷史。當中華民族合時，我們就強大；當中華民族分時，我們就衰弱；當中華民族合時，我們就統一；當中華民族分時，我們就分裂。總之，明末的民族分、官民分、君臣分，清初的民族合、官民合、君臣合——雙方矛盾與鬥爭所造成的一個結果，就是明亡清興。

綜上，中華民族歷史發展的啟示是：中華民族合則盛，分則衰；合則強，分則弱；合則榮，分則辱；合則治，分則亂。明亡清興的歷史，充分證明這一點。

跋

在《明亡清興六十年》出書之際，對讀者、觀眾、記者的幾個問題，我在這裡交代一下。

有讀者、觀眾問：您是怎樣處理學術化與大眾化的關係？歷史學的發展經過為神服務、為君服務、為民服務三個時期。現在已經進入21世紀，史學的「神本主義」、「君本主義」都應當走下殿堂，史學應當為民服務，邁步走向民眾廣場。史學為民眾服務，仍有多種功能——如學術、文化、資治、教化、傳承，其中最重要的是學術研究功能與大眾傳承功能。前者，主要是學術研究；後者，主要是大眾傳播。

關於學術與大眾的關係，王光先生概括為三種形態：向大眾講學術，向大眾講大眾，向學術講學術。這裡我想起《論語》裡的一句話：「為君難，為臣不易。」套用這句話，我認為：「為學術難，為通俗不易，為電視通俗更不易。」其原因之一是，自己必須具有淵博的學識。給觀眾一杯水，自己需要準備一桶水。自己明白十分，能使觀眾接納五分就算不錯。向學者講學術難，向大眾講學術更難。因為：第一，必須把學術搞清楚，不能以己之昏昏而使人之昭昭。第二，觀點、史料引文向學界同仁講述，直接引述即可；而對其翻譯、解讀、詮釋能使大眾聽懂，當然比直接引用更困難。第三，由學術到學術是一種文化昇華，由學術到大眾也是一種文化昇華。所以，《禮記·學記》曰：「教然後知困。」又曰：「教學相長

也。」在普及歷史知識過程中，特別是我在中央電視台主講「清十二帝疑案」和「明亡清興六十年」兩個大型系列節目，講了之後才知道其難；教了之後才彼此長進。

所謂「學術—大眾—學術」，就是說以學術研究爲出發點，向大眾普及歷史知識，最後達到學術之效果。歷史知識的普及，過去主要是紙質媒介，要求文字簡明、準確、通俗、生動等；現在電視媒體對主講者除上述文字要求外，還應當具有聲音、形象、畫面等多項內涵。因此，科學知識普及傳播，電視媒體比紙質媒體要求更高。製片人萬衛先生概括「百家講壇」的主講人，要具有學術涵養、電視能力和人格魅力三大因素。這是「百家講壇」六年來，學者們主講經驗與教訓的一個總結。

史學的學術化當前沒有爭議，有爭議的是：史學要不要民眾化？史學的學術化與民眾化應是怎樣的關係？所謂「時尚史學」、「通俗史學」、「搖滾史學」、「娛樂史學」等都是值得商榷的論點。史學是一種科學，搖滾是一種藝術，史學何以搖滾？在探討史學的學術化與大眾化的關係時，不應把高雅與通俗分隔，也不應把精英與大眾分隔，高雅與通俗、精英與大眾是互相聯繫的，而不要把兩者對立起來。那種認爲只有精英的東西是高雅的，大眾的東西是低俗的，這種觀點是沒有歷史根據的。歷史本來是通俗的。《詩經》中的「風」，包括民歌、民謠等，後來由俗化爲雅，成爲儒家經典。《論語》是孔子講課學生的筆記加以整理而成。《論語》在當時是很通俗的，後來才成爲儒家經典。至於說「時尚史學」，史學從來都被時尚，孔子修《春秋》，使亂臣賊子懼，不就是一種時尚嗎！一些時尚的名詞，後來成了典故。在中國歷史上，「學術化」與「大眾化」沒有不可逾越的鴻溝。於是出現「注」、「疏」、「論」、「解」、「考」、「傳」、「案」、「釋」等學術表述形式。同樣，現代「又紅又專」、「上山下鄉」等名詞，若干年之後都要考據、要詮釋，否則人們看

了不懂，這不就成為一種學問了嗎！所以，不要把高雅與通俗、精英與大眾兩者絕對化、對立化。那種輕蔑史學大眾化的學術貴族態度是不可取的。

史學學術化與史學大眾化，其思維與表述的路徑不同：史學的學術化主要是提出問題、搜集史料、審慎考據、分析論證、科學表述、做出新論，是一個求真求是的邏輯過程。而史學的大眾化主要考慮對象的十個不同——不同年齡、不同性別、不同職業、不同階層、不同文化、不同時間、不同地域、不同民族、不同宗教、不同國籍，其關注熱點，其知識需求，應盡量既有引人入勝的故事，又有深厚扎實的史實，以通俗語言，深入淺出，雅俗共賞，準確表述，從而滿足廣大觀眾的願望與要求。

有讀者、觀眾問：學者應當在書齋裡，您為什麼要出現在螢幕上？我認為：「學者」的形態是多元的——有學術型學者，如長期在書齋裡從事學術的開拓與研究；有教育型學者，如孔子說的「述而不作」，長期以教書為主，而不以研究與著述為主；有編輯型學者，一些從事書、報、刊、影視、網路等媒體的編審、編導等高級職務者；還有活動型學者等等。其實，我從學歷史至今50年，從研究清史至今44年。在這漫長的寒窗孤寂生活中，2004年和2006年，我出來兩年曬曬太陽，難道不可以嗎？況且，我也在國內外多所大學講學，在大學兼課。我在北京大學開「清朝開國史」課，進行「傳道、授業、解惑」，聽課的學生限定50人。我在「百家講壇」主講「清十二帝疑案」、「明亡清興六十年」，據統計每一講觀眾多達千萬人，也是在「傳道、授業、解惑」。兩者相同之處都是在「課堂」或「講壇」講課；不同之處僅是「課堂」或「講壇」的空間大小而已。電視是當代最為強勢的媒體，學者應當與時俱進，加以利用，傳承歷史，以盡天職。試想，在雕版印刷、活字印刷的時代，去埋怨人們為什麼不用甲骨、竹簡做文字載體而用線裝書呢！這豈不是堂‧吉訶德式的見解嗎？

　　學術的研究與普及是否有矛盾呢？應當說既有矛盾、也有統一。史學在大眾傳播過程中，教學相長，相得益彰。學術力求通俗，通俗中有學術。以明清薩爾滸大戰爲例，其勝其敗，就是一個「分合觀」的問題。戰爭指揮者其智慧的精華在於：盡最大的努力，將敵人的力量分，而將自己的力量合——以合對分者勝，以分對合者敗。因此，要感悟「分合觀」的智慧：在軍事上，將敵人的力量分，而將自己的力量合，以合勝分；在政治上，將對立的力量分解、分化，壯大自己，以多勝少，以強勝弱；在工作上，將複雜的問題分解開，集中力量，分別解決；在學習上，將難點分開，逐個化解，分步解決。這樣，在普及中有提高，在提高中又普及。史學的學術化與大眾化，相輔相成，相得益彰。

　　有人問：您在「明亡清興六十年」裡，是否有「抑明揚清」之嫌？我回答說：「沒有！」我是按照明亡清興六十年歷史原貌進行講述的，盡量求真求是，力求公允客觀，把握歷史天平，不帶民族偏見。討論明亡清興的歷史時，我選定「明亡與清興」這個歷史平台。如果選擇「明興與清亡」做平台，可能不會引起上述個別人的誤解。其實，在講明史時，我曾充分肯定于謙、戚繼光、袁崇煥等人的德言事功，頌揚他們的歷史成績。我既批評太監魏忠賢專權亂政，也襃揚太監鄭和下西洋壯舉。而在講「明亡清興六十年」時，我自然要探討明朝滅亡的原因，探尋其演化，分析其矛盾，揭露其弊端，鞭撻其罪惡；我也自然探索清朝興盛的原因，分析其條件，探求其動因，總結其經驗，感悟其智慧。同樣，我在講清朝衰亡的過程中，必然要批評其簽訂不平等條約、割地、賠款、喪權、辱國的罪孽！

　　這裡需要指出：應當敬畏歷史，明朝衰亡的悲劇，不僅僅是漢族的，也是中華各民族的；同樣，清朝興盛的活劇，不僅僅是滿族的，也是中華各民族的。中華各民族發展的歷史，其經驗，其教訓，都是中華民族的共

同文化財富。

最後，《禮記》的「大道不器」，應爲勵志向學之本，而同讀者分享，並做本文結語。

閻崇年

2006年12月25日

明亡清興六十年 下冊

2007年4月初版　　　　　　　　　　　　　　　　　　定價：新臺幣270元
2013年8月初版第四刷
有著作權‧翻印必究
Printed in Taiwan.

著　　　者	閻	崇	年
發 行 人	林	載	爵

出　版　者	聯經出版事業股份有限公司	叢書主編	簡 美 玉
地　　　址	台北市基隆路一段180號4樓	校　　對	陳 龍 貴
台北聯經書房	台 北 市 新 生 南 路 三 段 9 4 號		崔 小 茹
電　　話	(0 2) 2 3 6 2 0 3 0 8	封面設計	翁 國 鈞
台中分公司	台中市北區健行路321號1樓		
暨門市電話	(0 4) 2 2 3 7 1 2 3 4　e x t . 5		
郵 政 劃 撥 帳 戶 第 0 1 0 0 5 5 9 - 3 號			
郵 撥 電 話	(0 2) 2 3 6 2 0 3 0 8		
印　刷　者	世 和 印 製 企 業 有 限 公 司		
總　經　銷	聯 合 發 行 股 份 有 限 公 司		
發　行　所	新北市新店區寶橋路235巷6弄6號2F		
電　　話	(0 2) 2 9 1 7 8 0 2 2		

行政院新聞局出版事業登記證局版臺業字第0130號

本書如有缺頁，破損，倒裝請寄回台北聯經書房更換。　　ISBN　978-957-08-3140-5 (平裝)
聯經網址 http://www.linkingbooks.com.tw
電子信箱 e-mail:linking@udngroup.com

本書中文繁體字版由中華書局授權出版

國家圖書館出版品預行編目資料

明亡清興六十年　下冊 / 閻崇年著 .
初版 . 臺北市 . 聯經，2007年（民96）
288面；14.8×21公分 .
ISBN　978-957-08-3140-5（平裝）
[2013年8月初版第四刷]

1.中國 - 歷史 - 明（1368-1644）

626.7　　　　　　　　　　　96004706